# Netzwerk neu

**B1.2** | Kurs- und Übungsbuch
mit Audios und Videos

Stefanie Dengler
Paul Rusch
Helen Schmitz
Tanja Sieber

Alles Digitale zu diesem Buch kann auf der Lernplattform **allango** von Ernst Klett Sprachen abgerufen werden. So geht's:

**QR-Code scannen**
oder **www.allango.net**
aufrufen

Zur Aktivierung zusätzlicher Komponenten geben Sie bitte folgenden Lizenzschlüssel ein:

EKS-607291-cd92-aeaa-d117

Weitere Informationen dazu finden Sie unter:
**www.allango.net**

Ernst Klett Sprachen
Stuttgart

**Autoren:** Stefanie Dengler, Paul Rusch, Helen Schmitz, Tanja Sieber
**Beratung und Gutachten:** Henriette Bilzer (Jena), Foelke Feenders (Barcelona), Jelena Jovanović (München), Uschi Koethe (München), Priscilla Nascimento (São Paolo), Annegret Schmidjell (Seehausen), Esther Siregar (Depok), Annekatrin Weiß (Jena)

**Redaktion:** Annerose Remus und Felice Lembeck
**Herstellung:** Alexandra Veigel
**Gestaltungskonzept:** Petra Zimmerer, Nürnberg; Anna Wanner; Alexandra Veigel
**Layoutkonzeption:** Petra Zimmerer, Nürnberg
**Umschlaggestaltung:** Anna Wanner

**Illustrationen:** Florence Dailleux, Frankfurt
**Satz:** Holger Müller, Satzkasten, Stuttgart
**Reproduktion:** Meyle + Müller GmbH + Co. KG, Pforzheim
**Titelbild:** Dieter Mayr, München

**Informationen und zu diesem Titel passende Produkte finden Sie auf www.klett-sprachen.de/netzwerk-neu**

In einigen Ländern ist es nicht erlaubt, in das Kursbuch hineinzuschreiben. Wir weisen darauf hin, dass die in den Arbeitsanweisungen formulierten Schreibaufforderungen immer auch im separaten Schulheft erledigt werden können.

1. Auflage 1 4 3 2 | 2027 26 25

© Ernst Klett Sprachen GmbH, Rotebühlstraße 77, 70178 Stuttgart, 2024.
Erstausgabe erschienen bei der Ernst Klett Sprachen GmbH, 2021
Alle Rechte vorbehalten. Die Nutzung der Inhalte für Text- und Data-Mining ist ausdrücklich vorbehalten und daher untersagt.
www.klett-sprachen.de

Das Werk und seine Teile sind urheberrechtlich geschützt. Jede Nutzung in anderen als den gesetzlich zugelassenen Fällen bedarf der vorherigen schriftlichen Einwilligung des Verlags.

**Druck und Bindung:** Gebr. Geiselberger GmbH, Altötting

ISBN 978-3-12-607291-5

# Das sind wir

Bilden Sie zwei Kreise – einen inneren und einen äußeren – und stellen Sie sich gegenüber. Der Lehrer / Die Lehrerin nennt ein Thema. Sagen Sie zuerst Ihren Namen und sprechen Sie mit Ihrem Partner / Ihrer Partnerin 90 Sekunden über dieses Thema. Dann geht der äußere Kreis nach rechts zur nächsten Person. Der Lehrer / Die Lehrerin nennt das nächste Thema, Sie sprechen usw.

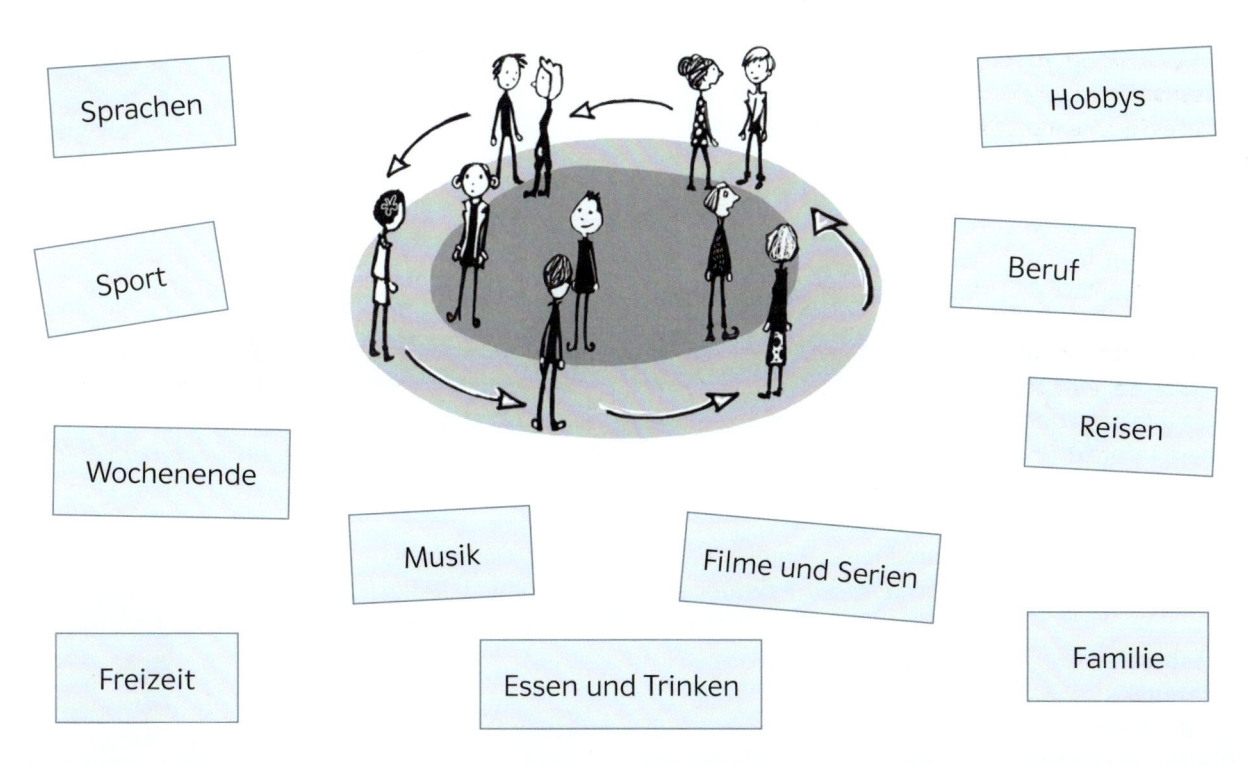

Sprachen
Hobbys
Sport
Beruf
Wochenende
Reisen
Musik
Filme und Serien
Familie
Freizeit
Essen und Trinken

---

| | | | |
|---|---|---|---|
| **1** | Aufgabe im Kursbuch | ✏️ | Schreiben Sie einen Text. |
| **1** | passende Übung im Übungsbuch | 💬 | Vergleichen Sie Deutsch mit anderen Sprachen. |
| 🔊 | Hören Sie den Text. | 💬🔄 | Geben Sie Informationen in Ihrer oder anderen Sprachen weiter. |
| 🔊💬 | Hören Sie und üben Sie die Aussprache. | | |
| ▶ | Sehen Sie den Film. | 👤⁺ | Recherchieren Sie oder machen Sie ein Projekt. |
| ▶ G | Sehen Sie den Film mit Erklärungen zu **G**rammatik, **R**edemitteln oder **P**honetik. | 📄 | Im Übungsbuch lernen Sie mehr Wörter zum Thema. |
| **G** | Hier lernen Sie Grammatik. | **P** Z B1/ZD/ DTZ | Diese Aufgabe bereitet Sie auf die Prüfungen *Zertifikat B1, Zertifikat Deutsch* oder *Deutsch-Test für Zuwanderer* vor. |
| 💬 | Hier lernen Sie wichtige Ausdrücke und Sätze. | | |
| ❗ | Hier lernen Sie eine Strategie oder bekommen Tipps. | →•← | Sie haben zwei Möglichkeiten, wie Sie die Aufgabe im Übungsbuch lösen. |
| „ | Hier lernen Sie etwas über gesprochene Sprache. | ↻ | Hier wiederholen Sie Grammatik. |
| ☐ | Zu dieser Aufgabe finden Sie ein interaktives Tafelbild. | **W** | Hier lernen Sie im Übungsbuch Regeln zur Wortbildung. |

## 7 Zwischenmenschliches — 6

Freundschaftsgeschichten verstehen | zeitliche Abfolgen ausdrücken | von Freundschaften erzählen | über Konflikte sprechen | Konfliktgespräche führen | kurzen Texten Informationen zuordnen | ein Paar vorstellen | über Fabeln sprechen | einen Text lebendig vorlesen

| | |
|---|---|
| **Wortschatz** | Beziehungen | Freundschaft | Konflikte |
| **Grammatik** | Plusquamperfekt | temporale Nebensätze: *bevor, bis, nachdem, seit/seitdem, während* |
| **Aussprache** | Intonation bei Modalpartikeln |
| **Strategie** | Texte gut betonen |
| **Landeskunde** | Berühmte Paare |
| **Film** | Zusammenleben: WG 50+ |

**Übungsteil**    Wortbildung – Adjektive mit *-ig* und *-lich*    78

## 8 Rund um Körper und Geist — 16

Hilfe anbieten und annehmen/ablehnen | jemanden warnen | Gewohnheiten nennen | Informationen in einem Infotext finden | über Musik und Gefühle sprechen | wichtige Informationen aus einem Zeitungsartikel weitergeben | eine Diskussion im Radio verstehen | Lerntipps geben | besondere Orte vorstellen

| | |
|---|---|
| **Wortschatz** | Gesundheit | Krankenhaus | Musik | Gedächtnis |
| **Grammatik** | *nicht/kein/nur* + *brauchen* + *zu* + Infinitiv | Reflexivpronomen im Akkusativ und Dativ | zweiteilige Konnektoren |
| **Aussprache** | Satzmelodie |
| **Strategie** | Wörter lernen |
| **Landeskunde** | Regeln im Krankenhaus | Sinnesorte in D-A-CH |
| **Die Netzwerk-WG** | Tanzen ist Leidenschaft |

**Übungsteil**    Wortbildung – Verben mit *mit-, vorbei-, weg-, weiter-, zusammen-* und *zurück-*    90

## 9 Kunststücke — 26

Informationen aus Zeitungstexten weitergeben | nachfragen | etwas verneinen | über Bilder sprechen | sagen, wie einem etwas gefällt | ein Kursprogramm verstehen | Personen oder Dinge genauer beschreiben | Anzeigen verstehen und schreiben | ein Interview und eine Impro-Geschichte verstehen | improvisieren | über Singen und Volkslieder sprechen

| | |
|---|---|
| **Wortschatz** | Kunst | Museum | Theater | Gesang |
| **Grammatik** | Stellung von *nicht* im Satz | Adjektive ohne Artikel |
| **Aussprache** | Vokal am Wortanfang |
| **Strategie** | improvisieren |
| **Landeskunde** | Kunst in Innsbruck | Volkslieder |
| **Film** | Im Theater – Wie entsteht ein Bühnenbild? |

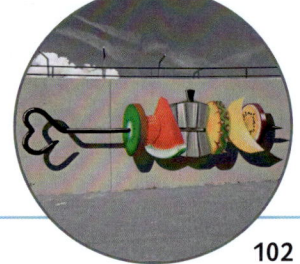

**Übungsteilteil**    Wortbildung – zusammengesetzte Adjektive    102

**Plattform 3:** wiederholen und trainieren, Sprachmittlung, Landeskunde: Märchen der Brüder Grimm    36

## 10 Miteinander — 42

über soziales Engagement sprechen | Vorgänge beschreiben | über ein soziales Projekt schreiben | einen Artikel über ein Projekt verstehen | über Institutionen in der Stadt sprechen | Informationen über die EU verstehen | eine kurze Präsentation halten

| | |
|---|---|
| Wortschatz | Gesellschaftliche Werte | Europa | Politik |
| Grammatik | Passiv Präsens, Präteritum und Perfekt | Passiv mit Modalverb |
| Aussprache | Kontrastakzente in Fragen mit *oder* |
| Strategie | Tipps für eine Präsentation |
| Landeskunde | Mini-München | Europäische Union |
| Film | Interkulturelles Dolmetschen – Was ist das? |
| Übungsteil | Wortbildung – Adjektive mit *-los* und *-bar* — 114 |

## 11 Stadt, Land, Fluss — 52

über das Leben in der Stadt sprechen | einen Magazintext verstehen | einen Bericht schreiben | über lebenswerte Städte diskutieren | etwas näher beschreiben | in einer Diskussion vermitteln | einen Blog über Zürich verstehen | verschiedenen Empfängern schreiben | ein Programm für einen Stadtbesuch erstellen

| | |
|---|---|
| Wortschatz | Stadt | Verkehr |
| Grammatik | Artikelwörter als Pronomen | *irgendein/-eine/-welche* | Adjektive als Nomen | Relativsätze mit *was* und *wo* |
| Aussprache | Texte vorlesen – Satzzeichen helfen |
| Strategie | Briefe/E-Mails schreiben |
| Landeskunde | Leipzig | Zürich |
| Film | Tübingen – ein Stadtporträt |
| Übungsteil | Wortbildung – Adverbien mit *-einander* — 126 |

## 12 Geld regiert die Welt? — 62

Bankgespräche verstehen und führen | Informationen auf einer Webseite verstehen | nach Tätigkeiten fragen | Argumente verstehen und äußern | Personen, Dinge und Situationen genauer beschreiben | über Verhalten diskutieren | eine schwierige Situation beschreiben | einen informativen Text verstehen | über etwas berichten

| | |
|---|---|
| Wortschatz | Bank | Geld | Globalisierung |
| Grammatik | Sätze mit *je …, desto/umso …* | Partizip II als Adjektiv | Partizip I als Adjektiv |
| Aussprache | Wortakzent |
| Strategie | in Diskussionen zu Wort kommen |
| Landeskunde | Die Fuggerei in Augsburg |
| Film | Tauschring |
| Übungsteil | Wortbildung – Verben mit *her-* und *hin-* — 138 |

**Plattform 4:** wiederholen und trainieren, Sprachmittlung, Landeskunde: Gedichte — 72

**Anhang** Grammatikübersicht **150** | unregelmäßige Verben **168** | alphabetische Wortliste **169** | Quellenverzeichnis **175**

Freundschaftsgeschichten verstehen | zeitliche Abfolgen ausdrücken | von Freundschaften erzählen | über Konflikte sprechen | Konfliktgespräche führen | kurzen Texten Informationen zuordnen |

# Zwischenmenschliches

**1 a** Beziehungen. Beschreiben Sie die Bilder. Was macht Yasin? Wen trifft er?

**b** Hören Sie die Gespräche und ordnen Sie sie den Bildern zu.

2.1–3

Gespräch 1: Bild _____

Gespräch 2: Bild _____

Gespräch 3: Bild _____

6  sechs

ein Paar vorstellen | über Fabeln sprechen | einen Text lebendig vorlesen

# 7

c   Hören Sie noch einmal. Über welche Themen spricht Yasin mit den Leuten? Kreuzen Sie an.

|  | Gespräch 1 | Gespräch 2 | Gespräch 3 |
|---|---|---|---|
| Freizeitaktivitäten | ☐ | ☐ | ☐ |
| Probleme | ☐ | ☐ | ☐ |
| Arbeit | ☐ | ☐ | ☐ |
| Urlaub | ☐ | ☐ | ☐ |
| Gefühle | ☐ | ☐ | ☐ |

d   Wen treffen Sie wie oft? Was machen Sie gemeinsam? Worüber sprechen Sie? Sprechen Sie in Gruppen.

*Ich treffe oft Leute, die mit mir studieren. Wir lernen zusammen, aber wir sprechen auch oft über …*

sieben   7

# 7 Freundschaftsgeschichten verstehen

## Zusammen

**2 a** Was unterscheidet Familie, Freunde und Bekannte? Wie wichtig sind Freunde für Sie? Was sind „echte" Freunde? Sprechen Sie in Gruppen.

**b** Lesen Sie den ersten Abschnitt des Artikels. Was ist das Thema?

> **etwas hervorheben**
> Im Gegensatz zu … finde ich …
> An … schätze ich vor allem …
> Für mich spielt … eine große Rolle.
> Besonders wichtig ist/sind für mich …, weil …
> … finde ich am wichtigsten, denn …

### Wir gehören zusammen

Wir alle brauchen Freunde. Mit Freunden können wir schöne Dinge unternehmen, über alles sprechen und uns gegenseitig helfen und unterstützen. Und Freunde sagen uns auch mal ehrlich, wenn wir etwas nicht so toll gemacht haben. Wenn Freundschaften ein Leben lang halten, ist das ganz besonders schön. Seit 2011 gibt es sogar den offiziellen Tag der Freundschaft, nämlich jedes Jahr am 30. Juli. Deshalb haben wir mal einige Freundschaftsgeschichten für unsere Juli-
5 Ausgabe gesammelt.

**Elena, 30**
Ich hatte endlich einen Studienplatz für Medizin bekommen und war nach Frankfurt gezogen. Das Semester hatte noch nicht angefangen und
10 ich hatte noch keine anderen Studierenden kennengelernt. Ich fühlte mich schon ein bisschen einsam. Aber dann traf ich Maja und das war eine lustige Geschichte. Wir liefen auf der
15 Straße, schauten beide auf unsere Handys – und stießen ziemlich kräftig zusammen. Wir mussten trotzdem lachen, kamen ins Gespräch und stellten fest, dass wir beide im selben
20 Haus wohnten. Wir waren uns aber noch nie über den Weg gelaufen! Jetzt sind wir schon seit 10 Jahren richtig gut befreundet. Weil wir mittlerweile beide berufstätig sind,
25 sehen wir uns leider nicht mehr so häufig. Aber einsam fühle ich mich in Frankfurt schon lange nicht mehr.

**Karim, 27**
Meinen ältesten Freund Valentin kenne ich schon ewig, denn wir waren
30 zusammen in der Schule. Wir hatten also schon viel gemeinsam erlebt, als wir nach dem Abitur entschieden, eine WG zu gründen. Aber das Zusammenwohnen hat entgegen unserer Erwartung nicht
35 geklappt. Obwohl wir uns immer gut verstanden hatten, gab es plötzlich viele Konflikte. Nachdem wir beide unser Studium beendet hatten, suchten wir uns jeder eine eigene Wohnung.
40 Jetzt verstehen wir uns auch wieder gut. Super ist, dass Valentin genauso gern Sport macht wie ich und wir uns deshalb oft treffen, um zu joggen, zu klettern oder Basketball zu spielen. Für
45 mich ist es wichtig, aktiv zu sein – und das am liebsten mit Freunden.

**Alessia, 48**
Eigentlich bin ich schon immer mit denselben sechs Leuten befreundet. Wir sind seit Ewigkeiten eine feste
50 Clique, es hat sich aber viel geändert. Als die Erste von uns heiratete, dachten wir noch, dass trotzdem alles beim Alten bleibt. Vorher hatten wir uns fast jeden Tag getroffen, waren viel zusam-
55 men gereist und hatten uns immer alles erzählt. Als dann alle Partner oder Kinder hatten und beruflich sehr eingespannt waren, verloren wir uns etwas aus den Augen. Dann haben wir
60 beschlossen, einmal im Jahr zusammen ein Wochenende zu verbringen – ohne die Familien, nur wir sechs. Das hat unserer Freundschaft sehr gutgetan. Seitdem fahren wir jedes Jahr gemein-
65 sam an die Ostsee.

**c** Arbeiten Sie zu dritt. Jede/r liest den Abschnitt zu einer Person. Was erzählen die Personen? Machen Sie Notizen und berichten Sie dann über „Ihre" Person.

8 acht

zeitliche Abfolgen ausdrücken, von Freundschaften erzählen 7

**3 a** Lesen Sie die Regel und markieren Sie in 2b alle Verben im Plusquamperfekt. Wie bildet man das Plusquamperfekt? Ergänzen Sie.

> **G**
> **Vorvergangenheit ausdrücken: Plusquamperfekt**
> jetzt    Wir fahren gemeinsam an die Ostsee.        Gegenwart → Präsens
> früher   Wir verloren uns aus den Augen.            Vergangenheit →
>          Wir haben beschlossen, etwas zu ändern.    Präteritum, Perfekt
> noch     Wir hatten uns fast jeden Tag getroffen.   Vorvergangenheit →
> früher   Wir waren viel zusammen gereist.           Plusquamperfekt
>
> Bildung: _____ _____

**b** Was war vorher? Ordnen Sie zu und schreiben Sie die Sätze im Plusquamperfekt.

viel gemeinsam unternehmen | vor ein paar Tagen nach Frankfurt ziehen | sich noch nie sehen | mit Valentin zusammenwohnen | sich immer gut verstehen

1. Elena kannte niemanden in der neuen Stadt. Sie …
2. Dann traf sie Maja. Vorher …
3. Valentin und Karim haben in der WG oft gestritten. Vorher …
4. Karim suchte sich eine eigene Wohnung. Vorher …
5. Alessia und ihre Freunde sahen sich nur noch selten. Früher …

**4 a** Wie und wo kann man neue Freunde kennenlernen? Sammeln Sie im Kurs.

**b** (2.4) Hören Sie das Gespräch. Wie hat Matilda in Freiburg Leute kennengelernt? Notieren Sie und vergleichen Sie im Kurs.

**c** Bringen Sie die Sätze in die richtige Reihenfolge. Hören Sie dann noch einmal zur Kontrolle.

____ A Sie fühlte sich aber oft einsam, nachdem sie umgezogen war.
____ B Nachdem sie in Freiburg neue Freunde gefunden hat, gefällt es ihr dort sehr gut.
____ C Ihre Idee, fremde Leute zum Abendessen einzuladen, funktionierte sehr gut.
____ D Matilda wurde Mitglied in einem Netzwerk für Nachbarn.
____ E Nachdem Matilda ihr Studium abgeschlossen hatte, fand sie eine Stelle in Freiburg.

**5 a** Lesen Sie die Regel. Welche Sätze aus 4c passen zu den Beispielen? Notieren Sie.

> **G**
> **Nebensätze mit *nachdem***
> zuerst                                    danach
> **Nachdem** sie in Freiburg **angekommen war**, **fand** sie schnell eine Wohnung.   *A,* _____
>                              Plusquamperfekt   Präteritum
> **Nachdem** sie nette Leute **getroffen hat**, **fühlt** sie sich in Freiburg sehr wohl.  _____
>                              Perfekt           Präsens

**b** Schreiben Sie drei Sätze mit *nachdem*. Tauschen Sie dann Ihre Sätze mit einem Partner / einer Partnerin. Kontrollieren Sie sich gegenseitig.

die Schule abschließen | das Studium / die Ausbildung beenden | nach … ziehen | den besten Freund / die beste Freundin kennenlernen | nach … reisen | bei/in … arbeiten | …

*Nachdem ich die Schule abgeschlossen hatte, fuhr ich mit meiner Freundin nach …*

**c** Und Ihre Freundschaftsgeschichte? Schreiben Sie einen Text wie in 2b.

neun 9

# 7 über Konflikte sprechen, zeitliche Abfolgen ausdrücken

## Richtig streiten

**6 a** Sehen Sie die Fotos an. Was könnte hier der Konflikt sein? Kennen Sie andere typische Konfliktsituationen? Beschreiben Sie.

A Florian und seine Eltern
B Jenny und Mark
C Laura und Julia

**b** 2.5–7  Hören Sie die Gespräche. Was ist der Konflikt? Waren Ihre Vermutungen richtig?

**c** Ordnen Sie die Sätze zu. Hören Sie dann noch einmal zur Kontrolle.

1. Seit du Geld verdienst, ___
2. Es dauert nicht mehr lang, ___
3. Seitdem du den Job gewechselt hast, ___
4. Warum kann ich mich nicht ausruhen, ___
5. Während du mit Simon telefonierst, ___
6. Bevor ich putze, ___

A während du deine Freunde triffst?
B kannst du gleichzeitig putzen.
C bis das Essen fertig ist.
D koche ich einen Kaffee für uns.
E bist du ständig erschöpft.
F kaufst du oft Sachen.

**d** Lesen Sie die Regel und schreiben Sie Sätze mit *seit*, *während*, *bis* und *bevor*.

1. Florian kommt nach Hause. Das Essen ist fertig.
2. Florian hat einen Schülerjob. Er verdient selbst Geld.
3. Jenny entspannt sich am besten. Sie sieht eine Serie.
4. Mark spricht mit Jenny. Er trifft seine Freunde.
5. Jenny wartet nicht. Mark kommt nach Hause.
6. Laura und Julia wohnen zusammen in einer WG. Sie streiten sich manchmal.
7. Julia soll öfter putzen. Sie telefoniert.

> **G**
> **Nebensätze mit *seit/seitdem*, *während*, *bis*, *bevor***
> **Seit/Seitdem** du arbeitest, bist du gestresst.
> **Während** ich aufräume, kochst du für uns.
> Wir warten, **bis** du zurückkommst.
> Sie trinken Kaffee, **bevor** Julia telefoniert.

*1. Florian kommt nach Hause, bevor das Essen fertig ist.*

**e** Wie heißen die Sätze in 6d in Ihrer Sprache? Vergleichen Sie.

**7** Spielen Sie zu viert. Jede/r schreibt fünf Nebensätze mit *nachdem*, *bevor*, *während*, *seit/seitdem* oder *bis* auf Karten. Mischen Sie alle Karten. Ziehen Sie abwechselnd eine Karte und ergänzen Sie den Satz.

*Seit ich Deutsch lerne, ...*

*Seit ich Deutsch lerne, habe ich viele Leute kennengelernt.*

10 zehn

über Konflikte sprechen, Konfliktgespräche führen

# 7

**8 a** Lesen Sie die Forumsbeiträge zum Thema *Streiten*. Ordnen Sie jedem Beitrag eine Überschrift zu.

A Konflikte mit Kollegen
B Harmonie ist wichtig
C Streiten kann man lernen
D Streiten macht krank
E Was ist ein Konflikt?
F Zum Alltag gehören Konflikte

**ehrlich97** \_\_\_\_ **1** Ich finde, wenn man sich wirklich liebt, dann streitet man auch nicht, denn Streit schadet einer Beziehung. Mal muss eben der eine nachgeben, mal der andere. Und wenn man wirklich tolerant ist, dann ist man auch bereit zu akzeptieren, dass man nicht immer dieselbe Meinung hat. Das gilt auch für Freundschaften und in der Arbeit!

**Mimi04** \_\_\_\_ **2** Ewige Harmonie gibt es nicht! Manchmal ist man einfach genervt. Deshalb ist doch eine Beziehung nicht zu Ende. Meine Freundin und ich streiten häufig. Nach zehn Minuten haben wir das wieder vergessen. Man hat eben nicht immer dieselben Wünsche und Pläne und sollte nicht jedes Wort auf die Goldwaage legen! Schweigen finde ich viel schlimmer.

**Fabi20** \_\_\_\_ **3** Manchmal gehört Kritik zum Austausch. Wichtig ist, dass man ruhig und diplomatisch bleibt und sich am Ende einigt. Sätze wie „Du machst immer/nie …" sollte man lieber vermeiden. Es erleichtert vieles, wenn man Ich-Aussagen formuliert: „Ich wünsche mir …" oder „Ich würde gern …". Mit ein bisschen Übung gelingt es auch.

▶ 17–19 **b** Welcher Meinung stimmen Sie zu, welcher nicht? Warum? Sprechen Sie in Gruppen.

▶ R3 **9 a** Typische Sätze in Streitgesprächen. Welche Formulierungen sind eher diplomatisch (+) und welche eher undiplomatisch (-)? Notieren Sie + oder -.

1. Jetzt übertreibst du aber etwas! \_\_\_\_
2. Sei mir nicht böse, bitte. \_\_\_\_
3. Das ist ja nicht so schlimm. \_\_\_\_
4. Immer das Gleiche mit dir! \_\_\_\_
5. Wir finden bestimmt einen Kompromiss. \_\_\_\_
6. Das kann echt nicht wahr sein! \_\_\_\_
7. Reg dich doch nicht gleich so auf. \_\_\_\_
8. Das nervt mich wirklich. \_\_\_\_
9. Ich kann dich ja gut verstehen. \_\_\_\_
10. Ich wünsche mir, dass … \_\_\_\_

**b** Arbeiten Sie zu zweit und wählen Sie eine Situation. Machen Sie Notizen und spielen Sie die Situation diplomatisch.

A Sie freuen sich auf einen ruhigen Sonntag, aber Ihr Partner / Ihre Partnerin hat alles verplant: Sie sollen einen Ausflug machen und seine/ihre Familie besuchen.

B Sie freuen sich schon seit Wochen auf ein Konzert und es war sehr schwierig, die Karten zu bekommen. Kurz vorher sagt Ihr Freund / Ihre Freundin, dass er/sie keine Zeit hat.

**10 a** Aussprache: Modalpartikeln. Hören Sie die Sätze mit und ohne Modalpartikeln. Ergänzen Sie dann die Modalpartikeln.
2.8

1. ○ Ich muss jetzt gehen. • Warte \_\_\_\_\_!
2. ○ Ihr seid schon wieder zu spät! • Du hast \_\_\_\_\_ recht.
3. ○ Lina ist noch im Büro. • Wann kommt sie \_\_\_\_\_?
4. ○ Warum kommt Mark nicht? • Er ist \_\_\_\_\_ krank.
5. ○ Wir besuchen euch bald! • Das ist \_\_\_\_\_ schön!

! Modalpartikeln machen Aussagen persönlicher oder emotionaler.
Häufige Bedeutungen:
**aber** Überraschung
**denn** Interesse (nur in Fragen)
**ja** gemeinsames Wissen
**mal** freundliche Aufforderung
**wohl** Vermutung

**b** Hören Sie noch einmal die Sätze mit Modalpartikeln aus 10a und sprechen Sie sie nach.
2.9

elf 11

# 7

kurzen Texten Informationen zuordnen, ein Paar vorstellen

## Gemeinsam sind wir stark

**11 a** Welche berühmten Paare kennen Sie? Sammeln Sie im Kurs.

*Da muss ich sofort an Beyoncé und Jay-Z denken.*

*Wie heißt noch mal …?*

**b** Lesen Sie die Texte und wählen Sie je eine Information, die Sie interessant finden. Tauschen Sie sich dann in Gruppen aus und vergleichen Sie Ihre Wahl.

**A**

Die Pianistin Clara Schumann und der Komponist Robert Schumann sind das berühmteste Paar der deutschen Musikgeschichte. Der Anfang war schwierig, denn Claras Vater wollte die Beziehung zu dem armen Künstler verhindern. Das Paar ging schließlich vor Gericht und bekam die Erlaubnis zu heiraten. 16 Jahre lebten sie zusammen und bekamen acht Kinder. Robert Schumann wollte zuerst nicht, dass seine Frau weiter Konzerte gab, aber die finanzielle Situation der Familie zwang sie dazu. Er komponierte und sie spielte seine Musik.

Neo Rauch gehört zu den wichtigsten und kommerziell erfolgreichsten Künstlern der Gegenwart. Er ist verheiratet und hat einen erwachsenen Sohn. Doch viele wissen nicht, dass seine Frau Rosa Loy auch Malerin ist. Beide haben in Leipzig studiert, wo sie auch heute noch leben. Sie arbeiten in zwei Ateliers nebeneinander und beeinflussen sich gegenseitig.

**B**

Anna Loos und Jan Josef Liefers sind seit 2004 verheiratet und gehören zu den bekanntesten Paaren unter den deutschen Prominenten. Man kennt beide aus beliebten Fernsehkrimiserien und zahlreichen Filmen. Beide sind neben ihrer Schauspielkarriere leidenschaftliche Musiker und geben Konzerte. Gemeinsam engagieren sie sich in sozialen Projekten.

**c** Lesen Sie die weiteren Informationen. Zu welchem Paar passen die Sätze? Ordnen Sie zu.

1. Sie unternahm auch nach dem frühen Tod ihres Mannes zahlreiche erfolgreiche Konzertreisen. Text: _____

2. 2012 hatten sie ihre erste gemeinsame Ausstellung in Deutschland. Text: _____

3. Das Paar hat zwei gemeinsame Töchter und lebt in Berlin. Text: _____

4. Das Leben und die Beziehung der beiden sind gut dokumentiert, da über 500 Briefe erhalten sind. Text: _____

5. Die meisten kennen ihn als Professor Boerne, seine Parade-Rolle in der Krimireihe „Tatort". Text: _____

6. Die Gegend um Leipzig ist für beide „ein Ort der Konzentration und Inspiration". Text: _____

**d** Wählen Sie ein Paar aus Ihrer Sammlung in 11a. Recherchieren Sie und schreiben Sie einen kurzen Text. Lesen Sie den Text dann ohne Namen vor. Die anderen im Kurs raten, wer das ist.

12 zwölf

# 7 über Fabeln sprechen, einen Text lebendig vorlesen

## Die Moral von der Geschichte ...

**12 a** Bär, Löwe und Fuchs. Sehen Sie die Bilder an. Was passiert hier? Sprechen Sie zu zweit.

A  B  C

**b** Lesen Sie die Fabel. Welche „Lebensweisheit" steckt in der Geschichte? Sprechen Sie im Kurs.

### Der Löwe und der Bär

Ein Fuchs war auf Jagd, weil er hungrig war. Er war noch nicht lange unterwegs, als er einen lauten Streit hörte. Ein Bär und ein Löwe stritten miteinander: „Die Beute gehört mir, ich habe den jungen Hirsch gefangen." „Nein!", brüllte der Löwe zornig zurück. „Du lügst! Ich war als Erster hier!" Dann biss der Löwe den Bären mit seinen scharfen Zähnen und die beiden kämpften miteinander. Der Fuchs war klug und dachte: „Wenn die beiden vom Streiten müde sind, so können sie mir nichts mehr tun und ich bekomme die Beute." Endlich waren die beiden Feinde kraftlos und konnten sich nicht mehr bewegen. Der Fuchs ging an ihnen vorbei und holte sich die Beute. Er sagte höflich: „Danke, meine Herren, sehr freundlich, wirklich sehr freundlich!" Dann lachte er und ging mit dem Hirsch davon.

**c** Lesen Sie die zweite Fabel. Welche Aussage passt für Sie am besten zur Fabel? Sprechen Sie in Gruppen und begründen Sie Ihre Wahl.

2.10

**Gut gesagt: Sprichwörter**
Wenn zwei sich streiten, freut sich der Dritte.
Wer zuletzt lacht, lacht am besten.
Der/Die Klügere gibt nach.

### Der Rabe und der Fuchs

Ein Rabe hatte einen Käse gestohlen, flog damit auf einen Baum und wollte dort in Ruhe den Käse essen. Ein Fuchs kam vorbei und sah den Raben. Er lief eilig dorthin und begann den Raben zu loben: „Oh Rabe, was bist du für ein wunderbarer Vogel! Wenn dein Gesang ebenso schön ist wie deine Federn, dann bist du wirklich der König aller Vögel!" Dem Raben gefiel es, dass der Fuchs ihn so lobte. Er machte seinen Schnabel weit auf, um dem Fuchs etwas vorzusingen. Dabei fiel ihm der Käse auf den Boden. Den nahm der Fuchs schnell, fraß ihn und lachte über den dummen Raben.

1. Man darf nicht allen glauben.
2. Konzentriere dich auf eine Sache.
3. Wenn ein Feind dich lobt, musst du aufpassen.
4. Mit einem kleinen Trick kann man viel erreichen.

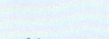

**d** Kennen Sie andere Geschichten dieser Art mit Tieren? Erzählen Sie.

**13 a** Gut vorlesen. Hören Sie die erste Fabel. Markieren Sie Pausen im Text und unterstreichen Sie Wörter und Satzteile, die der Sprecher besonders betont.

2.11

**b** Lesen Sie die erste Fabel selbst laut vor. Beachten Sie dabei Ihre Markierungen.

**c** Arbeiten Sie zu zweit. Lesen Sie die zweite Fabel. Üben Sie so lange zusammen, bis die Fabel lebendig klingt.

**Texte gut betonen**
Machen Sie den Text beim Vorlesen lebendig:
- Markieren Sie Wörter und Informationen im Text, die Sie betonen möchten.
- Üben Sie schwirige Wörter vorher.
- Lesen Sie klar, deutlich und nicht zu schnell.
- Verändern Sie Ihre Stimme bei direkter Rede.

dreizehn **13**

# 7 hören und sehen

## Zusammenleben: WG 50+

**14 a** Arbeiten Sie in drei Gruppen. Jede Gruppe wählt ein Thema und sammelt Wörter auf einem Zettel. Geben Sie die Zettel weiter. Die anderen Gruppen ergänzen weitere Wörter.

- Familie: die Geschwister, verwitwet
- Wohnformen: das Altenheim
- gemeinsamer Alltag: kochen

**b** *Kloster Allerheiligenberg.* Sehen Sie Szene 17 und ergänzen Sie die Informationen.

1. Das ehemalige _____ liegt bei Lahnstein.
2. Es existierte circa _____.
3. Thomas Marx _____ dort mit Freunden eine WG.
4. Dafür mussten sie im Gebäude viel _____.
5. Jetzt wohnen _____ Bewohner/innen dort.

**15 a** *Wir wollten uns verändern.* Sehen Sie Szene 18. Warum wollte Thomas Marx eine WG gründen? Notieren Sie und vergleichen Sie im Kurs.

**b** Sehen Sie die Szene noch einmal. Wie finanziert sich die WG? Was müssen die Bewohner/innen zusätzlich machen?

1. _____   3. _____
2. _____   + _____

**16 a** Warum wollen Menschen in einer WG leben? Was kann positiv/negativ sein? Sammeln Sie im Kurs.

**b** *In einer Gemeinschaft leben.* Sehen Sie Szene 19. Was gefällt den Bewohner/innen? Wie organisieren sie das Zusammenleben? Markieren Sie mit zwei Farben. Vergleichen Sie dann mit Ihrer Sammlung aus 16a.

Unterstützung von anderen bekommen | Abwechslung im Alltag haben | auf andere Rücksicht nehmen | Pläne zusammen besprechen | Freizeit gemeinsam verbringen | sich regelmäßig austauschen | die Hausarbeit gerecht verteilen | von den Erfahrungen der anderen profitieren

**c** Sehen Sie die Szene noch einmal. Wie gehen die WG-Bewohner/innen mit den folgenden Situationen um?

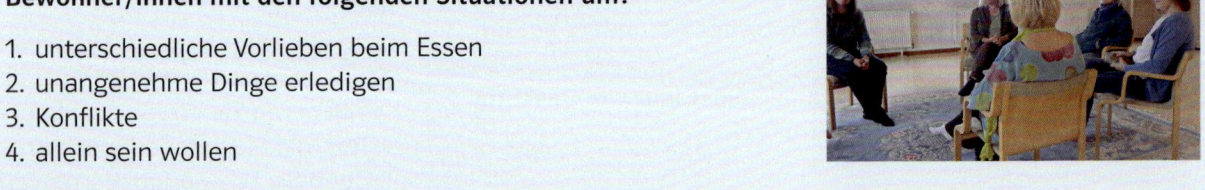

1. unterschiedliche Vorlieben beim Essen
2. unangenehme Dinge erledigen
3. Konflikte
4. allein sein wollen

**d** Welche Wohnformen finden Sie für ältere Menschen passend? Diskutieren Sie im Kurs.

## etwas hervorheben

Im Gegensatz zu … finde ich …
An … schätze ich vor allem …
Für mich spielt … eine große Rolle.
Besonders wichtig ist/sind für mich …, weil …
… finde ich am wichtigsten, denn …

## Konfliktgespräche führen

**diplomatisch**
Sei mir nicht böse, bitte.
Das ist ja nicht so schlimm.
Wir finden bestimmt einen Kompromiss.
Ich kann dich ja gut verstehen.
Ich wünsche mir, dass …

**undiplomatisch**
Jetzt übertreibst du aber etwas!
Immer das Gleiche mit dir!
Das kann echt nicht wahr sein!
Reg dich doch nicht gleich so auf.
Das nervt mich wirklich.

## Vorvergangenheit ausdrücken: Plusquamperfekt

| jetzt | Wir **fahren** gemeinsam an die Ostsee. | | Gegenwart → Präsens |
|---|---|---|---|
| früher | Wir **verloren** uns aus den Augen. | | Vergangenheit → Präteritum, Perfekt |
| | Wir **haben beschlossen**, etwas zu ändern. | | |
| noch früher | Wir **hatten** uns fast jeden Tag | **getroffen**. | Vorvergangenheit → Plusquamperfekt |
| | Wir **waren** viel zusammen | **gereist**. | |
| | *haben/sein* | *Partizip II* | |
| | *im Präteritum* | | |

## Nebensatz mit *bevor, bis, nachdem, seit/seitdem, während*: Temporalsatz

| bevor | Sie trinken Kaffee, **bevor** Julia **telefoniert**. |
|---|---|
| bis | Wir warten, **bis** du **zurückkommst**. |
| nachdem | **Nachdem** Matilda **umgezogen** war, **fühlte** sie sich oft einsam. |
| | Es **gefällt** ihr in Freiburg gut, **nachdem** sie neue Freunde **gefunden hat**. |
| seit/seitdem | **Seit** du **arbeitest**, bist du gestresst. |
| | **Seitdem** du den Job **gewechselt hast**, bist du ständig erschöpft. |
| während | **Während** ich **aufräume**, kochst du für uns. |

In Nebensätzen mit *nachdem* verwendet man ein anderes Tempus als im Hauptsatz:
im Hauptsatz Präsens → im Nebensatz Perfekt
im Hauptsatz Präteritum → im Nebensatz Plusquamperfekt
In der gesprochenen Sprache kann man auch verwenden:
im Hauptsatz Perfekt → im Nebensatz Plusquamperfekt

Hilfe anbieten und annehmen/ablehnen | jemanden warnen | Gewohnheiten nennen | Informationen in einem Infotext finden | über Musik und Gefühle sprechen | wichtige Informationen aus einem Zeitungsartikel weitergeben |

# Rund um Körper und Geist

**1.** Hören Sie die Aussagen. Wer lebt am gesündesten?
2.12

A

B

C

**2.** Es ist Sommer, die Sonne scheint. Was machen Sie?

A  Ich lege mich den ganzen Tag in die Sonne, dann werde ich schön braun.

B  Ich creme mich mit Sonnencreme ein und bleibe im Schatten.

C  Ich creme mich nicht ein, ich gehe ins Wasser. Dort ist es schön kühl.

**3.** Draußen ist es sehr warm. Was trinken Sie?

A  Ich trinke am liebsten eiskalte Limonade und Fruchtsäfte. Das kühlt so schön.

B  Ich trinke morgens viel Tee. Das ist genug Flüssigkeit bis zum Abendessen.

C  Ich habe immer meine Wasserflasche dabei und trinke zwischendurch, wenn ich Durst spüre.

**4.** Sie wollen sich gesund ernähren. Was essen Sie?

A  Fisch mit Salat

B  Schweinebraten mit Knödel

C  Pfannkuchen mit Apfelmus

**1 a** Wie gesund leben Sie? Machen Sie den Test.

**b** Lesen Sie die Auswertung auf der letzten Seite. Passt das Ergebnis zu Ihnen? Sprechen Sie in Gruppen.

16 sechzehn

eine Diskussion im Radio verstehen | Lerntipps geben | besondere Orte vorstellen

# 8

**5.** Ein Freund von Ihnen schläft schlecht. Was raten Sie ihm? Er sollte abends …

[A] im Bett einen Film zur Entspannung sehen.

[B] viel Sport machen und dann gut essen, um schön müde zu sein.

[C] immer zur gleichen Zeit ins Bett gehen und morgens zur gleichen Zeit aufstehen.

**6.** Wie können Sie Ihr Herz stärken?

[A] Ich bewege mich viel und mache Gymnastik.

[B] Ich trinke ausreichend Kaffee.

[C] Ich esse oft rohes oder blutiges Fleisch (z. B. Steaks).

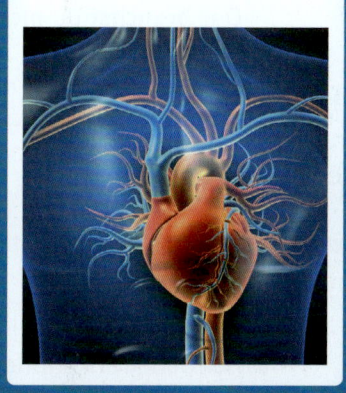

**7.** Wie können Sie Ihr Gehirn fit halten?

[A] Ich schreibe mir alles auf, damit ich nichts vergesse.

[B] Ich strenge mich täglich ein bisschen an und löse z. B. ein Sudoku oder ein anderes Rätsel.

[C] Ich spiele ein Instrument und übe täglich.

**8.** Sie haben sehr viel Stress in der Arbeit. Was machen Sie?

[A] Ich arbeite ohne Pause, bis ich mit allem fertig bin.

[B] Ich baue Pausen ein und gehe kurz an die frische Luft.

[C] Ich gehe immer wieder zu meinen Kollegen/Kolleginnen und erzähle, wie viel Stress ich habe.

**c** Sammeln Sie zu zweit Tipps für ein gesundes Leben und vergleichen Sie im Kurs.

*Man sollte nicht zu viel Kaffee trinken.*

siebzehn **17**

# 8 Hilfe anbieten und annehmen/ablehnen, jemanden warnen

## Im Krankenhaus

**2 a** Arbeiten Sie zu zweit. Sehen Sie das Bild an und notieren Sie möglichst viele Wörter. Vergleichen Sie dann im Kurs.

**b** Hören Sie die Gespräche im Krankenzimmer. Welche Hilfe braucht der Patient? Warum?

2.13–14

**c** Lesen Sie die Ausdrücke und hören Sie die Gespräche noch einmal. Welche Ausdrücke hören Sie? Kreuzen Sie an.

**Hilfe anbieten**
- ☐ Brauchen Sie noch Hilfe?
- ☐ Kann ich noch etwas für Sie tun?
- ☐ Sie brauchen mich nur zu rufen, wenn ich Ihnen helfen soll.
- ☐ Was kann ich für dich tun?
- ☐ Und sonst noch etwas?

**Hilfe annehmen**
- ☐ Ja, das wäre sehr nett.
- ☐ Gern, vielen Dank.
- ☐ Danke, das wäre toll.

**Hilfe ablehnen**
- ☐ Nein, danke, das ist nicht nötig/notwendig.
- ☐ Danke, aber du brauchst mir nicht zu helfen.

**dringend raten / warnen**
- ☐ Sie sollten nicht so viel …
- ☐ Ich kann Ihnen nur dringend raten, …
- ☐ Ich muss Sie warnen: …
- ☐ Es ist dringend notwendig, dass Sie …
- ☐ Das ist nicht gut für dich!
- ☐ Sei vorsichtig!

**3 a** Was bedeuten die Sätze? Kreuzen Sie an.

1. Du brauchst mir nicht zu helfen.
   = Du ☐ musst ☐ kannst ☐ willst ☐ darfst mir nicht helfen.
2. Ich brauche keine Tabletten zu nehmen.
   = Ich ☐ muss ☐ kann ☐ will ☐ darf keine Tabletten nehmen.
3. Er braucht die Pflegerin nur zu fragen.
   = Er ☐ muss ☐ kann ☐ will ☐ darf die Pflegerin nur fragen.

> **G**
> 
> *nicht/kein* oder *nur* + *brauchen* + *zu* + **Infinitiv**
> Das **brauchst** du **nicht zu** machen.
> Er **braucht kein** Fieber **zu** messen.
> Sie **brauchen** mich **nur zu** rufen.

**b** Kein Problem! Schreiben Sie Antworten mit *brauchen + zu* und lesen Sie die Dialoge dann zu zweit.

1. ○ Ich möchte so gern einen Kaffee!
2. ○ Aber ich habe keinen Hunger.
3. ○ Ich kann das nicht allein!
4. ○ Mir ist so warm.
5. ○ Bitte keine Spritze!

- ● nur ins Café gehen
- ● nicht viel essen
- ● nur den Krankenpfleger rufen
- ● den Pullover nicht anziehen
- ● keine Angst haben

*1. Du brauchst nur ins Café zu gehen.*

**c** Arbeiten Sie zu zweit. Wählen Sie eine Situation im Krankenhaus und spielen Sie das Gespräch. Machen Sie vorher Notizen und verwenden Sie auch Ausdrücke aus 2c.

| A Patient/in | A Pfleger/in | B Patient/in | B Pfleger/in |
|---|---|---|---|
| – möchte spazieren gehen<br>– fühlt sich schwach und schwindlig | – draußen ist es kalt und glatt<br>– hat Angst, dass Patient/in sich verletzt | – liegt schon seit zwei Tagen im Bett<br>– alles ist unbequem und langweilig | – kann Bücher/Zeitschriften bringen<br>– kann mit Patient/in Gymnastik machen |

18 achtzehn

## 8 Gewohnheiten nennen, Informationen in einem Infotext finden

**4 a** Herr Krause darf nach Hause. Lesen Sie die Regel und ordnen Sie die Bilder den Sätzen zu.

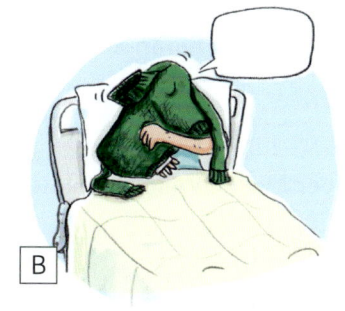

> **G**
> **Reflexivpronomen im Akkusativ und Dativ**
> Ich ziehe **mich** an. Bild ____
> Ich ziehe **mir** **den** Pullover an. Bild ____
>        Dativ  Akkusativ
>
> Reflexivpronomen und Akkusativobjekt →
> Reflexivpronomen im Dativ

**b** Arbeiten Sie zu zweit. Formulieren Sie Fragen mit *du*. Fragen und antworten Sie dann.

1. sich kämmen – gleich nach dem Aufstehen?
2. sich die Zähne putzen – vor oder nach dem Frühstück?
3. sich die Haare waschen – morgens oder abends?
4. sich duschen – kalt oder heiß?
5. sich den Schuh anziehen – zuerst den linken oder den rechten?

*1. Kämmst du dich gleich nach dem Aufstehen?*

**5 a** Aufenthalt im Krankenhaus. Was möchten Patienten wissen? Arbeiten Sie zu zweit und überlegen Sie sich pro Thema mindestens eine Frage.

Besuchszeiten | Essen und Getränke | Fernsehen | Kleidung | Telefon | Wertsachen | Geschäfte | Cafeteria

*Wann dürfen mich Freunde besuchen?*

**b** Teilen Sie die Fragen aus 5a auf und suchen Sie die Antworten im Infoblatt der Fein-Klinik. Teilen Sie Ihrem Partner / Ihrer Partnerin dann die Antworten mit.

### Informationen für Ihren Aufenthalt in unserer Klinik

**Fein-Klinik Stuttgart**

**Essen und Getränke:** Das Küchenteam bereitet täglich drei Hauptmahlzeiten (davon eine vegetarisch) und mehrere Zwischenmahlzeiten zu. Für diätische Ernährung ist unser/e Diät-Assistent/in zuständig. Auf den Stationen steht Ihnen jederzeit kostenlos Mineralwasser zur Verfügung, ebenso Tee und Kaffee.

**Kleidung:** Bitte nehmen Sie bequeme Kleidung mit. Neben Nachthemd/Schlafanzug, Bademantel und Hausschuhen eignen sich Trainingsanzüge für Ihren Klinikaufenthalt.

**Fernsehen:** Mit dem Fernsehgerät können Sie 30 Programme empfangen. Die Nutzung des Apparats kostet 2,50 € pro Tag. Die Gebühren bezahlen Sie bei der Entlassung. Die Bedienungsanleitung und die Fernbedienung finden Sie im oberen Fach Ihres Nachttisches.

**Telefon:** Die Gebühren für das Telefon betragen 2 € pro Tag einschließlich Gesprächen ins deutsche Festnetz. Ihre Rufnummer steht gut sichtbar auf der Chipkarte, die Sie am Automaten neben der Rezeption erhalten.

**Besuchszeiten:** Besucher/innen sind prinzipiell jederzeit willkommen, am besten eignet sich der Nachmittag. Bitte nehmen Sie bei Besuchen Rücksicht auf Ihre Zimmernachbarn/-nachbarinnen.

**Wertsachen:** Wir empfehlen Ihnen, sämtliche Wertsachen im Schließfach in Ihrem Schrank aufzubewahren.

**Supermarkt und Drogerie:** Diese finden Sie in der Nähe des Haupteingangs (täglich von 8–18 Uhr geöffnet). Neben Zahnbürsten, Zahnpasta, Seife, Shampoo oder Rasiercreme gibt es dort Zeitschriften und Bücher.

**Notausgang und Notfälle:** Bei einem Brand oder einem anderen Notfall drücken Sie den Alarmknopf. Der Weg zum Notausgang ist beschildert. Rauchen ist grundsätzlich untersagt.

**c** Welche Regeln und Informationen gibt es in Kliniken bei Ihnen? Was ist bei Krankenbesuchen üblich? Erzählen Sie.

*Wenn ich jemanden im Krankenhaus besuche, bringe ich immer … mit.*

neunzehn **19**

# 8 über Musik und Gefühle sprechen

## Musik und Emotionen

**6 a** In welchen Situationen oder Stimmungen hören Sie welche Musik? Sprechen Sie im Kurs.

*Wenn ich jogge, höre ich immer …*

*Wenn ich gestresst bin, …*

**b** Lesen Sie den Zeitungsartikel über Musik. Welche Themen kommen im Text vor? Markieren Sie.

Musikstudium | Musik und Emotionen | Musik zu bestimmten Anlässen | Musik und Gehirn | Entstehen von Musikgeschmack | Merkmale guter Musik | Filmmusik | Musik und Erinnerung | Musikinstrumente | Musik und Reklame

### Was Musik mit uns macht
#### Musik löst Gefühle aus – sie macht uns fröhlich oder traurig

Der amerikanische Forscher Steven Pinker hat einmal gesagt: „Musik ist Käsekuchen für die Ohren", also etwas Süßes oder Leckeres. Aber Musik kann natürlich auch anders „schmecken".
5 Heavy Metal ist für die Ohren wohl eher scharf und würzig.
Man kann entweder Klassik oder Metal mögen, aber unsere Reaktion auf Musik ist immer gleich. Dabei ist es ganz egal, ob uns die Musik gefällt
10 oder nicht. Jeder kann das beobachten: Bei Dur-Tonarten und schnellen Rhythmen atmen wir zum Beispiel schneller und empfinden eher Freude. Daher spielt man weder bei feierlichen Veranstaltungen noch auf Beerdigungen fröhli-
15 che Musik in Dur. Bei langsamen Stücken in Moll dagegen ist das anders: Der Puls sinkt und man fühlt sich traurig. Die Tonart wirkt aber auch beruhigend. Warum ist das so? Was passiert da in unseren Köpfen? Dafür gibt es eine inte-
20 ressante Erklärung: Die Töne gelangen über die Ohren ins Gehirn. Das Gehirn verarbeitet die Informationen sowohl im Bereich für Sprache als auch im Bereich für Gefühle. Deswegen kann es sein, dass wir fröhlich werden, wenn wir Salsa
25 hören, und dass wir traurig werden oder weinen, wenn wir tragische Musik hören.
Dass Musik unsere Stimmung beeinflusst, wissen wir auch aus dem Kino. Stellen Sie sich einen spannenden Thriller oder eine romantische
30 Liebesszene ohne Musik vor – der Film wäre zwar immer noch gut gespielt und gut gemacht, aber er würde uns alle nicht so berühren. Vermutlich wäre er ziemlich langweilig.
Nicht nur in der Filmbranche oder in der Wer-
35 bung ist Musik wichtig, sondern auch in der Medizin. Personen, die an Alzheimer leiden, die sich an fast nichts mehr erinnern und kaum noch sprechen können, singen bekannte Lieder mit. Mithilfe von Musik erinnern sie sich an Erlebnis-
40 se aus ihrem Leben. Musik ist also einerseits Unterhaltung für uns, andererseits aber viel mehr: Sie beeinflusst unsere Stimmung und sie kann kranken Menschen helfen, weil sie eine ähnliche Wirkung wie Medizin hat.

**c** Lesen Sie den Text noch einmal. Welche Sätze sind richtig? Kreuzen Sie an.

☐ 1. Nur auf Musik, die wir mögen, reagieren wir mit Emotionen.
☐ 2. Musik in Dur-Tonarten macht die Menschen traurig und ruhig.
☐ 3. Unser Gehirn verarbeitet Musik nur in einem Bereich.
☐ 4. Musik verstärkt die Emotionen in Filmen.
☐ 5. Musik kann die Heilung von Krankheiten unterstützen.

wichtige Informationen aus einem Zeitungsartikel weitergeben, über Musik und Gefühle sprechen

**8**

**d** Jemand aus Ihrem Kurs hat den Text nicht gut verstanden. Welche Informationen aus dem Text finden Sie am wichtigsten? Erklären Sie diese in einfachen Worten.

▶ 20–22

**Informationen aus Texten weitergeben**
Im Text geht es um …
Die wichtigsten Themen sind …
Außerdem steht im Text, dass …
Besonders interessant ist der Punkt …

**7 a** Lesen Sie die Regel und markieren Sie die zweiteiligen Konnektoren in 6b.

**G**

**Zweiteilige Konnektoren**

| | |
|---|---|
| sowohl … als auch … / nicht nur …, sondern auch … | das eine **und** das andere |
| entweder … oder … | das eine **oder** das andere |
| weder … noch … | das eine **nicht** und das andere auch **nicht** |
| zwar …, aber … | das eine **mit Einschränkungen** |
| einerseits …, andererseits … | Gegensatz; eine Sache hat **zwei Seiten** |

**b** Ordnen Sie die Satzteile zu und schreiben Sie die Sätze.

1. Ich mag sowohl klassische Musik
2. Ohne Musik kann ich weder aufräumen
3. Am Wochenende gehe ich entweder auf ein Konzert
4. Tom geht zwar gern auf Konzerte,
5. Einerseits höre ich gern Musik,
6. Ich spiele nicht nur gern Klavier,

| | |
|---|---|
| aber | A ins Kino. |
| als auch | B stört sie mich beim Lernen. |
| andererseits | C putzen. |
| noch | D Gitarre. |
| oder | E oft bleibt er lieber zu Hause. |
| sondern auch | F Jazz. |

*1F Ich mag sowohl klassische Musik als auch Jazz.*

**c** Spielen Sie in Gruppen. Jede/r würfelt und bildet einen Satz. Wer hat als Erstes zu jedem Konnektor einen Satz gebildet?

| ⚀ | ⚁ | ⚂ | ⚃ | ⚄ | ⚅ |
|---|---|---|---|---|---|
| Ich mag sowohl … als auch … | Einerseits sehe ich …, andererseits … | Ich kaufe zwar oft …, aber … | Ich esse weder … noch … | Ich gehe nicht nur gern …, sondern auch … | Entweder machst du jetzt … oder … |

**8** Musik in Ihrem Kopf. Welche Lieder verbinden Sie mit besonderen Erinnerungen? Welches Lied geht Ihnen oft durch den Kopf? Welches Lied mögen Sie gar nicht?

„Close your eyes" von Felix Jaehn ist so ein
Lied, das mir ganz gut gefällt. Aber …

**9 a** Aussprache: Satzmelodie. Hören Sie und bewegen Sie die Arme: nach oben ↗, nach unten ↘ oder zur Seite →.

2.15

▶ P4

○ Ich höre im Moment → oft Salsa. ↘
● Salsa? ↗ Hast du gerade gute Laune? ↗
○ Ja, → aber ich höre auch Tango. ↘
● Warum hörst du Tango? ↘ Ist Tango nicht eher traurige Musik? ↗
○ Tango kann sowohl traurig → als auch fröhlich sein. ↘
● Hm, → ich höre lieber Rock und Pop. ↘

**!**

**Satzmelodie**
↗ bei Ja-/Nein-Fragen, Nachfragen, sehr höflichen Fragen/Äußerungen
↘ bei Aussagen, Aufforderungen und W-Fragen
→ bei nicht abgeschlossenen Äußerungen und bei Unsicherheit

**b** Hören Sie noch einmal und sprechen Sie nach.

2.16

einundzwanzig **21**

# 8 eine Diskussion im Radio verstehen, Lerntipps geben

## Gedächtnisleistung

**10 a** Woran können Sie sich noch erinnern? Notieren Sie.

1. Was war das erste deutsche Wort, das Sie gelernt haben?
2. Was waren heute im Kurs die ersten Worte des Lehrers / der Lehrerin?
3. Notieren Sie fünf neue deutsche Wörter aus der letzten Kursstunde.
4. Was hatten Sie gestern an?
5. Was hatte Ihr Partner / Ihre Partnerin in der letzten Kursstunde an?
6. Was haben Sie an Ihrem letzten Geburtstag gegessen?

2.17

> **Gut gesagt: Wenn man etwas vergessen hat**
> Das fällt mir gerade nicht ein.
> Keine Ahnung!
> Ich komme gerade nicht drauf.
> Da bin ich wirklich überfragt.
> Mir liegt es auf der Zunge.

**b** Sprechen Sie in Gruppen über Ihre Antworten in 10a. Warum können Sie sich an manche Dinge gut erinnern und an andere nicht?

**11 a** Lesen Sie die Programmankündigung. Was ist das Thema? Wer ist im Studio?

> Heute geht es in unserer Sendung um das Lernen und sinnvolle Tipps dazu. Viele Aspekte sind beim Sprachenlernen wichtig, aber ohne Motivation und eine positive Einstellung wird es schwer – das meint zumindest Dr. Gregor Schellbach. Er beschäftigt sich seit 15 Jahren als Lerncoach mit diesem Thema. Unser zweiter Studiogast ist Ina Dahlmeyer. Sie unterrichtet an einer Gesamtschule und versucht, ihren Klassen Techniken zu vermitteln, die beim Lernen helfen.
> → zur Sendung

**b** Hören Sie die Radiosendung. In welcher Reihenfolge sprechen die Personen über die Themen? Nummerieren Sie.

2.18

____ Lerntipps     ____ Lerntypen     ____ Lernzeiten

**c** Lesen Sie die Aussagen und hören Sie die Radiosendung noch einmal. Wer sagt das? Notieren Sie M (Moderator), S (Dr. Gregor Schellbach) oder D (Ina Dahlmeyer).

1. Es gibt keine feste Tageszeit, zu der man am besten lernt. ____
2. Wenn man motiviert ist, lernt man effektiver. ____
3. Beim Lernen sollte man mehrere Sinne nutzen. ____
4. Es hilft, kleine Mengen zu lernen und Pausen zu machen. ____
5. Neue Wörter sollte man in einem besonderen Kontext verwenden. ____
6. Man lernt besser, wenn man seinen eigenen Lerntyp kennt. ____

**12 a** Welche deutschen Wörter können Sie sich schlecht merken? Wählen Sie sieben bis zehn schwierige Wörter und schreiben Sie damit eine kurze, ungewöhnliche Geschichte.

*Irina hatte Geburtstag und von ihrer Vorgesetzten einen Kühlschrank als Geschenk bekommen. ...*

> **! Wörter lernen**
> Wenn Sie (schwierige) Wörter in einem besonderen Kontext verwenden, können Sie sich diese besser merken. Denken Sie sich zum Beispiel eine fantasievolle Geschichte mit diesen Wörtern aus. Überprüfen Sie einige Tage später, wie gut Sie sich an die Wörter erinnern können.

**b** Welche Lerntipps kennen Sie noch? Arbeiten Sie in Gruppen, recherchieren und sammeln Sie Tipps. Bilden Sie dann neue Gruppen mit Personen aus den anderen Gruppen und berichten Sie sich gegenseitig.

22 zweiundzwanzig

besondere Orte vorstellen

# 8

## Mit allen Sinnen

**13 a** Arbeiten Sie zu dritt. Jede/r wählt einen Ort und beantwortet die Fragen.

1. Was kann man da machen?
2. Für wen ist das besonders geeignet?
3. Wie viel Zeit soll man einplanen?

### Unsere Ausflugstipps:
### Die Welt mal anders erleben

Wir stellen Ihnen heute drei besondere Orte vor, an denen Sie einen anderen Blick auf die Welt bekommen – mit allen Sinnen und außerdem mit viel Spaß.

Besuchen Sie die *Villa Sinnenreich* in Rohrbach (Oberösterreich), ein nicht alltägliches Museum für alle Altersgruppen und besonders für neugierige Menschen mit Humor. Hier können Sie ungewöhnliche Dinge mit allen Sinnen erleben und sich über Manches wundern: Es beginnt mit essbaren Tickets, geht weiter über verschiedene visuelle Tricks und ein „Fühlschiff" bis zu besonderen Hörerlebnissen. Auch kreativ können Sie werden und Experimente machen. Am besten reservieren Sie einen ganzen Tag für dieses Museum der speziellen Art.

Lieben Sie die Natur und Bäume und würden gern mehr darüber wissen? Möchten Sie mal die Perspektive wechseln? Dann ist der *Baumwipfelpfad* im Bayerischen Wald der richtige Ort für Sie und Ihre Familie. Genießen Sie nicht nur die Ruhe und Schönheit der Natur, sondern auch einen traumhaften Blick in die Ferne. Der Pfad und der Aussichtsturm sind barrierearm und familienfreundlich, deshalb kommt man auch mit Kinderwagen oder Rollstuhl bequem ans Ziel. Für den Pfad empfehlen wir knapp zwei Stunden. Im Tier-Freigelände und in den Restaurants direkt nebenan vergehen weitere Stunden sehr schnell.

Im *Haus der Musik* in Wien erfahren Sie an einem halben Tag Spannendes über Musik, Klänge, Komponisten und die Wiener Philharmoniker. Sie können das Orchester zum Beispiel virtuell dirigieren und lernen seine Geschichte kennen. Im Bereich „Sonotopia" erleben Sie die Welt der Klänge: Wie entstehen sie? Wie breiten sie sich aus? Spielen Sie auf Rieseninstrumenten oder formen Sie eigene Klänge. Allen Musikinteressierten ab fünf Jahren empfehlen wir einen Besuch in diesem interaktiven Museum.

**b** Stellen Sie „Ihren" Ort in der Gruppe vor.

**c** Welchen Ort aus 13a würden Sie gern besuchen? Warum? Sprechen Sie.

*Ich interessiere mich sehr für ..., deshalb ...*    *... klingt für mich am spannendsten, denn ...*

dreiundzwanzig **23**

# 8 hören und sehen

## Tanzen ist Leidenschaft

**▶20 14 a** *DanceAbility.* Sehen Sie Szene 20. Sprechen Sie zu zweit und beschreiben Sie, was Sie gesehen haben.

die Bühne | tanzen | der Rollstuhl | der Verein | das Training | die Menschen mit/ohne Behinderung | die Aufführung | die Musik | sich bewegen | der Rhythmus | die Gruppe

**b** Lesen Sie den Satz aus dem Film. Was bedeutet „Menschen mit unterschiedlichen Fähigkeiten"? Sprechen Sie im Kurs.

*Bei DanceAbility treffen sich Menschen mit unterschiedlichen Fähigkeiten, um miteinander zu tanzen.*

**▶21 15 a** *Tanzen bedeutet für mich …* Lesen Sie die Sätze und sehen Sie Szene 21. Wer sagt das? Ergänzen Sie Maja, Anne, Stefan oder Gudrun.

Maja Hehlen – Leiterin von Danceability e.V.
Anne Chérel – Vorstand Danceability e.V.
Stefan Normann – tanzt seit 2008
Gudrun Paulsen – Vorstand und Tänzerin von Danceability e.V.

1. Tanzen ist Leidenschaft, Liebe, Geborgenheit und das drücke ich aus. _____
2. Durch das Tanzen habe ich viel Selbstvertrauen bekommen. _____
3. Wir kopieren keine Bewegungen, wir übersetzen sie in die eigene Körpersprache. _____
4. Mit der DanceAbility-Methode lernt man zu improvisieren. _____
5. Durch das Tanz-Training kann man den eigenen Körper besser akzeptieren. _____
6. Ich bin, wie ich bin, genau richtig und kann noch viel dazulernen. _____
7. Die Zuschauer/innen sehen, was ein Mensch mit Down-Syndrom schaffen kann. _____
8. Durch DanceAbility hat sich mein Tanzen verändert. _____

**b** Tauschen Sie Ihr Buch mit einem Partner / einer Partnerin. Sehen Sie die Szene noch einmal und kontrollieren Sie die Antworten.

**▶22 16 a** *Auf Tour.* Sehen Sie Szene 22. Arbeiten Sie zu zweit und formulieren Sie zu jedem Foto einen Satz. Vergleichen Sie dann im Kurs.

A  — B Riana Schüßler, tanzt seit 2009 — C

**b** Und Sie? Tanzen Sie gern? Oder machen Sie etwas anderes mit Leidenschaft? Sprechen Sie im Kurs.

24 vierundzwanzig

## kurz und klar: Redemittel und Grammatik

### Hilfe anbieten
Brauchen Sie / Brauchst du noch Hilfe?
Kann ich noch etwas für Sie/dich tun?
Sie brauchen / Du brauchst mich nur zu rufen, wenn ich Ihnen/dir helfen soll.
Was kann ich für Sie/dich tun?
Und sonst noch etwas?

### Hilfe annehmen
Ja, das wäre sehr nett.
Gern, vielen Dank.
Danke, das wäre toll.

### Hilfe ablehnen
Nein, danke, das ist nicht nötig/ notwendig.
Danke, aber Sie brauchen / du brauchst mir nicht zu helfen.

### dringend raten / warnen
Sie sollten / Du solltest nicht so viel …
Ich kann Ihnen/dir nur dringend raten, …
Ich muss Sie/dich warnen: …
Es ist dringend notwendig, dass Sie/du …
Das ist nicht gut für Sie/dich!
Seien Sie / Sei vorsichtig!

### Informationen aus Texten weitergeben
Im Text geht es um …
Die wichtigsten Themen sind …
Außerdem steht im Text, dass …
Besonders interessant ist der Punkt …

### nicht/kein oder nur + brauchen + zu + Infinitiv

**nicht/kein + brauchen + zu**
Das **brauchst** du **nicht zu** machen.   = Das musst du nicht machen.
Er **braucht kein** Fieber **zu** messen.   = Er muss kein Fieber messen.

**nur + brauchen + zu**
Sie **brauchen** mich **nur zu** rufen.   = Sie müssen mich nur rufen.

### Reflexivpronomen im Akkusativ und Dativ

| Ich ziehe | **mich** | an. |
| Ich ziehe | **mir** | **den** Pullover an. |
| | Dativ | Akkusativ |

|  | ich | du | er/es/sie | wir | ihr | sie/Sie |
| --- | --- | --- | --- | --- | --- | --- |
| **Akkusativ** | mich | dich | sich | uns | euch | sich |
| **Dativ** | mir | dir | | | | |

Wenn es bei reflexiven Verben ein Reflexivpronomen und ein Akkusativobjekt gibt, steht das Reflexivpronomen im Dativ.

### Zweiteilige Konnektoren

| **sowohl … als auch … /<br>nicht nur …, sondern auch …** | das eine **und** das andere | Ich höre **sowohl** Klassik **als auch** Pop.<br>Ich höre **nicht nur** Klassik, **sondern auch** Pop. |
| --- | --- | --- |
| **entweder … oder …** | das eine **oder** das andere | Er hört **entweder** Rock **oder** Heavy Metal. |
| **weder … noch …** | das eine **nicht** und das andere auch **nicht** | Sie hört **weder** Pop **noch** Jazz. |
| **zwar …, aber …** | das eine **mit** Einschränkungen | Ich höre **zwar** gern Radio, **aber** manchmal nerven die Sprecher/innen. |
| **einerseits …, andererseits …** | Gegensatz; eine Sache hat **zwei Seiten** | **Einerseits** höre ich gern laute Musik, **andererseits** stört sie mich manchmal auch. |

Zweiteilige Konnektoren können Satzteile oder ganze Sätze verbinden:
*Ella spielt **nicht nur** Flöte, **sondern auch** Klavier.*
*Brian spielt **nicht nur** Gitarre, **sondern** er singt **auch** gut.*

Informationen aus Zeitungstexten weitergeben | nachfragen | etwas verneinen | über Bilder sprechen |
sagen, wie einem etwas gefällt | ein Kursprogramm verstehen | Personen oder Dinge genauer beschreiben |

# Kunststücke

Den Platz um den Leopoldsbrunnen mag ich besonders gern. Der Brunnen steht gegenüber von der Hofburg, auf dem Platz vor dem neuen Haus der Musik. Der Brunnen und die Statuen sind fast 400 Jahre alt, die Hofburg in der heutigen Form 250 Jahre. Das Haus der Musik ist seit 2018 offen. Den Kontrast von alt und neu finde ich schön und interessant.

**Marias Kunstblog**

Bahnhöfe gefallen mir eigentlich nicht, aber der von Innsbruck ist einfach schön. Egal, ob ich wegfahre oder ankomme: Wenn ich über die Treppe gehe, sehe ich immer dieses Bild mit dem Titel „Innsbrucks Gegenwart". Das stimmt nicht mehr ganz, denn Max Weiler hat es schon 1955 gemalt, aber ich mag die hellen Farben und die fröhlichen Figuren.

A **Bahnhofshalle mit den Bildern von Max Weiler**

B **Leopoldsbrunnen, die Hofburg spiegelt sich im Haus der Musik**

C **Eines der vielen Graffiti von HNRX**

Auf Brücken, Betonwänden und ganzen Hauswänden finde ich die Kunst von HNRX. Oft spielen die Bilder mit Dingen aus dem Alltag. Ich mag diesen Spieß mit Obst und der Espressokanne in der Mitte. Obwohl HNRX (Maximilian Prantl) inzwischen in ganz Europa aktiv ist: Ich freue mich, dass ich in Innsbruck immer wieder neue Graffiti von ihm entdecken kann.

**1 a** Kunst und Kultur in Innsbruck. Sehen Sie die Fotos an. Was gefällt Ihnen am besten? Was gefällt Ihnen nicht? Warum?

**b** Arbeiten Sie zu fünft. Jede/r liest einen Eintrag aus Marias Kunstblog. Was für ein Kunstwerk ist das? Was findet Maria daran schön? Berichten Sie in der Gruppe.

Anzeigen verstehen und schreiben | ein Interview und eine Impro-Geschichte verstehen | improvisieren | über Singen und Volkslieder sprechen

# 9

**Station Löwenhaus der Hungerburgbahn**

Manchmal gibt es auch Überraschungen, zum Beispiel die Installation „Nehmen Sie Platz!", die einige Monate auf dem Platz vor dem Landestheater stand. Ich finde, das ist Kunst, die zum Nachdenken anregt. Wie viele Plätze gibt es in der Stadt, wo sich Menschen aufhalten können und nichts konsumieren müssen? Was machen Leute, die wenig oder kein Geld haben? Mit einem Wort: Wie freundlich ist die Stadt? So einfach, so eine tolle Idee!

Innsbruck liegt mitten in den Bergen. Die Hungerburgbahn verbindet das Zentrum mit dem Stadtteil Hungerburg. Von dort geht es weiter steil hinauf bis auf 2.300 Meter Höhe. Die runden, weichen Formen der Stationen von Zaha Hadid fallen sofort auf. Das ist was für Fans moderner Architektur, also für mich. Man kann hier gut sehen, dass die Stadt lebt und sich weiterentwickelt. Das finde ich gut, denn ich will nicht in einem Museum leben.

**„Nehmen Sie Platz!" Installation von Thomas Medicus**

🔊 **2 a** Hören Sie eine Radioumfrage. Was gefällt den Personen besonders gut und warum? Notieren Sie.
2.19
*Person 1: schöne Gebäude, …*

**b** Recherchieren Sie ein weiteres Kunstobjekt in Innsbruck oder einer anderen Stadt und stellen Sie es kurz vor.

**c** Sind Sie heute schon Kunst begegnet? Was haben Sie auf dem Weg zum Kurs gesehen (Gebäude, Graffiti, Statuen …)? Schreiben Sie einen kurzen Text.

siebenundzwanzig 27

# 9 Informationen aus Zeitungstexten weitergeben, nachfragen

## Wa(h)re Kunstwerke

**3 a** Zeitungstexte zum Thema „Kunst". Lesen Sie die Überschriften. Worum könnte es in den Texten gehen? Vermuten Sie.

Tierische Helfer          Kunst aus dem Supermarkt          Putzfrau zu ordentlich

**b** Arbeiten Sie in Gruppen. Jede Gruppe liest einen Text, sucht die passende Überschrift in 3a und formuliert drei Fragen zum Text. Eine andere Gruppe notiert die Antworten.

**A** In einem Museum reinigte eine Putzfrau gründlich eine scheinbar schmutzige Gummiwanne. Sie hatte nicht erkannt, dass es sich um ein Kunstwerk handelte, sondern dachte, dass sie auch hier putzen soll. So zerstörte sie aus Versehen die Installation des bekannten Künstlers Martin Kippenberger im Wert von 800.000 Euro. Vermutlich hat die Reinigungsfirma die Putzfrau nicht korrekt informiert, denn eigentlich darf das Reinigungspersonal nicht näher als 20 cm an die Kunstwerke herankommen. Das ist nicht das erste Missgeschick dieser Art – auch Werke von Joseph Beuys hat man beschädigt.

**B** Ein deutscher Zoo brauchte dringend Geld und hatte eine clevere Idee. Bei einer Auktion hat er ganz besondere Bilder verkauft. Die Künstler sind nicht Menschen, sondern Affen. „Wir haben die Tiere nicht gezwungen, alle haben freiwillig gemalt", meinte der Zoodirektor. Die Bilder sind bunt und abstrakt und kommen bei den Auktionsbesuchern gut an – bis zu 500 Euro bezahlten sie für ein Bild. „Für ein originales Kunstwerk ist das preiswert und ich glaube nicht, dass jemand erraten wird, wer das Bild gemalt hat", meinte eine Käuferin.

**C** Dass man originale Kunstwerke nur in Ausstellungen oder Galerien kaufen kann, stimmt nicht. Der Kunsthistoriker Mario Terés und die Ethnologin Julia Loytved zeigen mit ihren Kunstsupermärkten, dass es auch anders geht: Sie mieten meist für eine begrenzte Zeit Verkaufsräume in größeren Städten in Deutschland, Österreich oder der Schweiz und verkaufen dort Originale von jungen und zum Teil auch bekannten Künstlerinnen und Künstlern aus dem In- und Ausland. Die meisten Bilder kosten zwischen 69 und 359 Euro und alle Künstler/innen liefern mindestens zehn Bilder zu jeder Preiskategorie.

**c** Welchen Text haben Sie noch nicht gelesen? Finden Sie im Kurs eine Person, die Sie über diesen Text informiert. Fragen Sie nach.

**nachfragen**
Habe ich richtig verstanden, dass …?
Könntest du mir noch einmal erklären, was/wer/…?
Mich würde genauer interessieren, warum/ob …
Darf ich noch mal nachfragen, wie viel / ob …?

etwas verneinen, über Bilder sprechen, sagen, wie einem etwas gefällt

# 9

## 4 a Lesen Sie die Regeln und die Sätze A–F. Was passt zusammen? Ordnen Sie zu.

A Sie interessiert sich nicht für Kunst. __1d__

B Wir konnten nicht kommen. ____

C Das Bild war nicht teuer. ____

D Ich war nicht heute im Museum. ____

E Sie waren nicht dort. ____

F Das Bild gefällt mir nicht. ____

### G Stellung von *nicht* im Satz

1. a Wenn *nicht* den ganzen Satz verneint, steht es möglichst am Ende des Satzes.
   Aber: In der Satzverneinung steht *nicht* …
   b vor dem zweiten Verbteil.
   c vor Adjektiven und Adverbien.
   d vor Präpositionalergänzungen.
   e vor Ortsangaben.
2. Wenn *nicht* nur ein Wort verneint, steht es direkt vor diesem Wort.

### b Verneinen Sie den ganzen Satz.

1. Die Putzfirma hat ausreichend informiert.
2. Die Putzfrau hat das Kunstwerk erkannt.
3. Die meisten Tiere malen.
4. Die Besucher fanden die Bilder schlecht.
5. Die meisten fragen nach bekannten Künstlern.
6. Er hat das Bild im Kunstsupermarkt gekauft.

### c Lebendige Sätze. Bilden Sie zu zweit einen langen Satz mit *nicht*. Schreiben Sie die Wörter/Wortgruppen auf einzelne Zettel und verteilen Sie sie im Kurs. Die Personen mit Zetteln bilden nun den korrekten Satz.

## 5 a Sehen Sie das Bild von Heimrad Prem an. Wie gefällt es Ihnen? Wie könnte es heißen?

### b (2.20) Hören Sie drei Gespräche über ein Kunstwerk. Wie vielen Personen gefällt das Bild?

### c Hören Sie noch einmal. Was drücken die Sätze aus? Notieren Sie ☺, ☺☺, ☹ oder ☹☹.

1. Das Bild gefällt mir total gut. ☺☺
2. Ich finde das eher langweilig. ____
3. Ich finde es ziemlich durcheinander. ____
4. Ich finde es wirklich super. ____
5. Das finde ich besonders gut. ____
6. Mich spricht es eigentlich nicht an. ____
7. Ich finde es relativ witzig. ____
8. Das gefällt mir richtig gut. ____
9. Das ist wirklich nichts für mich. ____

### d Lesen Sie die Sätze. Wie ändern die markierten Wörter den Satz? ☺/☹ oder ☺☺/☹☹? Ordnen Sie die Wörter in eine Tabelle.

☺/☹ | ☺☺/☹☹
--- | ---
 | total

1. Das Bild gefällt mir gut. — Das Bild gefällt mir <u>total</u> gut. — Das Bild gefällt mir <u>relativ</u> gut.
2. Ich bin begeistert. — Ich bin <u>ziemlich</u> begeistert. — Ich bin <u>wirklich</u> begeistert.
3. Das Foto ist schrecklich. — Das Foto ist <u>besonders</u> schrecklich. — Das Foto ist <u>eigentlich</u> schrecklich.
4. Das Museum war langweilig. — Das Museum war <u>eher</u> langweilig. — Das Museum war <u>richtig</u> langweilig.

## 6 Machen Sie eine Ausstellung im Kurs. Jede/r bringt ein Foto von einem Kunstwerk mit und hängt es auf. Sprechen Sie über die Kunstwerke. Verwenden Sie die Ausdrücke aus 5c und d.

# 9 ein Kursprogramm verstehen

## Wir können mehr

**7 a** Sind Sie gern kreativ? Haben Sie schon mal Theater gespielt, Bilder gemalt, einen Film gemacht …? Erzählen Sie im Kurs.

**b** Lesen Sie das Programm des Bildungszentrums. Sind die Sätze richtig oder falsch? Kreuzen Sie an.

---

### Bildungszentrum Hausen

| Home | News | **Programm** | Gesucht | Kontakt |

**Unser neues Programm** – künstlerisch aktiv sein!
Das aktuelle Programm des Bildungszentrums Hausen hat einen neuen Schwerpunkt: Wir werden künstlerisch noch aktiver. Bestimmt ist auch für Sie ein passender Kurs dabei.

**Malen mit Alice Marosević** – Vielleicht kennen Sie die großen, bunten Bilder der jungen Malerin Alice Marosević. Im Kurs lernen Sie mit ihr, wie Sie Ihre Technik (Aquarell und Ölfarben) verbessern. Alice hilft Ihnen aber auch, Ihre kreativen Ideen umzusetzen. Kurs BZH21.221

***lautstark*. Theatergruppe mit Augusto Melo** – Was bewegt uns im Alltag? Der brasilianische Theatermacher Augusto Melo erarbeitet mit seiner Gruppe ein kurzes Stück zu diesem Thema und findet für jede und jeden die passende Rolle. Sie brauchen keine große Erfahrung mit Theater mitzubringen – die machen Sie im Kurs! Kurs BZH21.222

**Aus alt mach neu. Upcycling mit Viktor Mair** – Wer kennt sie nicht, die praktischen Möbel aus Paletten oder die bunten Vasen aus alten Flaschen? Haben Sie eine Idee, was Sie aus einem alten Ding machen können? Der erfahrene Handwerker und Künstler Viktor Mair hilft Ihnen mit geeigneten Tipps, Ihre künstlerischen Pläne zu realisieren. Kurs BZH21.223

---

|   | richtig | falsch |
|---|---|---|
| 1. Das Bildungszentrum Hausen bietet jetzt mehr künstlerische Aktivitäten an. | ☐ | ☐ |
| 2. Die junge Malerin Alice Marosević hat ihre Technik verbessert. | ☐ | ☐ |
| 3. Die Theatergruppe *lautstark* besteht aus erfahrenen Schauspielern/Schauspielerinnen. | ☐ | ☐ |
| 4. Im Upcycling-Kurs hilft Viktor Mair, wenn Teilnehmer/innen gute Einfälle haben. | ☐ | ☐ |

**c** Welche Eigenschaften kommen im Programm vor? Markieren Sie die nominalen Gruppen (Artikel, Adjektiv und Nomen) in 7b. Erstellen Sie dann in Gruppen Lernplakate zu den Adjektivendungen nach dem bestimmten und dem unbestimmten Artikel.

**d** Ergänzen Sie die Aussagen mit Informationen aus dem Programm.

1. Alice Marosević ist …
2. Sie ist bekannt für …
3. Mit ihr kann man … umsetzen.
4. Augusto Melo ist …
5. Im Kurs spielt man …
6. Alle Teilnehmenden bekommen …
7. Viktor Mair ist …
8. Für den Kurs braucht man …
9. Viktor hat … für jeden Plan.

*1. Alice Marosević ist eine junge Malerin.*

30 dreißig

## 9

Personen oder Dinge genauer beschreiben, Anzeigen verstehen und schreiben

**8 a** Lesen Sie die Anzeigen. Zu welchem Kurs in 7b passen die Anzeigen?

### Bildungszentrum Hausen

| Home | News | Programm | Gesucht | Kontakt |

A **Kleine Gruppe** braucht Hilfe von netter Person, die uns mit coolen Frisuren für die Bühne hilft. Großer Spaß und lange Partys sind inklusive. 😉 Melde dich: 0177 / 333 55 22

B Ich suche für kleines Projekt bunte Farbstifte und Kulis: kurze, lange, dicke, dünne. Wer hat noch welche rumliegen? Binta Haidara ist dankbar. 0319 / 20 84 314

C Suche alte Lampe und alten Fernseher (müssen nicht mehr funktionieren) aus braunem Holz. Hole die Sachen von überall ab. Bitte Nachricht an Mike 0739 / 349 82 11.

**b** Markieren Sie in 8a die nominalen Gruppen. Ergänzen Sie dann die Endungen in der Tabelle.

**G**

**Adjektive ohne Artikel**

|  | maskulin | neutrum | feminin | Plural |
|---|---|---|---|---|
| **Nom.** | der Spaß | das Projekt | die Gruppe | die Partys |
|  | groß____ Spaß | kleines Projekt | klein**e** Gruppe | lang____ Partys |
| **Akk.** | den Fernseher | das Projekt | die Lampe | die Farbstifte |
|  | alt____ Fernseher | klein____ Projekt | alt____ Lampe | bunt____ Farbstifte |
| **Dat.** | dem Spaß | dem Holz | der Person | den Frisuren |
|  | mit großem Spaß | aus braun____ Holz | von nett____ Person | mit cool____ Frisuren |

Adjektive ohne Artikel haben die gleiche Endung wie der bestimmte Artikel: der → groß**er** Spaß

**c** Ergänzen Sie die Anzeigen. Manchmal gibt es mehrere Möglichkeiten.

bequeme | chaotischer | erfahrene | fantasievolle | großem | kleines | kreativen | nettem | runden | verrückte | wunderbarer

1. Wir suchen … Handwerker/innen mit … Ideen für unsere Projekte.
2. Sind Sie Friseur/in, der/die mit … Spaß … Frisuren macht? Willkommen in … Team!
3. Wir meinen Sie! … Person fehlt noch in …, etwas … Gruppe.
4. Wir suchen … Stühle und … Tisch für … Theaterstück.

**d** Wählen Sie zwei Situationen oder erfinden Sie eigene. Wen/Was suchen Sie dafür? Schreiben Sie zwei Anzeigen.

| Sie wollen den Kursraum neu und schöner gestalten. | Sie wollen eine Musikgruppe / ein Sportteam gründen. | Sie wollen eine Motto-Party veranstalten. |

**9 a** Aussprache: Vokal am Wortanfang. Hören Sie die Ausdrücke. Welche verbindet man beim Sprechen ⌢, welche spricht man getrennt |? Hören Sie dann noch einmal und sprechen Sie nach.

2.21

1. a ist ⌢ bekannt    2. a mit Ideen      3. a altes Radio    4. a jeden Morgen   5. a von uns
   b ist | aktiv       b mit Freunden      b altes Auto        b jeden Abend        b von dir

**b** Wo spricht man verbunden, wo getrennt? Markieren Sie. Hören Sie dann zur Kontrolle und sprechen Sie nach.

2.22

1. Es ist nicht einfach, alles allein zu organisieren. Wir arbeiten deshalb in einem Team.
2. Es macht uns Spaß, ein eigenes Theaterstück zu schreiben und auf der Bühne aktiv zu sein.
3. Am Abend ist unser Kurs und danach gehen wir noch alle gemeinsam essen.

einunddreißig 31

# 9

ein Interview und eine Impro-Geschichte verstehen, improvisieren

## Impro-Theater

**10 a** In welchen Situationen muss man spontan sein und improvisieren? Improvisieren Sie gerne? Sprechen Sie im Kurs.

*Ich improvisiere beim Kochen sehr gerne. Oft fehlen mir Zutaten und ich ersetze sie dann durch andere.*

*Ich habe mal bei einem Referat meine Notizen vergessen, dann ...*

**2.23 b** Hören Sie den ersten Teil eines Interviews mit Andreas Wolf, Gründer des Impro-Theaters „fastfood". Machen Sie Notizen zu den Fragen.

1. Was ist Impro-Theater?
2. Wann und wie hat Andreas Wolf „fastfood" gegründet?
3. Wie funktioniert Impro-Theater und was ist anders als im normalen Theater?
4. Wie und wo kann man Impro-Theater lernen?

**c** Vergleichen und ergänzen Sie Ihre Notizen aus 10b zu zweit.

**2.24 d** Hören Sie den zweiten Teil des Interviews. Welche Begriffe kommen vor? Markieren Sie.

die Briefmarke   der Schatten   der Detektiv   die Rose   der Spiegel   die Stufe

die Umleitung   die Biene   die Couch   der Topf   der Dieb   das Treppenhaus

**e** Hören Sie noch einmal. Arbeiten Sie zu zweit. Jede/r wählt eine Person (Philipp oder Herrn Schmidt) und macht Notizen: Was macht die Person? Was passiert? Erzählen Sie dann kurz von Ihrer Person.

**▶ 23–25 f** Wie gefällt Ihnen Impro-Theater? Ist es für die Schauspieler/innen schwer oder leicht? Würden Sie gern eine Vorstellung besuchen? Sprechen Sie im Kurs.

**11 a** Improvisieren Sie nun selbst. Arbeiten Sie in Gruppen. Jede Gruppe wählt einen Begriff und notiert sieben passende Wörter auf einen Zettel.

der Autoverkauf   der Kunstsammler
das Missverständnis   der Backofen

**!** **improvisieren**
Nennen Sie das Erste, was Ihnen einfällt. Wenn Sie lange nachdenken, haben Sie nur mehrere Ideen und müssen sich entscheiden.

**b** Tauschen Sie die Wörter mit einer anderen Gruppe. Schreiben Sie dann in Ihrer Gruppe eine Geschichte mit allen Wörtern auf dem Zettel.

**c** Jede Gruppe liest ihre Geschichte der Gruppe vor, von der sie die Wörter bekommen hat. Wie finden Sie die Geschichte (lustig, spannend ...)? Haben Sie so eine Geschichte erwartet?

**d** Wie fanden Sie die Aufgabe? Was war einfach, was war schwer? Sprechen Sie im Kurs.

32   zweiunddreißig

über Singen und Volkslieder sprechen

# 9

## Singen verbindet

**12 a** Wann und wo haben Sie zuletzt gesungen? Singen Sie gerne? Sprechen Sie im Kurs.

**b** Lesen Sie die Forumsbeiträge. Welche Aussage passt zu wem? Kreuzen Sie an.

**Lala** Seit der Zeit, als dieses Virus die ganze Welt verändert hat, gibt es in unserer Nachbarschaft eine Tradition: Wir treffen uns im Hof und machen Musik. Toll, wer alles ein Instrument spielt oder singt! Wir sind alle keine Meister, aber unsere „Nachbarschaftsband" spielt inzwischen richtig gut. 😊 Über die Musik haben wir uns alle viel besser kennengelernt. Und wie ist das bei euch? Singt ihr oder macht ihr Musik?

**Stison** Früher habe ich mal im Schulchor gesungen, aber das ist schon lange her und eigentlich singe ich fast nie. Lieber sehe ich mir Casting-Shows mit mehr oder weniger talentierten Sängern an. Das finde ich ziemlich lustig. Aber eigentlich ist singen schon toll und zeitlos. Vielleicht sollte ich doch mal wieder in einen Chor gehen ... 😊

**Triangel** Lange Zeit habe ich nur unter der Dusche gesungen, aber dann hat mich mein Neffe gefragt, ob ich zu einem Chor mitkomme, bei dem jeder mitmachen kann. Erst als wir dort waren, habe ich erfahren, dass sie Volkslieder singen. Na ja, die Lieder fand ich am Anfang echt seltsam und uncool. Aber dann hat es riesigen Spaß gemacht, denn jeder kennt die Melodien und Teile vom Text. Ich bin jetzt bei jedem einzigen Treffen dabei.

|   | Lala | Stison | Triangel |
|---|---|---|---|
| 1. Früher fand ich alte, traditionelle Lieder peinlich. | ☐ | ☐ | ☐ |
| 2. Ich höre und sehe anderen gerne beim Singen zu. | ☐ | ☐ | ☐ |
| 3. Singen kommt nie aus der Mode. | ☐ | ☐ | ☐ |
| 4. Wir haben in einer schwierigen Zeit Freundschaft geschlossen. | ☐ | ☐ | ☐ |
| 5. Ich habe lange nur heimlich gesungen. | ☐ | ☐ | ☐ |
| 6. Wir musizieren draußen. | ☐ | ☐ | ☐ |

**13 a** „Die Gedanken sind frei". Was bedeutet das für Sie? Sprechen Sie im Kurs.

🔊 2.25 **b** Hören Sie das Volkslied „Die Gedanken sind frei" von 1810. Welche Wörter aus dem Lied passen zu den Zeichnungen? Notieren Sie.

Die Gedanken sind frei,
wer kann sie erraten?
Sie fliegen vorbei
wie nächtliche Schatten.
Kein Mensch kann sie wissen,
kein Jäger erschießen.
Es bleibet dabei:
Die Gedanken sind frei!

Und sperrt man mich ein
im finsteren Kerker,
das alles sind rein
vergebliche Werke.
Denn meine Gedanken
zerreißen die Schranken
und Mauern entzwei:
Die Gedanken sind frei!

A B C D

**c** Wie gefällt Ihnen das Lied? Warum ist der Text immer noch aktuell?

**d** Welche anderen deutschen Volkslieder kennen Sie? Wann singt man bei Ihnen Volkslieder? Wie gefallen Ihnen diese Lieder? Erzählen Sie.

🔊 2.26 **Gut gesagt: Gedanken**
Mach dir mal keine Gedanken.
Darüber muss ich mir erst noch Gedanken machen.
Ich war total in Gedanken.
Hoffentlich kommt er bald wieder auf andere Gedanken.

dreiunddreißig **33**

# 9 hören und sehen

## Im Theater – Wie entsteht ein Bühnenbild?

**14 a** *Ein Theaterstück.* Ordnen Sie die Ausdrücke den drei Phasen zu.

A das Theaterprogramm planen   B die Aufführung vorbereiten   C das Stück aufführen

Applaus bekommen ____ | Szenen proben ____ | Schauspieler/innen casten ____ | ein Bühnenbild planen und bauen ____ | ein Theaterstück auswählen ____ | eine Vorstellung besuchen ____ | Licht und Technik prüfen ____ | sich verbeugen ____ | eine/n Regisseur/in suchen ____

▶ 23 **b** *Die Personen hinter der Bühne.* Sehen Sie Szene 23. Welche Aussagen sind richtig?

1. [a] Ich wusste schon als Kind, dass ich Bühnenbilder werden will.
   [b] Wenn ich den Auftrag für ein Bühnenbild habe, dann baue ich verschiedene Modelle.
2. [a] Ich bin beim Staatstheater dafür verantwortlich, dass alle Personen im Theater sicher sind.
   [b] Ich entwerfe auch künstlerische Konzepte.
3. [a] Um ein Bühnenbild zu bauen, braucht man viel Zeit.
   [b] Pro Saison bauen wir ungefähr 30 Bühnenbilder für verschiedene Aufführungen.

▶ 24 **15** *Von der Planung zur Aufführung.* Sehen Sie Szene 24. Bringen Sie die Sätze in die richtige Reihenfolge.

____ A Bis das Bühnenbild fertig ist, braucht es mehrere Tausend Arbeitsstunden.

____ B Der Bühnenbildner bespricht seine Ideen mit dem Regisseur und den Technikern.

____ C Der Raum muss zur Idee vom Theaterstück passen.

____ D Die technische Leitung prüft, ob das Bühnenbild finanziell und technisch möglich ist.

____ E Der Leiter der Werkstatt zeichnet genaue Pläne. Dann beginnt die Werkstatt mit der Arbeit.

____ F Spezielle Effekte muss man extra proben, zum Beispiel wenn es Geld schneien soll.

____ G Wenn die Bühne zum ersten Mal eingerichtet ist, überprüft der technische Direktor alles.

▶ 25 **16 a** *Der Besuch der alten Dame.* Lesen Sie die Beschreibung des Theaterstücks und sehen Sie dann Szene 25. Sprechen Sie in Gruppen über die Fragen.

> Die Hauptfigur ist eine ältere Frau, Claire Zachanassian, die in ihren früheren Wohnort Güllen zurückkommt, wo man sie ungerecht behandelt hatte. Die Leute im Ort sind arm, viele sind arbeitslos. Sie ist inzwischen sehr reich und will den Bewohnern viel Geld schenken, wenn sie ihre Rache unterstützen: Ihr früherer Liebhaber muss sterben.

Passt das Bühnenbild zum Inhalt? Wie finden Sie die Kostüme der Schauspieler/innen?
Was für eine Stimmung machen die Farben und das Licht?

**b** Gehen Sie gern ins Theater? Warum (nicht)? Welche Theaterstücke haben Sie gesehen? Was war besonders schön oder interessant? Erzählen Sie im Kurs.

34   vierunddreißig

## kurz und klar: Redemittel und Grammatik

### nachfragen
Habe ich richtig verstanden, dass …?
Könntest du mir noch einmal erklären, was/wer/…?
Mich würde genauer interessieren, warum/ob …
Darf ich noch mal nachfragen, wie viel / ob …?

### sagen, wie einem etwas gefällt

**Aussagen verstärken** ☺☺/☹☹
Das Bild gefällt mir **total** gut/schlecht.
Ich finde es **wirklich** super/schrecklich.
Das finde ich **besonders** schön/hässlich.
Die Ausstellung war **richtig** toll/doof.

**Aussagen relativieren** ☺/☹
Die Ausstellung war **ziemlich** gut/schlecht.
Ich finde das **eher** witzig/langweilig.
Mich spricht es **eigentlich** sehr/nicht an.
Ich bin **relativ** begeistert/enttäuscht.

### Stellung von *nicht* im Satz

1. a  Wenn *nicht* den ganzen Satz verneint, steht es möglichst am Ende des Satzes: *Das Bild gefällt mir **nicht**.*
   Aber: In der Satzverneinung steht *nicht* …
   b  vor dem zweiten Verbteil: *Wir konnten **nicht** kommen.*
   c  vor Adjektiven und Adverbien: *Das Bild war **nicht** teuer.*
   d  vor Präpositionalergänzungen: *Sie interessiert sich **nicht** für Kunst.*
   e  vor Ortsangaben: *Sie waren **nicht** dort.*
2. Wenn *nicht* nur ein Wort verneint, steht es direkt vor diesem Wort: *Ich war **nicht** heute im Museum.*

Wenn ein Satz oder Satzteil mit *nicht* oder *kein* verneint ist, setzt man den folgenden Satz mit *sondern* fort: *Ich war **nicht** heute im Museum, **sondern** gestern.*

### Adjektive ohne Artikel

|  | maskulin | neutrum | feminin | Plural |
|---|---|---|---|---|
| **Nominativ** | d**er** Spaß | da**s** Projekt | di**e** Person | di**e** Stifte |
|  | groß**er** Spaß | klein**es** Projekt | nett**e** Person | bunt**e** Stifte |
| **Akkusativ** | d**en** Spaß | da**s** Projekt | di**e** Person | di**e** Stifte |
|  | groß**en** Spaß | klein**es** Projekt | nett**e** Person | bunt**e** Stifte |
| **Dativ** | d**em** Spaß | d**em** Projekt | d**er** Person | d**en** Stiften |
|  | groß**em** Spaß | klein**em** Projekt | nett**er** Person | bunt**en** Stifte**n** |
| **Genitiv** | d**es** Spaß**es** | d**es** Projekt**s** | d**er** Person | d**er** Stifte |
|  | groß**en** Spaß**es** | klein**en** Projekt**s** | nett**er** Person | bunt**er** Stifte |

Adjektive ohne Artikel haben die gleiche Endung wie der bestimmte Artikel:

d*er* groß*e* Spaß → groß*er* Spaß; da*s* neue Stück → neu*es* Stück

**!** Genitiv Singular maskulin und neutrum: *wegen schlecht**en** Wetter**s**, trotz lang**en** Warten**s***
Den Genitiv ohne Artikelwort verwendet man fast nur mit Präpositionen wie *wegen* oder *trotz*.

# 3 Plattform

## Wiederholungsspiel

**1** Das Spinnennetz. Spielen Sie in Gruppen.

Sie brauchen einen Würfel, ein Blatt Papier und einen Stift. Alle Spieler/innen haben eine Spielfigur. Setzen Sie Ihre Spielfigur auf „Start" und würfeln Sie. Gehen Sie zu einem Feld und lösen Sie die passende Aufgabe:

**Richtig?** Sie bekommen die Punktzahl von Ihrem Feld (z. B. Feld 11: +11 Punkte)

**Falsch?** Sie verlieren die Punktzahl von Ihrem Feld (z. B. Feld 11: -11 Punkte)

Notieren Sie Ihre Punkte. Wer zuerst 200 Punkte hat, gewinnt. Sie können jede Aufgabe nur einmal lösen.

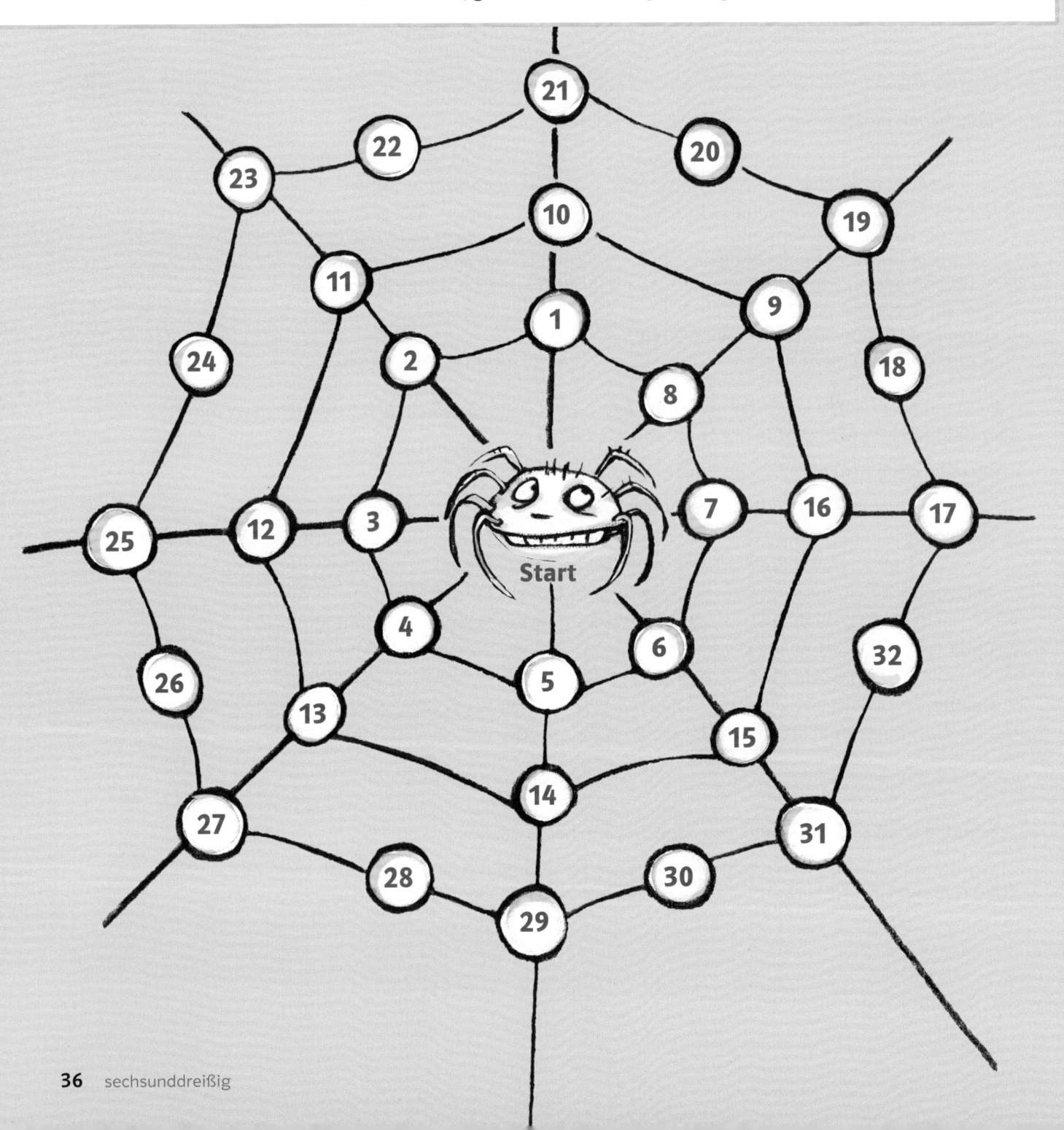

# Plattform 3

**Aufgaben**

1. Welche Lebensmittel sind gesund? Nennen Sie fünf.
2. Welche Wörter verstärken eine Aussage? Nennen Sie zwei und verwenden Sie sie in diesem Satz: *Die Feier war lustig.*
3. Ordnen Sie den Satz: *das Bild / gesehen haben / nicht / wir / im Museum, sondern im Rathaus.*
4. Ergänzen Sie den Satz: *Seit ich Deutsch lerne, …*
5. Ergänzen Sie den Satz: *Während wir im Kurs sind, …*
6. Was mögen Sie nicht? Verwenden Sie *weder … noch …*
7. Im Krankenhaus: Nennen Sie drei typische Dinge: *die Spritze …*
8. Verneinen Sie den Satz: *Die Deutschlehrerin war gestern krank.*
9. Nennen Sie drei Dinge, über die man sich oft streitet.
10. Ihr Freund / Ihre Freundin ist krank. Sie bieten ihm/ihr Hilfe an. Was sagen Sie?
11. Jemand bietet Ihnen Hilfe an. Sie lehnen höflich ab. Was sagen Sie?
12. Jemand zeigt Ihnen ein Foto. Reagieren Sie unterschiedlich: ☺, ☺☺, ☹
13. Bilden Sie einen Satz mit *bevor*.
14. Wann machen Sie was? Erzählen Sie: *sich die Haare kämmen, sich die Hände waschen, sich die Schuhe ausziehen*
15. Bilden Sie einen Satz mit *nachdem*: *Prüfung machen – Freunde besuchen*
16. Ergänzen Sie Adjektive in der Anzeige: *Suche … Smartphone mit … Ladekabel!*
17. Ergänzen Sie Adjektive in der Anzeige: *Verkaufe … Bilder von … Künstler aus Italien.*
18. Nennen Sie drei typische Sätze in einem Streitgespräch.
19. Was ist Ihr Lieblingslied oder Ihre Lieblingsband? Warum? Erzählen Sie.
20. Ergänzen Sie den zweiteiligen Konnektor: *Er mag Musik sehr gern. Ihm gefällt … Pop … klassische Musik.*
21. Was haben Sie gemacht, nachdem Sie die Schule abgeschlossen hatten?
22. Bilden Sie einen Satz mit *einerseits …, andererseits …*: *ins Konzert gehen – Tickets sehr teuer*
23. Ein Freund / Eine Freundin hat Ihnen vom Impro-Theater erzählt, aber Sie haben nicht alles verstanden. Wie können Sie nachfragen? Formulieren Sie zwei Fragen.
24. Wen sehen Sie häufiger: Familie oder Freunde? Erzählen Sie.
25. Wo steht *nicht* im Satz? Verneinen Sie die Sätze und nennen Sie die Regel: *Heute regnet es. / Der Park ist schön.*
26. Gehen Sie gern ins Museum? Warum (nicht)? Erzählen Sie.
27. An welches Ereignis in Ihrer Kindheit erinnern Sie sich noch gut? Warum? Sagen Sie fünf Sätze im Präteritum.
28. Nennen Sie drei Aspekte, die Ihnen an einer Freundschaft wichtig sind.
29. Wann haben Sie das letzte Mal etwas vergessen, z. B. einen Geburtstag? Erzählen Sie.
30. Was ist Impro-Theater und wie finden Sie die Idee? Erzählen und begründen Sie.
31. Welche Wirkung hat Musik auf Sie? Erzählen Sie.
32. Wie lernen Sie (schwierige) Wörter? Erzählen Sie.

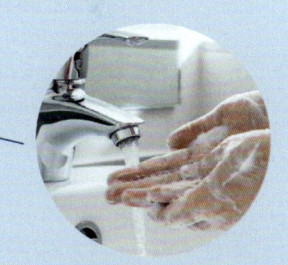

siebenunddreißig 37

# 3 Plattform

## Reden ist Gold!

**2** Schreiben Sie je eine Frage auf eine Karte. Sie können auch eine eigene Frage formulieren. Gehen Sie dann durch den Kursraum. Fragen und antworten Sie. Tauschen Sie dann Ihre Fragen und fragen Sie eine andere Person.

| Lieblingsessen? | Lieblingsgetränk? | Lieblingsaktivität? | Lieblingssport? |
| Lieblingstag? | Lieblingsstadt? | Lieblingsjahreszeit? | Lieblingsfarbe? |
| Lieblingstier? | Lieblingsbuch? | Lieblingsmusik? | Lieblingsserie? |
| Lieblingsfilm? | | | |

*Was ist deine Lieblingsstadt?* — *Madrid.*

**3 a** Arbeiten Sie zu zweit. Lesen Sie einen Satzanfang vor. Ihr Partner / Ihre Partnerin sucht schnell eine passende Fortsetzung. Es gibt mehrere Möglichkeiten. Dann tauschen Sie.

| | |
|---|---:|
| Seit ich in diesem Kurs bin, | lernen wir die Wörter. |
| Bevor ich ins Bett gehe, | machen wir einen Spaziergang. |
| Nachdem wir gegessen haben, | habe ich viele nette Leute kennengelernt. |
| Während ich meinen Schreibtisch aufräume, | haben wir noch nie zusammen Sport gemacht. |
| Bis ihr wiederkommt, | höre ich Musik. |
| Nachdem wir eingekauft haben, | frühstücke ich. |
| Seitdem wir uns kennen, | kochen wir das Abendessen. |
| Während du die Hausaufgaben machst, | warte ich hier. |
| Bevor ich zum Sprachkurs fahre, | sehe ich einen Film oder eine Serie. |
| Bis du mit der Arbeit fertig bist, | telefoniere ich mit meinen Eltern. |

**b** Arbeiten Sie zu zweit und wählen Sie drei Fotos. Bilden Sie zu jedem Foto zwei bis drei Sätze mit *bis, bevor, nachdem, seit/seitdem* oder *während*.

A B C D E F

38 achtunddreißig

## Plattform 3

**4** Nein, wir brauchen das nicht zu machen! Sprechen Sie zu zweit wie im Beispiel. Jede/r stellt zwei weitere Fragen.

Müssen wir die Hausaufgaben machen?
Müssen wir morgen eine Stunde früher kommen?
Müssen wir einen Text schreiben?
Müssen wir die Wörter lernen?
Müssen wir …?

*Müssen wir die Hausaufgaben machen?*

*Nein, wir brauchen die Hausaufgaben nicht zu machen! Müssen wir …?*

**5** Arbeiten Sie zu dritt. Formulieren Sie abwechselnd Aussagen zu Büchern, Filmen, Serien, Liedern, Museen, Ausstellungen, Sehenswürdigkeiten usw. Die anderen reagieren darauf.

… gefällt mir (auch) richtig gut.
… ist wirklich spannend.
Stimmt, … ist ziemlich lustig!
Ja, … ist besonders interessant.
Mir gefällt … auch relativ gut.
Ich finde … eher nicht so toll.
… hat mir nicht ganz so gut gefallen.
… ist wirklich nichts für mich.
… kenne ich gar nicht.

*Die Serie „Dark" finde ich richtig spannend!*

*Stimmt, die ist so super!*

*Mir gefällt sie auch relativ gut.*

**6 a** Arbeiten Sie in Gruppen. Eine Person nennt einen Buchstaben. Alle schreiben einen Satz, in dem möglichst viele Wörter mit diesem Buchstaben beginnen. Vergleichen Sie dann.

<u>A</u>m <u>A</u>bend <u>a</u>rbeitet <u>A</u>ntonio <u>a</u>uch.   <u>B</u>en <u>b</u>ringt <u>B</u>arbara <u>b</u>raunes <u>B</u>rot.

**b** Arbeiten Sie in Gruppen. Eine Person schreibt ein Wort auf. Alle bilden aus den Buchstaben des Wortes einen Satz.

HAUS
<u>H</u>eute <u>a</u>rbeitet <u>U</u>lan <u>s</u>chnell.

**7** Wer bildet den längsten Satz? Spielen Sie zu viert.

*Ich möchte gern ein interessantes Buch lesen.*

*Ich möchte gern ein interessantes, spannendes Buch lesen.*

*Ich möchte gern ein interessantes, spannendes, dickes Buch lesen.*

## Sprachmittlung

**8** Wählen Sie.

2.27 **A** Ein Freund / Eine Freundin von Ihnen hat bald eine Operation. Das Krankenhaus hat angerufen und eine Nachricht für ihn/sie hinterlassen. Hören Sie die Nachricht und notieren Sie die Informationen für Ihren Freund / Ihre Freundin. Erklären Sie ihm/ihr die wichtigsten Punkte.

2.28 **B** Sie möchten zusammen mit einem Freund / einer Freundin einen Malkurs besuchen. Hören Sie die Nachricht der Kunstschule, notieren Sie wichtige Informationen und schreiben Sie Ihrem Freund / Ihrer Freundin eine Nachricht mit den Informationen.

> **!** **Informationen weitergeben**
> Notieren Sie die wichtigen Informationen und lesen Sie Ihre Notizen. Ist alles klar? Hören Sie dann noch einmal und kontrollieren Sie Ihre Notizen.

# 3 Plattform

## Märchenhaft

**9 a** Welche Märchen aus Deutschland oder aus Ihrem Land kennen Sie? Wie beginnen Märchen oft? Wie enden sie? Liest oder erzählt man bei Ihnen noch Märchen? Berichten Sie.

**b** Was sind typische Figuren in Märchen? Sammeln Sie.

*das Schloss …*

**10 a** Sehen Sie die Bilder an und lesen Sie die Wörter. Kennen Sie das Märchen?

A die Königin – das Männchen
C sich entzweireißen
E um das Feuer hüpfen
B das Spinnrad – das Halsband – das Gold – die Müllerstochter
D das verzweifelte Mädchen – das Stroh
F der König

**b** Lesen Sie das Märchen und bringen Sie die Bilder in 10a in die richtige Reihenfolge.

### Rumpelstilzchen

Es war einmal ein Müller, der war arm, aber er hatte eine schöne Tochter. Nun sagte er eines Tages zum König: „Ich habe eine Tochter, die Stroh zu Gold spinnen kann." Der König sagte: „Wenn deine
5 Tochter so geschickt ist, wie du sagst, so bring sie morgen in mein Schloss, da will ich sie prüfen."
Als nun das Mädchen zu ihm kam, führte er es in eine Kammer, die ganz voll Stroh lag, gab ihr ein Spinnrad und sprach: „Jetzt mache dich an
10 die Arbeit und wenn du heute Nacht das Stroh nicht zu Gold gesponnen hast, musst du sterben."
Da saß nun die arme Müllerstochter allein in der Kammer und wusste keinen Rat. Sie konnte gar nicht Stroh zu Gold spinnen und ihre Angst wurde
15 immer größer. Da ging die Tür auf und ein kleines Männchen kam herein und sprach: „Guten Abend, warum weinst du so sehr?" „Ach", antwortete das Mädchen, „ich soll Stroh zu Gold spinnen und kann das nicht." Da sprach das Männchen: „Was
20 gibst du mir, wenn ich es dir spinne?" „Mein Halsband", sagte das Mädchen. Das Männchen nahm das Halsband, setzte sich vor das Spinnrad und – schnurr, schnurr, schnurr – spann das Stroh zu Gold. Am Morgen war das ganze Stroh Gold.
25 Als der König kam und das Gold sah, freute er sich, aber er wurde nur noch gieriger. Er brachte die Müllerstochter in eine andere Kammer, die noch viel größer war, und befahl ihr, das Stroh auch in einer Nacht zu Gold zu spinnen.
30 Das Mädchen weinte. Da kam wieder das kleine Männchen und sprach: „Was gibst du mir, wenn ich dir das Stroh zu Gold spinne?" „Meinen Ring", antwortete das Mädchen. Das Männchen nahm den Ring, fing wieder an zu spinnen und hatte
35 bis zum Morgen alles Stroh zu Gold gesponnen. Der König hatte aber immer noch nicht genug Gold, brachte die Müllerstochter in eine noch größere Kammer voll Stroh und sprach: „Das musst du noch in dieser Nacht spinnen, dann
40 sollst du meine Frau werden."

Als das Mädchen allein war, kam das Männchen zum dritten Mal wieder und fragte: „Was gibst du mir diesmal?" „Ich habe nichts mehr, das ich dir geben könnte", antwortete das Mädchen. „So versprich mir, wenn du Königin wirst, dein erstes Kind." Die Müllerstochter versprach also dem Männchen, was es verlangte, und das Männchen spann dafür noch einmal das Stroh zu Gold.
Und als am Morgen der König alles fand, wie er gewünscht hatte, heiratete er die schöne Müllerstochter und sie wurde Königin. Im nächsten Jahr brachte sie ein Kind zur Welt und dachte gar nicht mehr an das Männchen. Da trat es plötzlich in ihre Kammer und sprach: „Nun gib mir, was du versprochen hast." Die Königin erschrak und bot dem Männchen alle Reichtümer des Königreichs an, wenn sie das Kind behalten dürfte, aber das Männchen sprach: „Nein, etwas Lebendes ist mir lieber als alle Schätze der Welt." Da fing die Königin so an zu weinen, dass das Männchen Mitleid hatte: „Drei Tage lasse ich dir Zeit.", sprach es, „Wenn du bis dahin meinen Namen weißt, darfst du dein Kind behalten."
Nun überlegte die Königin die ganze Nacht und dachte an alle Namen, die sie jemals gehört hatte. Sie schickte einen Boten durch das Land, der sich erkundigen sollte, was es sonst noch für Namen gab. Als am nächsten Tag das Männchen kam, fing sie an mit Caspar, Melchior, Balthasar und sagte alle Namen, die sie wusste, aber bei jedem sprach das Männchen: „So heiß' ich nicht."

Am zweiten Tag ließ sie in der Nachbarschaft herumfragen und nannte dem Männchen die ungewöhnlichsten und seltsamsten Namen. Aber es antwortete immer: „So heiß' ich nicht." Am dritten Tag kam der Bote zurück und erzählte: „Ich konnte keinen einzigen neuen Namen finden, aber ich sah im Wald ein kleines Haus und vor dem Haus brannte ein Feuer und um das Feuer sprang ein Männchen, hüpfte auf einem Bein und schrie: ‚Heute back ich, morgen brau ich, übermorgen hol ich der Königin ihr Kind. Ach, wie gut, dass niemand weiß, dass ich Rumpelstilzchen heiß!'"
Die Königin war sehr froh, als sie den Namen hörte, und als bald danach das Männchen hereintrat und fragte: „Nun, Frau Königin, wie heiße ich?" Da fragte sie erst: „Heißt du Kunz?" „Nein." „Heißt du Heinz?" „Nein." „Heißt du etwa Rumpelstilzchen?" „Das hat dir der Teufel gesagt, das hat dir der Teufel gesagt!", schrie das Männchen und packte in seiner Wut den linken Fuß mit beiden Händen und riss sich selbst mitten entzwei.

**Brüder Grimm**
Jakob Grimm (1785–1863) und Wilhelm Grimm (1786–1859) waren Sprachwissenschaftler und Sammler und Herausgeber von Märchen. Neben ihren weltberühmten Märchensammlungen veröffentlichten sie auch „Das deutsche Wörterbuch" und „Die deutsche Grammatik". Sie gelten als Begründer der Germanistik.

c  Wie sind die Personen in diesem Märchen? Arbeiten Sie zu zweit und notieren Sie Stichpunkte zu den Charakteren. Vergleichen Sie dann im Kurs.

*König: will noch reicher werden …*

d  Erstellen Sie einen Zeitstrahl zu den Ereignissen im Märchen.

*Müller spricht mit König*

**11** Theater-Projekt: ein Märchen spielen. Bilden Sie Gruppen und wählen Sie Rumpelstilzchen oder ein anderes Märchen.

- Entscheiden Sie, welche Szenen Sie vorspielen wollen und was der/die Erzähler/in sagt.
- Schreiben Sie ein Drehbuch und erfinden Sie Dialoge für die Szenen im Märchen.
- Verteilen Sie die Rollen (Erzähler/in, König/in, Prinz/Prinzessin …)
- Besorgen Sie die Gegenstände, die Sie brauchen.
- Üben Sie Ihr Theaterstück.
- Spielen Sie das Märchen vor.

über soziales Engagement sprechen | Vorgänge beschreiben | über ein soziales Projekt schreiben | einen Artikel über ein Projekt verstehen | über Institutionen in der Stadt sprechen |

# Miteinander

A

C

B

**1 a** Werte in der Gesellschaft. Arbeiten Sie in Gruppen. Jede/r wählt zwei bis drei Begriffe und erklärt sie den anderen. Geben Sie auch je ein Beispiel.

die Gerechtigkeit | die Freiheit | die Zivilcourage | die Gesundheit | die Fairness | die Demokratie | die Rücksicht | die Bildung | die Sicherheit | der Respekt | die Ehrlichkeit | die Hilfsbereitschaft | die Gleichberechtigung | die gute Erziehung

**b** Arbeiten Sie zu zweit. Sehen Sie die Fotos an und ordnen Sie die Begriffe aus 1a zu. Vergleichen Sie dann mit einem anderen Paar.

Informationen über die EU verstehen | eine kurze Präsentation halten

# 10

D  F

E  G

🔊 **2 a** Hören und notieren Sie. Welche Werte finden die Menschen besonders wichtig?
2.29
*Person 1: Meinungsfreiheit und …*

**b** Hören Sie noch einmal. Welche Gründe/Beispiele nennen die Personen? Ergänzen Sie Ihre Notizen aus 2a.

▶ 26–28 **c** Welche Werte finden Sie für das Leben in einer Gesellschaft am wichtigsten? Begründen Sie.

*Für mich ist Respekt am wichtigsten, denn ich finde, man muss andere Menschen ernst nehmen.*

*Ich finde Bildung sehr wichtig, weil Bildung die Zukunft sichert.*

dreiundvierzig **43**

## 10 über soziales Engagement sprechen

# Freiwillig

**3 a** Soziales Engagement. Sehen Sie die Fotos in 3b an. Was denken Sie: Für wen oder wofür setzen sich die Leute ein? Was machen sie?

**b** Arbeiten Sie zu dritt. Jede/r liest einen Text und macht Notizen zu den Fragen. Informieren Sie dann die anderen über Ihren Text.

- Was machen die freiwilligen Helfer/innen?
- Wem oder wann helfen sie?
- Welche wichtigen Informationen oder Zahlen über die Organisation gibt es?

### A Freiwillige Feuerwehr

Besonders auf dem Land und in kleineren Städten engagieren sich viele Menschen bei der Freiwilligen Feuerwehr und erfüllen eine wichtige Funktion. Oft gibt es auch spezielle Jugendgruppen. Alle Vereinsmitglieder werden in Erster Hilfe ausgebildet und lernen viel rund um das Thema Feuer. Die Feuerwehr ist da, wenn es brennt, bei Unfällen oder auch bei Hochwasser – in den Städten zusammen mit der Berufsfeuerwehr, auf dem Land oft allein. Die Freiwillige Feuerwehr in Frankfurt Ginnheim wird jährlich zwischen 40- und 60-mal gerufen. Die Feuerwehrleute werden von der Zentrale alarmiert. Das kann zu jeder Tages- oder Nachtzeit sein – immer dann, wenn Hilfe benötigt wird.

*Im Notfall helfen – das ist mein Ding!*

### B Die *Tafel*

In Deutschland werden täglich viele Tonnen Lebensmittel vernichtet, obwohl man sie noch essen kann. Besonders von Supermärkten und Kantinen werden übrige Lebensmittel weggeworfen. Gleichzeitig gibt es viele Menschen, die kaum genug Geld für Essen haben. Die Lebensmittel, die qualitativ noch gut sind, werden von der *Tafel* gesammelt und an arme Menschen verteilt. Viele Lebensmittel werden von Firmen gespendet. Die *Tafel* ist in ganz Deutschland aktiv und hilft inzwischen rund 1,6 Millionen Menschen, 30 % davon sind Kinder und Jugendliche. Die Organisation wird von mehr als 60.000 ehrenamtlichen Helfer/innen unterstützt. Allein in Berlin – bei der ersten *Tafel* Deutschlands – gibt es 45 Ausgabestellen, wo bedürftige Menschen Lebensmittel abholen können.

*Essen für Menschen in Not!*

### C Patenschaften

Manche Familien haben Mühe, den Alltag allein zu bewältigen, und werden von ehrenamtlichen Paten/Patinnen unterstützt. Sie helfen bei Behördengängen, bei der Wohnungs- und Arbeitssuche und bei den Hausaufgaben der Kinder. Viele Paten/Patinnen kümmern sich z. B. um ein Kind, geben Nachhilfe, unternehmen etwas mit ihm und hören bei Problemen zu. Normalerweise trifft sich ein Pate / eine Patin einmal pro Woche mit der Familie bzw. dem Kind. So entstehen oft auch Freundschaften und der Pate / die Patin begleitet die Familie manchmal über viele Jahre. Die Kontakte werden von vielen Organisationen vermittelt. So eine Organisation ist z. B. *biffy Berlin*. Der Verein ist 2004 gegründet worden und hat bereits zahlreiche Paten/Patinnen und Familien zusammengebracht.

*Luis und ich verstehen uns super!*

**c** Welche Organisation aus 3b gefällt Ihnen am besten? Wo würden Sie selbst gern mithelfen? Begründen Sie.

> **eine Auswahl treffen**
> Ich würde gerne bei … mithelfen, weil …
> Ich könnte mir vorstellen, …
> … finde ich am sinnvollsten/wichtigsten/ interessantesten/…, darum …
> … würde gut zu mir passen, weil …
> … spricht mich am meisten an, da …
> Die Idee / Das Konzept von … überzeugt/ interessiert mich.

Vorgänge beschreiben, über ein soziales Projekt schreiben

# 10

## 4

**a** Aktiv und Passiv. Lesen Sie Text B noch einmal und ergänzen Sie die Passivsätze aus dem Text.

| Aktiv → <u>Wer</u> tut etwas? | Passiv → <u>Was</u> passiert? |
|---|---|
| 1. Supermärkte werfen Lebensmittel weg. | 1. _____ |
| 2. Firmen spenden viele Lebensmittel. | 2. _____ |
| 3. 60.000 Helfer/innen unterstützen die Organisation. | 3. _____ |

> **G**
>
> **Aktiv**
> Die *Tafel* verteilt **die Lebensmittel**.
>                             Akkusativ
>
> **Passiv: *werden* + Partizip II**
> **Die Lebensmittel werden verteilt.**
> Nominativ        werden  Partizip II
>
> Im Passivsatz kann man mit *von* + Dativ ausdrücken, wer etwas tut: *Die Lebensmittel werden **von der Tafel** verteilt.*

**b** Gibt es in Ihrer Sprache Passivformen? Wie bildet man sie?

**c** Ein Tag bei der *Tafel*. Was passiert? Formulieren Sie Sätze im Passiv.

1. Tagesablauf planen – morgens
2. Lebensmittel abholen – am Vormittag
3. mittags – Lebensmittel verteilen
4. danach – Anfragen beantworten und Anrufer/innen zurückrufen
5. nachmittags – Rechnungen prüfen und bezahlen

*1. Der Tagesablauf wird morgens geplant.*

## 5

**a** Passiv in der Vergangenheit. Lesen Sie den Text und markieren Sie die Passivformen. Ergänzen Sie dann die Regel.

Die erste deutsche *Tafel* wurde 1993 in Berlin gegründet. Das Konzept wurde aus den USA übernommen. Durch das große Interesse der Medien wurde die Idee der Tafel schnell im ganzen Land verbreitet. Mittlerweile sind bundesweit mehr als 940 *Tafeln* gegründet worden.

> **G**
>
> **Passiv in der Vergangenheit**
> Präteritum: _____ + Partizip II
> Perfekt:    *sein* + Partizip II + _____
> Meistens verwendet man das Präteritum.

**b** Bei der freiwilligen Feuerwehr. Was ist hier passiert? Schreiben Sie Passivsätze im Präteritum.

| ein Feuer melden | die Feuerwehrleute alarmieren |  die Bewohner/innen retten |  den Brand löschen |

## 6

Welche sozialen Projekte gibt es bei Ihnen (z. B. für Kinder, für ältere Menschen, für die Umwelt …)? Recherchieren Sie ein interessantes Projekt. Schreiben Sie einen kurzen Text ähnlich wie in 3b.

fünfundvierzig **45**

# 10 einen Artikel über ein Projekt verstehen

## Mini-München

**7 a** Wie funktioniert eine Stadt? Wer macht was? Was kann man wo machen? Sprechen Sie im Kurs.

die Müllabfuhr | die Polizei | das Fundbüro | die Behörde / das Amt | die Regierung | der Bürgermeister / die Bürgermeisterin | die Feuerwehr | das Einwohnermeldeamt | die Post | die Stadtinformation

(sich) anmelden | (sich) abmelden | ausfüllen | leeren | (sich) kümmern um | genehmigen | (sich) erkundigen nach | (sich) beschäftigen mit | beschließen | schützen | zuständig sein für | verantwortlich sein für | reinigen

*Die Müllabfuhr leert die Mülltonnen.*

**b** Lesen Sie den Artikel und erklären Sie in zwei bis drei Sätzen, was Mini-München ist.

### Soziales Zusammenleben lernen

Was ist nötig, damit das Zusammenleben in einer Stadt funktioniert? Menschen im Alter zwischen 7 und 15 Jahren können das im Sommerprojekt „Mini-München" herausfinden: Sie organisieren ihre Stadt selbst und kümmern sich um alles. Finanziert wird das Programm von der Stadt München.

5 Der öffentliche Verkehr funktioniert zuverlässig, die Straßen sind sicher und sauber, der Müll wird regelmäßig entsorgt. In einer Stadt muss so viel erledigt werden. Es werden neue Schulen und Wohnungen gebraucht und gebaut. Die Bewohner/innen gehen arbeiten und bekommen dafür ihr Gehalt.
10 Zuerst muss Geld eingenommen werden, bevor man einkaufen, ins Kino gehen oder im Restaurant essen kann – wie das Leben eben so ist. Genau das erfahren Kinder und Jugendliche im Alter von 7 bis 15 Jahren, wenn sie im Sommer ihre Stadt, nämlich Mini-München, selbst gestalten. Das Projekt kann alle zwei Jahre durchgeführt werden, weil
15 es so erfolgreich ist – und das seit 30 Jahren. Wichtig für den Erfolg ist vor allem, dass die Spielstadt eine elternfreie Zone ist: Eltern dürfen sich als Besucher im Elterncafé aufhalten und zwar nur dort.

Wer an Mini-München teilnehmen möchte, meldet sich beim Einwohnermeldeamt an. Dann kann man sich beim Arbeitsamt bei einem der über 50 Betriebe um eine Arbeitsstelle be-
20 werben. Es gibt aber auch die Möglichkeit zu studieren; dafür muss man extra zugelassen werden. Für die Arbeit oder das Studium gibt es ein Gehalt in der eigenen Währung *MiMü*. Wie im wirklichen Leben werden Steuern abgezogen, erst dann kann das Geld in der Bank abgeholt werden. Damit kann man
25 alles kaufen, z. B. in der Bäckerei (da werden frische Brezen und Semmeln selbst gebacken), im Restaurant oder im Kaufhaus. Und dann gibt es viele weitere Betriebe: von A wie Architekturbüro bis Z wie die Zeitung *MiMüZ*, die täglich erscheint. Sie informiert ebenso über die Neuigkeiten wie die Online-Redaktion in ihrem Weblog oder das Radio Mikro.

Natürlich gibt es auch Institutionen wie Polizei, Müllabfuhr oder Gerichte. Auch das machen selbst-
30 verständlich die Kinder. Die politische Vertretung hat ihren Sitz im Rathaus. Die Bürger/innen von Mini-München wählen ihre Vertretung selbst, den Stadtrat und den Bürgermeister bzw. die Bürgermeisterin. In Bürgerversammlungen wird über wichtige Vorhaben abgestimmt. Mini-München ist sehr beliebt, deshalb wurde das Modell inzwischen von vielen Städten in mehreren Ländern übernommen.

46 sechsundvierzig

**über Institutionen in der Stadt sprechen, Vorgänge beschreiben** | **10**

**c** Lesen Sie den Artikel noch einmal. Welche Aussagen sind richtig? Kreuzen Sie an.

Mini-München ...
☐ 1. ist ein Spiel, in dem Kinder eine Stadt organisieren.
☐ 2. wird von den Eltern der Kinder mitorganisiert und betreut.
☐ 3. ist ein Programm, das die Stadt München von anderen Städten übernommen hat.

In Mini-München ...
☐ 4. arbeiten die Kinder in unterschiedlichen Betrieben.
☐ 5. schreiben die Organisatoren/Organisatorinnen eine Zeitung und einen Weblog.
☐ 6. entscheiden die Bürger und Bürgerinnen über wichtige Projekte.

**d** Hören Sie. Was finden die Eltern gut? Notieren Sie Stichpunkte. Vergleichen Sie dann zu zweit.

– *Kinder haben Spaß, lernen ...*

> **Gut gesagt: Partikeln bei Fragen**
> Schade, dass es das früher nicht gab, **stimmt's**?
> Sie geht doch morgen auch wieder hin, **oder**?
> Heute war's super anstrengend, **ne**? (im Norden)
> Am Samstag machen wir mal nichts, **gell**? (im Süden)

**e** Was ist nötig, damit eine Stadt funktioniert? Arbeiten Sie in Gruppen. Einigen Sie sich auf die sieben wichtigsten Punkte.

*Am wichtigsten ist, dass es genug Wohnungen und Straßen gibt.*

*Ich finde aber wichtiger, dass ...*

**8 a** Passiv mit Modalverb. Lesen Sie noch einmal die Zeilen 5–16 und ergänzen Sie die Sätze.

1. In einer Stadt _____ so viel _____.

2. Zuerst _____ Geld _____.

3. Das Projekt _____ alle zwei Jahre _____.

> **G**
> **Passiv mit Modalverb**
> Das Geld **kann** in der Bank **abgeholt werden**.
>   Modalverb       Partizip II *werden*

**b** Sehen Sie das Bild an. Was muss hier alles gemacht werden?

das Geschirr abräumen | den Müll wegwerfen |
die Straßenlampe reparieren |
die Lieferung in den Keller bringen |
die Blumen gießen | die Fenster putzen

**9 a** Aussprache: Kontrastakzente in Fragen mit *oder*. Hören Sie die Sätze und markieren Sie die Kontrastwörter.

1. Finden Sie das Projekt Mini-München ==interessant== oder ==uninteressant==?
2. Möchten Sie mehr über das Projekt erfahren oder haben Sie genug Informationen bekommen?
3. Hätten Sie als Kind gern bei Mini-München mitgemacht oder lieber nicht?

**b** Lesen Sie die Sätze laut und achten Sie auf die Satzmelodie mit Kontrastakzenten. Hören Sie zur Kontrolle.

1. Willst du den Text morgen oder nächste Woche schreiben?
2. Hast du dich schon für ein Projekt entschieden oder überlegst du noch?
3. Bist du gern dabei oder musst du mitmachen?

siebenundvierzig **47**

# 10 Informationen über die EU verstehen

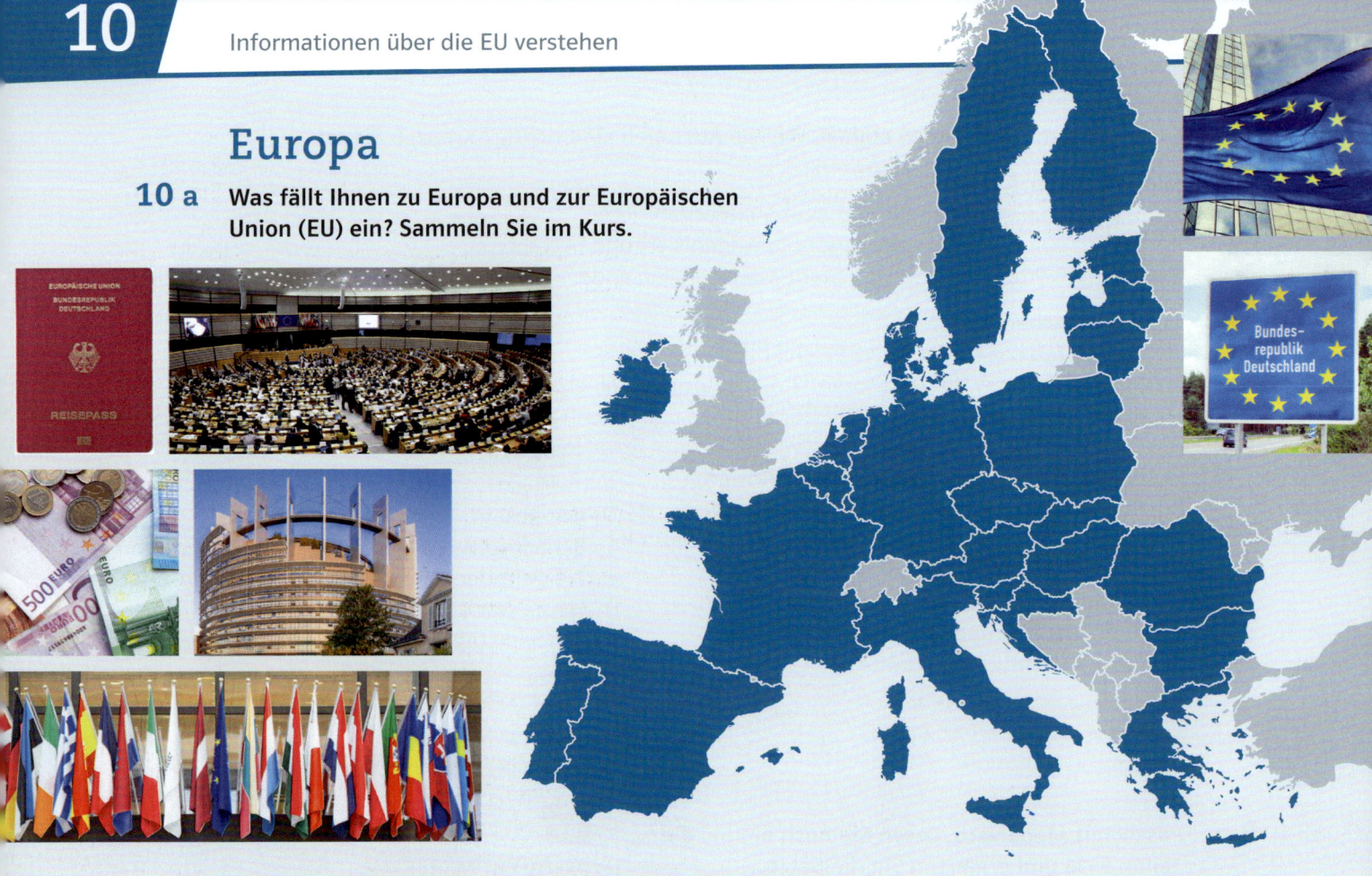

## Europa

**10 a** Was fällt Ihnen zu Europa und zur Europäischen Union (EU) ein? Sammeln Sie im Kurs.

**b** Lesen Sie den Text über die EU. Machen Sie Notizen zu den Fragen: Wer? Was? Wann? Warum? Vergleichen Sie im Kurs.

### Geschichte der Europäischen Union

Nach dem Zweiten Weltkrieg beschlossen die Politiker in Europa, besser zusammenzuarbeiten, um den Frieden zu schützen. Sie waren sicher, dass Länder, die wirtschaftlich eng zusammenarbeiten, keinen Grund mehr haben, Krieg zu führen. So gründeten zunächst sechs Staaten 1951 die Europäische Gemeinschaft. Aus dieser Gemeinschaft wurde 1992 mit dem Vertrag von Maastricht die Europäische Union. Im Lauf der Zeit sind immer mehr Länder der EU beigetreten und es ist einiges passiert: Seit 2002 benutzen immer mehr EU-Länder dieselbe Währung, den Euro. Die Bürger/innen der EU können seit 1995 im Normalfall ohne Grenzkontrollen reisen, in anderen EU-Ländern studieren und arbeiten und in der ganzen EU Waren und Dienstleistungen kaufen. Aber natürlich gibt es auch Kritik. Skeptiker/innen befürchten z. B., dass die nationalen Besonderheiten der einzelnen Länder immer mehr verschwinden. Anderen gibt es zu viele Vorschriften oder es dauert ihnen zu lange, bis Entscheidungen getroffen werden. Seit dem endgültigen Ausstieg von Großbritannien Anfang 2020 sind 27 Länder Mitglied der EU.

**11 a** Hören Sie die Präsentation über die EU und ordnen Sie zu.
2.34

1. 1951 unterschrieben einige Länder einen Vertrag, _____
2. Die Länder Belgien, Deutschland, Frankreich, Italien, Luxemburg und die Niederlande hatten das Ziel, _____
3. Zwei weitere Verträge wurden 1957 unterzeichnet, _____
4. Der Vertrag von Maastricht wurde im Jahr 1992, _____
5. Für die Mitgliedsstaaten sind die wichtigsten Werte _____

A um Wirtschaftsbeziehungen und den Umgang mit Atomkraft zu regeln.
B am 7. Februar, geschlossen.
C die Würde des Menschen und die Menschenrechte, Demokratie, Freiheit, Toleranz und Solidarität.
D Krieg in Europa zu vermeiden.
E um die Produktion von Kriegswaffen zu kontrollieren.

eine kurze Präsentation halten  **10**

**b** Hören Sie noch einmal. Was hat Ihnen an der Präsentation gut gefallen? Lesen Sie die Tipps und sammeln Sie im Kurs weitere Tipps für Präsentationen.

> **Tipps für eine Präsentation / einen Vortrag / ein Referat**
> – Sprechen Sie laut und deutlich. Fragen Sie nach, ob man Sie gut verstehen kann.
> – Wissen Sie nicht weiter oder kommen ins Stocken? Kein Problem! Sagen Sie z. B. „Entschuldigung, jetzt habe ich den Faden verloren." und wiederholen Sie den letzten Teil.
> – Werden Sie gestört oder Ihnen fällt z. B. etwas herunter? Nehmen Sie es mit Humor und machen Sie weiter.

**c** Wie sollte eine Präsentation aufgebaut sein? Ordnen Sie zu.

die wichtigsten Punkte zusammenfassen | Beispiele nennen | Vor- und Nachteile nennen | Informationen zum Thema geben | sich bedanken | über eigene Erfahrungen sprechen | das Thema vorstellen | die eigene Meinung sagen | Inhalt und Struktur der Präsentation erklären

| Einleitung | Hauptteil | Schluss |
|---|---|---|
|  |  |  |

**12 a** Wählen Sie ein Thema und bereiten Sie eine Präsentation vor. Machen Sie Notizen.

Praktikum im Ausland   Sprachen in der EU   Reisen in Europa   Freiwilliges Engagement

Wählen mit 16 Jahren   Traditionen in Europa   …

**b** Arbeiten Sie zu zweit. Jede/r übt die Präsentation laut. Der Partner / Die Partnerin gibt Feedback. Beachten Sie die Tipps in 11b und verwenden Sie die Ausdrücke.

> **Einleitung**
> Ich halte heute eine Präsentation zum Thema …
> Mein Thema heute ist …
> Ich möchte heute über … sprechen.
> Ich spreche über folgende Punkte: …
> In meiner Präsentation möchte ich zuerst …, dann …, danach … und zum Schluss …
>
> **Schluss**
> Abschließend möchte ich kurz zusammenfassen: …
> Zum Schluss möchte ich noch einmal sagen, dass …
> Vielen/Herzlichen Dank für eure/Ihre Aufmerksamkeit.
> Gibt es / Habt ihr / Haben Sie noch Fragen zum Thema?
>
> **Hauptteil**
> Zu meiner ersten Frage / meinem ersten Punkt: …
> Damit komme ich zum zweiten/dritten/… Punkt: …
> Ich möchte ein (zweites/drittes/…) Beispiel nennen: …
> Ich gebe euch/Ihnen ein Beispiel: …
> Ich bin der Meinung, dass …
> Meiner Meinung nach sollte/könnte …
> Ich habe die Erfahrung gemacht, dass …
> Bei uns ist es ein wenig anders: …

**c** Halten Sie Ihre Präsentation jetzt im Kurs.

**d** Sprechen Sie zu zweit. Welche Tipps aus 11b haben Ihnen geholfen? Welche könnten Sie bei der nächsten Präsentation stärker beachten?

neunundvierzig **49**

# 10 hören und sehen

## Interkulturelles Dolmetschen – Was ist das?

**13 a** In welchen Situationen kann ein Dolmetscher / eine Dolmetscherin helfen? Sammeln Sie im Kurs. Überlegen Sie dann: Was könnte interkulturelles Dolmetschen sein?

*Ich finde Dolmetscher in offiziellen Situationen wichtig, zum Beispiel beim Amt.*

*Ja, oder wenn ich etwas zum ersten Mal mache wie die Einschreibung an der Uni.*

**b** *Beim Arzt.* Sehen Sie Szene 26. Arbeiten Sie zu zweit. Jede/r wählt eine Person und notiert Informationen zu den Fragen. Vergleichen Sie dann Ihre Notizen.

**Güneren Aksoy**
1. Seit wann arbeitet sie als interkulturell Übersetzende?
2. Welchen Auftrag hat sie beim Gespräch in der Arztpraxis?
3. Warum ist nicht nur Sprachkompetenz wichtig? Welches Beispiel nennt sie?

**Dr. Peter Flubacher**
4. Warum hat er Frau Aksoy engagiert?
5. Warum findet er, dass Frau Aksoy eine „zentrale Funktion" hat?
6. Was hat er durch ihre Arbeit gelernt?

**c** Sehen Sie die Szene noch einmal. Was lernt man in der Ausbildung zum Übersetzenden? Markieren Sie.

sprachliche Techniken | Strategien | Verhalten in angespannten Situationen | Grammatik | Informationen über das Bildungs-, Sozial- und Gesundheitswesen | Erkennen von Situationen, in denen man kulturell vermitteln muss | kulturelle Unterschiede | Aussprache

**14** *Die interkulturelle Vermittlerin.* Sehen Sie Szene 27 und ergänzen Sie Informationen zu Frau Lüscher. Vergleichen Sie dann zu zweit.

Kindheit und Schulzeit — Zainab Lüscher — Sprache und Kultur

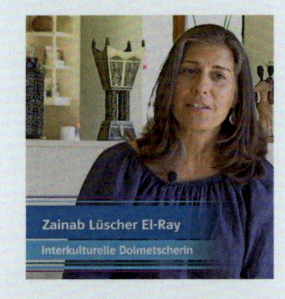

— Beruf —

Zainab Lüscher El-Ray
Interkulturelle Dolmetscherin

**15 a** *Unterwegs mit Frau Lüscher.* Sehen Sie Szene 28 und ergänzen Sie die Aussagen.

1. Frau Lüscher fährt zuerst zu …
2. Dann fährt sie …
3. Am ersten Ort soll sie …
4. Bei der Familie ist sie, weil …

**b** Sehen Sie die Szene noch einmal. Was ist der Unterschied zwischen Dolmetschen und interkulturellem Vermitteln? Erklären Sie und nennen Sie Beispiele.

**c** Lesen Sie die Aussage von Dr. Flubacher. Was meint er damit? Sprechen Sie in Gruppen und nennen Sie auch Beispiele.

*„Es ist sehr erstaunlich, wie ein Mensch plötzlich anders wirkt, wenn er in seiner eigenen Sprache sprechen kann."*

*Wenn ich nicht in meiner Sprache sprechen kann, bin ich viel stiller. Als eine Freundin mal mit mir bei meiner Familie war, war sie überrascht …*

## kurz und klar: Redemittel und Grammatik

**eine Auswahl treffen**
Ich würde gerne bei … mithelfen, weil …
Ich könnte mir vorstellen, …
… finde ich am sinnvollsten/wichtigsten/interessantesten/…, darum …
… würde gut zu mir passen, weil …
… spricht mich am meisten an, da …
Die Idee / Das Konzept von … überzeugt/interessiert mich.

**eine Präsentation halten**

**Einleitung**
Ich halte heute eine Präsentation zum Thema …
Mein Thema heute ist …
Ich möchte heute über … sprechen.
Ich spreche über folgende Punkte: …
In meiner Präsentation möchte ich zuerst …, dann …, danach … und zum Schluss …

**Hauptteil**
Zu meiner ersten Frage / meinem ersten Punkt: …
Damit komme ich zum zweiten/dritten/… Punkt: …
Ich möchte ein (zweites/drittes/…) Beispiel nennen: …
Ich gebe euch/Ihnen ein Beispiel: …
Ich bin der Meinung, dass …
Meiner Meinung nach sollte/könnte …
Ich habe die Erfahrung gemacht, dass …
Bei uns ist es ein wenig anders: …

**Schluss**
Abschließend möchte ich kurz zusammenfassen: …
Zum Schluss möchte ich noch einmal sagen, dass …
Vielen/Herzlichen Dank für eure/Ihre Aufmerksamkeit.
Gibt es / Habt ihr / Haben Sie noch Fragen zum Thema?

## Passiv

| Aktiv | → **Wer** tut etwas? | Die *Tafel* verteilt | **die Lebensmittel**. |
| | | | **Akkusativ** |
| Passiv | → **Was** passiert? | **Die Lebensmittel werden** (von der *Tafel*) **verteilt**. |
| | | **Nominativ** *werden* | **Partizip II** |

Im Passivsatz kann man mit *von* + Dativ ausdrücken, **wer** etwas tut.

**Bildung des Passivs**

| **Präsens** | *werden* + Partizip II | Die Feuerwehr **wird alarmiert**. |
| **Präteritum** | *wurde* + Partizip II | Die Feuerwehr **wurde alarmiert**. |
| **Perfekt** | *sein* + Partizip II + *worden* | Die Feuerwehr **ist alarmiert worden**. |

Für das Passiv in der Vergangenheit verwendet man meistens das Präteritum.

**Passiv mit Modalverb**

| Das Geld | **kann** | in der Bank | **abgeholt** | **werden**. |
| In einer Stadt | **müssen** | viele Dinge | **erledigt** | **werden**. |
| | **Modalverb** | | **Partizip II** | *werden* im Infinitiv |

einundfünfzig **51**

über das Leben in der Stadt sprechen | einen Magazintext verstehen | einen Bericht schreiben |
über lebenswerte Städte diskutieren | etwas näher beschreiben | in einer Diskussion vermitteln |

# Stadt, Land, Fluss

A

B

C

**1 a** Sehen Sie die Fotos an. Welches finden Sie typisch für „Leben in der Stadt"? Welche Aspekte fehlen? Vergleichen und begründen Sie.

**b** Arbeiten Sie zu dritt. Jede/r wählt zwei Fotos. Welche Wörter passen? Beschreiben Sie dann Ihre Fotos in der Gruppe.

das Angebot | die Atmosphäre | die Aussicht | die Fußgängerzone | das Hochhaus |
der Bewohner / die Bewohnerin | der Club | der Dreck / der Schmutz | die Erholung |
das Fahrzeug | der Fußgänger / die Fußgängerin | das Unternehmen | das Bürogebäude |
die Kneipe | der Verkehr | die Lage | der Lärm | die Mobilität | der Nachbar / die Nachbarin |
der Stress | das Schaufenster | der Stadtteil / das Viertel | das Tempo / die Geschwindigkeit |
das Konzert | der Laden / das Geschäft

52 zweiundfünfzig

einen Blog über Zürich verstehen | verschiedenen Empfängern schreiben |
ein Programm für einen Stadtbesuch erstellen

# 11

D

F

E

🔊 **2 a** Stimmen aus Leipzig. Worüber sprechen die Personen? Kreuzen Sie die Themen an.
2.35

| | Wohnen | Arbeit | Freizeitangebot | Verkehr/Verkehrsmittel |
|---|---|---|---|---|
| Person 1 | ☐ | ☐ | ☐ | ☐ |
| Person 2 | ☐ | ☐ | ☐ | ☐ |
| Person 3 | ☐ | ☐ | ☐ | ☐ |

**b** Arbeiten Sie zu viert. Hören Sie noch einmal. Jede/r notiert wichtige Informationen zu einem Thema aus 2a. Tauschen Sie dann die Informationen aus.

*Thema Wohnen*
*Person 1: viele alte Häuser wurden renoviert, …*

**3** Welche Orte in einer Stadt sind wichtig für Sie? Was machen Sie dort?

*Ich finde eine schöne Fußgängerzone wichtig.*
*Ich mag interessante Geschäfte und …*

dreiundfünfzig **53**

## 11  über das Leben in der Stadt sprechen

# Bist du ein Stadtmensch?

**4 a** In der Stadt oder auf dem Land leben? Diskutieren Sie in Gruppen über die Vor- und Nachteile.

**b** Lesen Sie die Kommentare im Forum. Zu wem passt welcher Satz? Notieren Sie die Forumsnamen.

**HanSolo** Lebt ihr lieber in der Stadt oder seid ihr Landmenschen? Was ist für euch wichtig? Ich studiere in einer Großstadt und kann mir kein anderes Leben vorstellen. Interessante Leute? Hier trifft man immer **welche**. Ich brauche diese Inspiration. Hier ist Tag und Nacht etwas los. Irgendein tolles Konzert oder Kulturfest kann man immer besuchen. Wie ist das bei euch?

**Bine** Landmensch? Anscheinend bin ich einer. Ich wohne und arbeite zwar in der Stadt, aber mir ist es hier eigentlich immer zu laut und stressig. Am Wochenende fahre ich immer aufs Land, an irgendeinen einsamen See zum Baden oder in den Wald. Dort ist auch keiner, der mich stört, und ich kann die Ruhe genießen.

**Satti** Ich möchte nicht in der Stadt wohnen. Ein schönes Haus mit Garten und ich kann sagen: „Das ist meins!" Das könnte ich mir in der Stadt gar nicht leisten. Überhaupt kostet in der Stadt alles mehr. Und in irgendeiner kleinen Wohnung im Zentrum möchte ich auch nicht leben. Sicher hat die Stadt auch Vorteile, aber ich bleibe lieber in meinem kleinen, gemütlichen Dorf. Hier sprechen viele Leute noch Dialekt, jeder kennt jeden und wir helfen uns auch gegenseitig.

**MoMa** Kleine Wohnung im Zentrum? Genau so eine habe ich und finde es toll! Ich wohne mitten in der Stadt und ich kenne meine Nachbarn natürlich auch! Trotzdem kann ich hier leben, wie ich will. Das geht in einem Dorf eindeutig nicht. Was ich mache oder nicht, das geht keinen etwas an. Außerdem braucht man auf dem Land ein Auto. Hier in der Stadt brauche ich keins! Ich kann alles mit dem Rad erreichen.

1. … mag den Lärm in der Stadt nicht und fährt oft in die Natur.
2. … gefallen die Menschen und Veranstaltungen in der Stadt.
3. … glaubt, dass man nur in der Stadt wirklich frei leben kann.
4. … findet das Leben in der Stadt zu teuer.

**c** Lesen Sie die Regel und markieren Sie in 4b alle Artikelwörter, die als Pronomen verwendet werden. Welche Pronomen haben eine andere Endung als das entsprechende Artikelwort?

**G**

**Artikelwörter als Pronomen**
**der** Bin ich **ein** Landmensch? Ja, ich bin **einer**.
**das** Ist das **dein** Haus? Ja, das ist **meins**.
**die** Was für **eine** Stadt ist das? Es ist **keine**, in der …
**die** Interessante Leute? Hier trifft man **welche**.

**d** Arbeiten Sie zu zweit. Ergänzen Sie die Pronomen und lesen Sie die Gespräche laut.

1. ○ Gibt es hier in der Nähe eine Bank?
2. ○ Wo finde ich eine Post?
3. ○ In welchem Park kann man gut joggen?
4. ○ Gibt es hier im Viertel ein Schwimmbad?
5. ○ Wo gibt es Geschäfte für Sportsachen?

● Tut mir leid, hier gibt es …
● Gleich da drüben ist …
● Es gibt nur …, den Stadtgarten.
● Nein, hier gibt es leider …
● Im Zentrum gibt es natürlich …

**5** Lesen Sie die Regel. Notieren Sie drei Fragen mit *irgend-*. Gehen Sie dann durch den Kursraum. Fragen und antworten Sie.

*Kannst du mir irgendein gutes Restaurant empfehlen?*

*Ja, klar, der Maxhof ist toll.*

**G**

*irgendein/-eine/-welche*
**als Artikelwort** Singularformen wie *ein/e*: Wir finden **irgendein** Café. Pluralformen mit *welche*: Gibt es hier **irgendwelche** Cafés?
**als Pronomen** Formen wie *ein/e* als Pronomen: Café? Wir finden **irgendeins**.

## 11 einen Magazintext verstehen, einen Bericht schreiben

## Wenn die Stadt erwacht

**6 a** Morgens um fünf. Wer arbeitet schon um diese Zeit? Oder immer noch? Wer ist sonst noch unterwegs? Sprechen Sie im Kurs.

**b** Lesen Sie den Magazinbericht. Welche Personen machen was am frühen Morgen?

### Morgens um fünf

Morgens um 5:00 Uhr im Allgemeinen Krankenhaus. Pfleger Ferdy Ziegler ist seit 21:00 Uhr im Dienst. Noch eine Stunde, bis die Kollegen von der Frühschicht kommen. Die Nacht war wie so oft unruhig, zwei Patienten hatten Probleme. „Einer hatte nach einer Operation plötzlich hohes Fieber, ein anderer hat mich
5 sicher zehn Mal gerufen. Und in der Nacht gab es in der Innenstadt einen schweren Unfall und mehrere Verletzte wurden eingeliefert. Also ein ganz normaler Nachtdienst." Ferdy beginnt jetzt, alles für die Übergabe vorzubereiten. Um 7:00 Uhr ist seine Schicht zu Ende und er hat Feierabend.

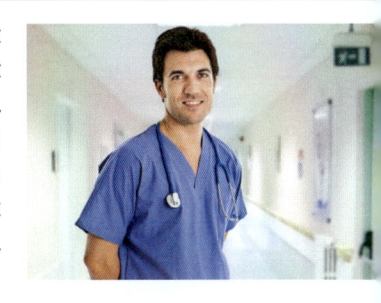

Nicht weit vom Krankenhaus entfernt liegt die Bäckerei Bucher. Fünf
10 Angestellte und der Chef sind seit 2:00 Uhr bei der Arbeit. In der Backstube ist es sehr warm, es riecht nach frischem Brot, alle arbeiten konzentriert und schnell. Pünktlich um 5:00 Uhr kommt wie jeden Morgen Vera, die Fahrerin, mit einem Auszubildenden. Sie lädt große Körbe mit frischem Brot ins Auto, der Auszubildende hilft ihr dabei. „Ich fahre jetzt zu den
15 größeren Kunden und bringe ihnen ihre Bestellungen."

Zur gleichen Zeit beginnt der Arbeitstag auch im städtischen Bauhof. Das große Tor wird geöffnet, ein Reinigungsfahrzeug macht sich auf den Weg. Bevor das automatische Tor wieder herunterfährt, geht ein Obdachloser mit seinem Schlafsack hinein. Keiner hindert ihn daran oder sagt etwas. Er lächelt und sagt: „Max
20 fährt immer als Erster weg und dann lässt er das Garagentor kurz für mich offen. Ich habe dann bis elf, bis er wieder zurückkommt, einen trockenen Platz zum Schlafen. Der Max ist ein Guter!" Wo der Obdachlose bisher die Nacht verbracht hat, sagt er nicht.

**c** Lesen Sie noch einmal. Sind die Sätze richtig oder falsch? Kreuzen Sie an.

|   | richtig | falsch |
|---|---|---|
| 1. Ferdy hatte heute im Nachtdienst nicht mehr Arbeit als üblich. | ☐ | ☐ |
| 2. In der Bäckerei arbeiten seit 2 Uhr nachts fünf Personen. | ☐ | ☐ |
| 3. Die Fahrerin lädt das frische Brot allein ins Auto. | ☐ | ☐ |
| 4. Im Bauhof der Stadt wird die ganze Nacht gearbeitet. | ☐ | ☐ |
| 5. Der Obdachlose kann für ein paar Stunden im Bauhof schlafen. | ☐ | ☐ |

**d** Lesen Sie die Regel und ergänzen Sie die Endungen.

1. Nick, ein Bekannt_____ von mir, ist Angestellt_____ bei der Stadt.
2. Er ist Sozialarbeiter und betreut Jugendlich_____.
3. Gestern habe ich mit einer Verwandt_____ gesprochen.
4. Sie arbeitet auch mit Jugendlich_____.

> **G Adjektive als Nomen**
> der **O**bdachlose ~~Mann~~   ein **O**bdachlose**r** ~~Mann~~
> die **A**ngestellt**e** ~~Bäckerin~~   eine **A**ngestellt**e** ~~Bäckerin~~
> die **V**erletzt**en** ~~Menschen~~   – **V**erletzt**e** ~~Menschen~~
> Adjektive als Nomen haben die gleiche Endung wie Adjektive vor Nomen.

**7** Die erste Stunde Ihres Tages. Was passiert um Sie herum und außerhalb Ihrer Wohnung? Schreiben Sie einen kurzen Text. Tauschen Sie mit einem Partner / einer Partnerin und korrigieren Sie sich gegenseitig.

fünfundfünfzig **55**

# 11 über lebenswerte Städte diskutieren

## Lebenswerte Städte

**8 a** Was macht eine Stadt lebenswert? Sammeln Sie in Gruppen. Welche fünf Punkte werden am häufigsten genannt?

**b** Lesen Sie den Text. Vergleichen Sie mit Ihrer Sammlung aus 8a. Welche Punkte haben Sie auch genannt?

### Was macht Städte attraktiv?

Wie gut man in einer Stadt lebt, hängt von vielen Faktoren ab. Je nach Lebenssituation ist für jeden Menschen etwas anderes wichtig. Das internationale Unternehmen Kisi hat 40 Städte weltweit ausgewählt und ihre Lebensqualität untersucht. Dabei stand die Work-Life-Balance im Vordergrund. 20 Aspekte zu drei thematischen Gruppen wurden von Fachleuten bewertet: *Intensität der Arbeit*,
5 *Institutionen in der Gesellschaft* und die *Lebensqualität der Stadt*.
Für die Intensität der Arbeit wurden nicht nur Daten zur Arbeitszeit gesammelt (Wie viele Stunden Arbeitszeit sind pro Woche vorgeschrieben?), sondern auch weitere Aspekte: Wann beginnt im Durchschnitt der Arbeitstag? Wie hoch ist die Arbeitslosigkeit in der Stadt? Wie lange dauert der Weg zur Arbeit? Gesetze der jeweiligen Staaten spielen da natürlich eine wichtige Rolle. Sie legen
10 fest, wie viel Anspruch man auf Urlaub oder Elternzeit hat.
Auch für die Institutionen der Gesellschaft sind politische Entscheidungen und die gesetzliche Situation wichtig. Dabei wurde berücksichtigt, wie viel der Staat für Bildung, Gesundheit und soziale Sicherheit ausgibt oder welche Möglichkeiten der Kinderbetreuung es gibt. Andere Fragen dazu waren, ob es gute kostenlose Schulen und Hochschulen gibt oder ob alle Personen Zugang zum
15 Gesundheitssystem haben. Nicht vergessen wurden auch gesellschaftliche Werte: Wie sieht es mit der Gender-Gerechtigkeit aus? Wie ist die rechtliche und soziale Situation für Diversität?
Die letzte thematische Gruppe war schließlich die eigentliche Lebensqualität der Stadt. Da ging es um Themen wie Sicherheit und das Angebot im öffentlichen Verkehr. Andere Fragen waren: Wie viele freie Flächen (öffentliche Plätze sowie Grünflächen und Parks) gibt es in der Stadt? Wie ist die
20 Qualität der Luft? Wie gut sind die Möglichkeiten für Freizeit und Fitness? Diese Punkte betreffen ausschließlich die jeweilige Stadt.
Unter den zehn lebenswertesten Städten befinden sich auch vier Städte aus D-A-CH.

**c** Welche drei Städte liegen Ihrer Meinung nach ganz vorne? Arbeiten Sie in Gruppen. Diskutieren Sie die Gründe für Ihre Entscheidung.

| Barcelona | Berlin | Hamburg | Helsinki | München |
| Oslo | Paris | Stockholm | Vancouver | Zürich |

🔊 2.36 **d** Hören Sie einen Radiobericht. Vergleichen Sie mit Ihren Ergebnissen in 8c.

**e** Was sind die beliebtesten Städte in Ihrem Land? Berichten Sie.

🔊 2.37 **9 a** Hören Sie die vier Personen. Wer sagt was? Kreuzen Sie an.

| Das sagt die Person aus … | München | Hamburg | Berlin | Zürich |
|---|---|---|---|---|
| 1. Dort, wo ich wohne, arbeitet man im Durchschnitt länger als in den anderen Städten. | ☐ | ☐ | ☐ | ☐ |
| 2. Die Stadt tut auch etwas für ärmere Menschen, was ich sehr wichtig finde. | ☐ | ☐ | ☐ | ☐ |
| 3. Ich lebe gerne in einer Stadt, wo der Arbeitstag nicht so früh beginnt. | ☐ | ☐ | ☐ | ☐ |
| 4. Das, was eine Stadt im Ranking attraktiv macht, kann für die Menschen auch Nachteile bringen. | ☐ | ☐ | ☐ | ☐ |
| 5. Das Wetter ist nichts, was im Ranking gewertet wird. | ☐ | ☐ | ☐ | ☐ |

## 11 etwas näher beschreiben, in einer Diskussion vermitteln

**b** Relativsätze mit *was* und *wo*. Lesen Sie noch einmal die Aussagen in 9a. Markieren Sie in den Sätzen die Ausdrücke, auf die sich *was* und *wo* beziehen.

**c** Ergänzen Sie *was* oder *wo*. Setzen Sie die Sätze fort.

1. Ich finde alles interessant, …
2. Ich möchte in einer Stadt wohnen, …
3. In meiner Stadt gibt es nichts, …
4. Ein schöner Ort ist für mich, …
5. In … gibt es viele Plätze, …
6. Mir gefällt vieles nicht, …

> **G**
> **Relativsätze mit *was* und *wo***
> *was* bezieht sich auf ganze Sätze oder auf Pronomen wie *alles*, *etwas*, *nichts* oder *das*.
> *wo* bezieht sich auf Ortsangaben.

**10** Unsere Stadt soll besser werden. Arbeiten Sie zu viert. Jede/r wählt eine Rolle und notiert Argumente für seine/ihre Projekte. Spielen Sie dann die Diskussion. Gehen Sie auf die unterschiedlichen Standpunkte ein und vermitteln Sie.

Der Stadtrat von Wilburg kann in den nächsten Jahren nur wenige Projekte realisieren. Es gibt maximal 20 Millionen Euro Budget. Überzeugen Sie die anderen, Ihre Projekte umzusetzen.

| Stadtrat/Stadträtin für Verkehr | Experte/Expertin für Wohnbau | Experte/Expertin für Bildung | Stadtrat/Stadträtin für Kultur |
|---|---|---|---|
| – Parkhaus im Zentrum (5 Mio.)<br>– neue Linie für die Straßenbahn (11 Mio.) | – neue Wohnungen am Rand der Stadt (7 Mio.)<br>– Umbau von Büros zu Wohnungen (6 Mio.) | – Neubau von Kita und Schule (9 Mio.)<br>– Renovierung von zwei alten Schulen (5 Mio.) | – Kultur-Treffpunkt für alle Bürger/innen (6 Mio.)<br>– Sporthalle mit Open-Air-Arena (9 Mio.) |

**auf Standpunkte eingehen**
Das ist nur ein Aspekt. Man muss auch daran denken, dass …
Wir müssen da auf mehrere Aspekte achten: Erstens …, zweitens … und drittens …
Das sind interessante Punkte, aber … fehlt (meiner Meinung nach) noch.
Wir dürfen aber nicht außer Acht lassen, dass …
Sie vergessen aber, dass …
Was … gesagt hat, stimmt (nicht ganz).

**vermitteln**
Ich glaube, Sie sehen nur eine Seite. Wichtig ist auch, was … gesagt hat.
Haben Sie auch ein konkretes Beispiel dafür?
Welche Lösung schlagen Sie vor?
Ich denke, Sie haben beide/alle (zum Teil) recht.
Da gebe ich … recht.
Lassen Sie … bitte ausreden. / … war noch nicht fertig. / Sie wurden unterbrochen. Was wollten Sie noch sagen?

**11 a** Aussprache: Texte vorlesen – Satzzeichen helfen. Lesen Sie den Text leise. Wo machen Sie Pausen? Markieren Sie mit | .

Ich wohne in Köln, | mir gefällt die Stadt sehr gut. Ich verstehe allerdings nicht, warum sie in sämtlichen Rankings immer so weit hinten liegt. Ich kann mir keine schönere Stadt vorstellen. Warum gefällt es mir in Köln so gut? Die Antwort ist ganz einfach: Hier gibt es schöne Museen, viele gute Theater und Kinos, kleine Cafés, den Rhein mit den vielen Schiffen und und und. Noch wichtiger ist, dass hier meine Freunde wohnen. Außerdem habe ich eine sehr gute Arbeitsstelle.

> **!**
> **Pausen**
> Satzzeichen helfen beim Lesen: Sie zeigen, was inhaltlich zusammengehört und wo man beim Vorlesen eine Pause machen kann.

**b** Hören Sie zur Kontrolle. Lesen Sie dann den Text laut.

2.38

siebenundfünfzig 57

# 11 einen Blog über Zürich verstehen

## In Zürich

**12 a** Was wissen Sie über die Schweiz? Sammeln Sie im Kurs.

**b** Lesen Sie Emmas Blog. Welcher Abschnitt (A–D) passt zu welchem Foto? Ordnen Sie zu.

1 □  2 □  3 □  4 □

8. Juni | 2 Kommentare | geschrieben von Emma

### Meine ersten Tage in Zürich

Seit einer Woche wohne ich jetzt in Zürich, mit ca. 415.000 Einwohnern die größte Stadt der Schweiz. Und ich muss sagen, es gefällt mir wirklich gut hier. Die ersten Tage habe ich genutzt, um die Stadt ein bisschen kennenzulernen. Ich bin zwar ein paar Mal falsch abgebogen, aber ich habe alle bekannten Sehenswürdigkeiten gefunden. Also wie eine ganz normale Touristin, obwohl
5 ich jetzt hier lebe. 🙂

**A** Wirklich schön ist die Altstadt mit den historischen Gebäuden, bunten Fassaden und schmalen Gassen. Mittendrin steht auch das Wahrzeichen von Zürich: das Grossmünster, eine schöne, alte Kirche, wo auch regelmäßig Konzerte stattfinden. Außerdem kann man auf einen der Türme steigen und hat einen schönen Ausblick auf die Stadt.
10 **B** Einen noch viel tolleren Ausblick hat man allerdings vom Uetliberg, dem Hausberg von Zürich. Oben – fern vom Lärm der Stadt – gibt es sogar ein schönes Restaurant. Wer zu faul ist, auf den Berg zu wandern, kann auch mit der Bahn rauffahren.
**C** Mein Favorit ist natürlich der Zürichsee. Er ist sicher einer der Hauptgründe für die hohe Lebensqualität in dieser Stadt. Nirgendwo ist es schöner. Hier treffen sich alle Zürcher/innen. Man kann
15 schwimmen, spazieren gehen oder eine Bootstour machen. Oder auch einfach nur in einem der zahlreichen Cafés sitzen, auf den See schauen und sich entspannen. Schwimmen kann man aber auch in der Limmat, dem Fluss, der durch Zürich fließt. Es gibt sogar richtige Flussbäder, die von den Einheimischen „Badi" genannt werden.
**D** Toll finde ich auch das alte Industrieviertel Zürich-West. Dort wurden früher Schiffe und Motoren
20 gebaut. Heute stehen Kunst, Design und Kultur im Mittelpunkt. Es ist ein richtiges Trendviertel. Auch das höchste Gebäude der Stadt, der 126 Meter hohe Prime Tower, befindet sich dort. Übrigens bin ich immer mit dem Fahrrad, das hier Velo heißt, rumgefahren. In Zürich kann man sich nämlich bei „Züri rollt" kostenlos Fahrräder mieten, man muss nur 20 Franken Kaution
25 bezahlen. Das Ganze ist eine soziale Initiative, bei der Flüchtlinge z. B. lernen, Fahrräder zu reparieren. So können sie dann hoffentlich eine Stelle in einer Werkstatt finden. Außerdem ist es gut für die Umwelt.
Bis bald, eure
30 Emma 🙂

🔊 2.39

**Gut gesagt: Schweizerdeutsche Ausdrücke**
die Autowerkstatt → die Garage
das Fahrrad → das Velo
der Fahrschein → das Billett
parken → parkieren

**c** Wählen Sie je eine Information aus 12b und ergänzen Sie die Sätze. Vergleichen Sie dann zu zweit.

1. Emma besichtigt Zürich, …
2. In der Altstadt …
3. Wenn man Zürich von oben sehen will, …
4. Zum Schwimmen …
5. Wer sich für Kunst und Design interessiert, …
6. Fahrräder kann man …

**d** Ein Freund / Eine Freundin von Ihnen möchte nach Zürich reisen. Berichten Sie ihm/ihr in Ihrer Sprache oder auf Deutsch, was Sie über die Stadt wissen.

# 11

verschiedenen Empfängern schreiben, ein Programm für einen Stadtbesuch erstellen

## Meine Stadt

**13 a** Tourismus in Ihrer Stadt. Was kann man in Ihrer oder einer anderen Stadt machen? Erstellen Sie eine Mindmap wie im Beispiel.

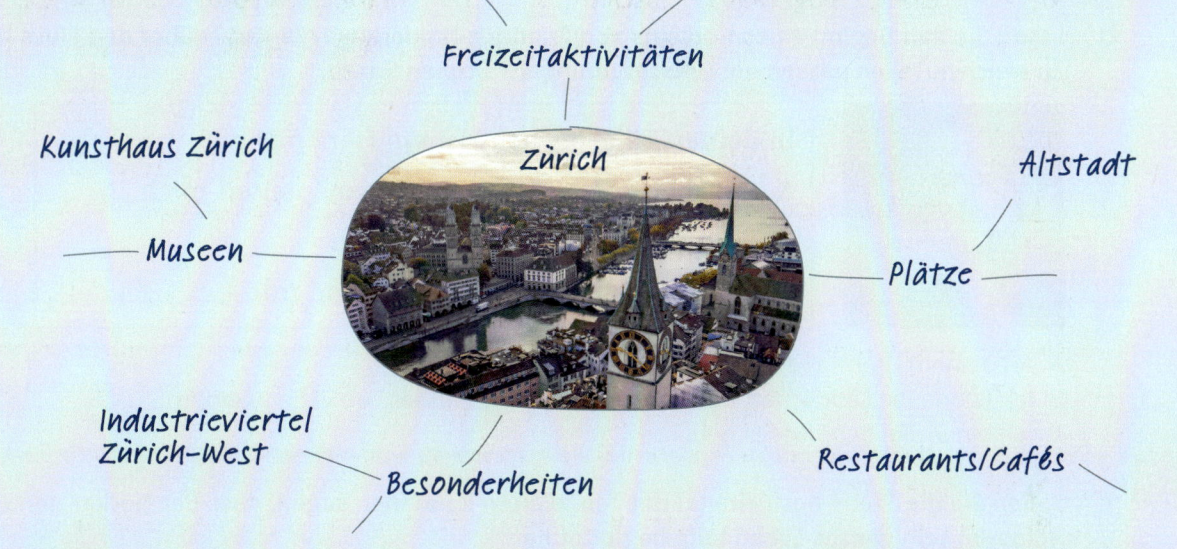

*Mindmap: Zürich*
- Freizeitaktivitäten — schwimmen im See / in der Limmat
- Museen — Kunsthaus Zürich
- Altstadt
- Plätze
- Restaurants/Cafés
- Besonderheiten — Industrieviertel Zürich-West

**b** Sie wollen einen Brief / eine E-Mail mit Vorschlägen für einen Tag in Ihrer Stadt schreiben. Welche Formulierungen passen zu wem? Ordnen Sie zu.

1. bald kommen Sie zu uns nach … | 2. Bis bald | 3. Gerne zeigen meine Kollegen und ich Ihnen einige Sehenswürdigkeiten. | 4. Hallo …, | 5. Hoffentlich gefallen dir die Vorschläge. | 6. Viele Grüße | 7. Hoffentlich haben Sie Lust bekommen, die Stadt kennenzulernen. | 8. Sehr geehrter Herr …, / Sehr geehrte Frau …, | 9. ich freue mich sehr, dass du mich bald besuchen kommst. | 10. Liebe …, / Lieber …, | 11. Meine Kollegen und ich freuen uns schon darauf, Sie kennenzulernen. | 12. Mit freundlichen Grüßen | 13. ich freue mich schon darauf, dir „meine Stadt" zu zeigen. | 14. Ich freue mich / Wir freuen uns, Sie bald hier zu begrüßen.

| Empfänger/ Empfängerin | A Sie schreiben an einen guten Freund / eine gute Freundin. | B Sie schreiben an einen Geschäftspartner / eine Geschäftspartnerin, den/die Sie noch nicht kennen. |
|---|---|---|
| Anrede | 10 | |
| Einleitung | | |
| Schluss | | |
| Gruß | | |

**c** Wählen Sie eine/n Empfänger/in aus 13b und schreiben Sie den Brief / die E-Mail.

> **Briefe/E-Mails schreiben**
> Überlegen Sie vor dem Schreiben:
> – Welche Inhalte wollen Sie mitteilen? Machen Sie Notizen.
> – An wen schreiben Sie? Welche Anrede ist passend?
> – Verwenden Sie passende Formulierungen für die Anrede, die Einleitung, den Schluss und den Gruß.
> – Denken Sie in formellen Briefen an das Datum und den Betreff.

neunundfünfzig 59

# 11　hören und sehen

## Tübingen – ein Stadtporträt

**▶29 14 a** *Tübingen am Neckar.* Sehen Sie Szene 29 ohne Ton. Was sehen Sie? Welchen Eindruck haben Sie von Tübingen? Sprechen Sie im Kurs.

**b** Lesen Sie den Beginn eines Gedichts von Friedrich Hölderlin (1770–1843) über den Fluss Neckar. Zu welchen Teilen passen die Umschreibungen? Ordnen Sie zu.

> In deinen Tälern wachte mein Herz mir auf
> Zum Leben, _____ deine Wellen umspielten mich, _____
> Und all der holden Hügel, die dich
> Wanderer! kennen, ist keiner fremd mir. _____

A An deinem Ufer habe ich mich wohlgefühlt.
B Ich kenne die Landschaft auf beiden Seiten des Flusses, wo viele wandern.
C Ich bin im Tal des Flusses geboren.

**c** Sehen Sie die Szene noch einmal mit Ton. Warum kann man sagen, dass der Neckar den Dichter Hölderlin sein ganzes Leben lang begleitet hat?

**▶30 15 a** *Die Universitätsstadt.* Sehen Sie Szene 30. Welche Aussagen sind richtig? Kreuzen Sie an.

☐ 1. Tübingen ist eine sehr alte und gleichzeitig sehr lebendige Stadt. Fast ein Drittel der Einwohner sind Studierende.
☐ 2. Auf dem Rathaus sieht man nur Bilder von wichtigen Männern der Stadt.
☐ 3. Am höchsten Punkt der Stadt liegt das Schloss. Ein Teil gehört zur 1477 gegründeten Universität Tübingen.
☐ 4. Der Mittelpunkt von Baden-Württemberg ist das Schloss.
☐ 5. In der Altstadt liegt auch der Botanische Garten.

**b** Sehen Sie die Szene noch einmal. Korrigieren Sie die falschen Aussagen aus 15a.

**16 a** Wie gut kennen Sie Tübingen schon? Welches Foto ist aus Tübingen?

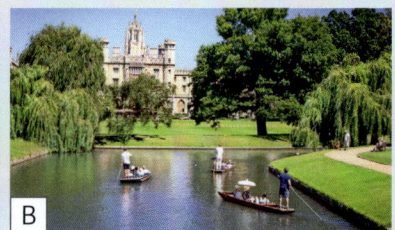

A　　B　　C

**▶31 b** *Mit dem Stocherkahn fahren.* Sehen Sie Szene 31. Wie ist das Stocherkahnfahren nach Tübingen gekommen? Wie lange ist es schon Tradition?

**c** Sehen Sie die Szene noch einmal und beantworten Sie die Fragen.
1. Warum ist das Stocherkahnfahren kommunikativ und bequem?
2. Was kann man auf der Fahrt sehen?
3. Woran denken die Leute, wenn sie „Tübingen" hören?

**d** Was finden Sie an Tübingen interessant? Was gefällt Ihnen nicht? Sprechen Sie im Kurs.

60　sechzig

## 11 kurz und klar: Redemittel und Grammatik

### in einer Diskussion vermitteln

**auf Standpunkte eingehen**

Das ist nur ein Aspekt. Man muss auch daran denken, dass …
Wir müssen da auf mehrere Aspekte achten: Erstens …, zweitens … und drittens …
Das sind interessante Punkte, aber … fehlt (meiner Meinung nach) noch.
Wir dürfen aber nicht außer Acht lassen, dass …
Sie vergessen aber, dass …
Was … gesagt hat, stimmt (nicht ganz).

**vermitteln**

Ich glaube, Sie sehen nur eine Seite. Wichtig ist auch, was … gesagt hat.
Haben Sie auch ein konkretes Beispiel dafür?
Welche Lösung schlagen Sie vor?
Ich denke, Sie haben beide/alle (zum Teil) recht.
Da gebe ich … recht.
Lassen Sie … bitte ausreden. / … war noch nicht fertig. / Sie wurden unterbrochen. Was wollten Sie noch sagen?

### Briefe/E-Mails schreiben

|  | informell | (halb-)formell |
|---|---|---|
| **Anrede** | Liebe …, / Lieber …, / Hallo …, | Sehr geehrter Herr …, / Sehr geehrte Frau …, |
| **Einleitung** | ich freue mich sehr, dass … | bald kommen Sie zu uns nach … |
|  | ich freue mich schon darauf, … zu … | Meine Kollegen und ich freuen uns schon darauf, Sie kennenzulernen. |
| **Schluss** | Hoffentlich gefallen dir die Vorschläge. | Hoffentlich haben Sie Lust bekommen, … zu … |
|  |  | Gerne zeigen wir Ihnen einige Sehenswürdigkeiten. |
|  |  | Ich freue mich / Wir freuen uns, Sie bald hier zu begrüßen. |
| **Gruß** | Bis bald / Viele Grüße | Mit freundlichen Grüßen |

### Artikelwörter als Pronomen

|  | der | das | die | die |
|---|---|---|---|---|
| **Nom.** | ein**er**/kein**er**/mein**er** | ein**s**/kein**s**/mein**s** | eine/keine/meine | **welche**/keine/meine |
| **Akk.** | einen/keinen/meinen | ein**s**/kein**s**/mein**s** | eine/keine/meine | **welche**/keine/meine |
| **Dat.** | einem/keinem/meinem | einem/keinem/meinem | einer/keiner/meiner | **welchen**/keinen/meinen |

○ Ist das **dein** Haus?   ● Ja, das ist **meins**.
Interessante Leute? Hier trifft man immer **welche**.

*irgendein/-eine/-welche*

**als Artikelwort**
→ Singularformen wie *ein/eine*:
  Wir finden **irgendein** Café.
→ Pluralformen mit *welche*:
  Gibt es hier **irgendwelche** Cafés?
**als Pronomen**
→ Formen wie *ein/eine* als Pronomen:
  Café? Wir finden **irgendeins**.

**Adjektive als Nomen**

**der O**bdachlose Mann          **ein O**bdachloser Mann
**die A**ngestellte Bäckerin     **eine A**ngestellte Bäckerin
**die V**erletzten Menschen      **– V**erletzte Menschen

Adjektive als Nomen haben die gleiche Endung wie Adjektive vor Nomen.
In Wörterbüchern haben sie die Angabe *der/die*: *der/die Bekannte*

### Relativsätze mit *was* und *wo*

**was** bezieht sich auf ganze Sätze oder auf Pronomen wie *alles, etwas, nichts* oder *das*.

**wo** bezieht sich auf Ortsangaben.

Hier gibt es viele Parks, **was** ich toll finde.
Viel Kultur ist etwas, **was** eine Stadt attraktiv macht.
Das Wetter ist nichts, **was** für Rankings wichtig ist.
Hamburg ist eine Stadt, **wo** ich gerne wohnen würde.

Bankgespräche verstehen und führen | Informationen auf einer Webseite verstehen | nach Tätigkeiten fragen | Argumente verstehen und äußern | Personen, Dinge und Situationen genauer beschreiben |

# Geld regiert die Welt?

A

C

B

**1 a** Sehen Sie die Fotos an und beschreiben Sie sie. Wofür braucht man viel Geld, wofür eher nicht?

🔊 2.40 **b** Hören Sie vier Szenen. Zu welchen Fotos passen sie?

**c** Hören Sie noch einmal und notieren Sie: Was ist das Wichtigste für die Personen? Vergleichen Sie im Kurs.

*Szene 1: Motorrad, Stress und Ärger vergessen ...*

62 zweiundsechzig

über Verhalten diskutieren | eine schwierige Situation beschreiben | einen informativen Text verstehen | über etwas berichten

# 12

D ☐  F ☐  A ☐  E ☐  G ☐

**d** Was ist Ihnen besonders wichtig und was brauchen Sie dazu? Sprechen Sie in Gruppen.

**2** Was würden Sie machen, wenn Sie plötzlich viel Geld bekommen würden? Wofür würden Sie es ausgeben? Was wäre Ihnen nicht so wichtig?

*Wenn ich viel Geld hätte, würde ich …*

dreiundsechzig 63

# 12 Bankgespräche verstehen und führen

## Bankgeschäfte

**3 a** Was macht man bei der Bank? Ordnen Sie zu. Es gibt mehrere Möglichkeiten.

der Betrag | das Konto | der Kredit | das Geld | beantragen | überweisen | einzahlen |
der Beleg | die Rate | die Gebühr | die Zinsen | drucken | eröffnen | verlangen | sperren |
die Bankkarte / die Kreditkarte | der Kontoauszug | abheben | zahlen | sparen | überziehen

**b** Hören Sie die Gespräche. Was ist jeweils das Thema?

2.41–42

**c** Hören Sie noch einmal. Welche Sätze sind richtig? Kreuzen Sie an.

☒ 1. Die Kontoführungsgebühren sind abhängig von der Höhe des Gehalts.
☐ 2. Je mehr Geld Frau Ramon mit der Bankkarte abhebt, desto weniger Gebühr zahlt sie.
☐ 3. Mit der Kreditkarte kann Frau Ramon in Deutschland kostenlos Geld abheben.
☐ 4. Herr Richter braucht einen Kredit für eine Wohnung.
☒ 5. Je höher der Kredit ist, umso günstiger sind die Zinsen.
☒ 6. Das Gehalt von Herrn Richter ist ausreichend für den Kredit.

> **Gut gesagt:** Kurzsätze mit *je …, desto …*
> Je schneller, desto besser!
> Je früher, desto lieber!

2.43

**d** Markieren Sie *je …, desto/umso …* und die Adjektive in 3c und ergänzen Sie die Regel. Welche Formen haben die Adjektive: Grundform, Komparativ oder Superlativ?

> **G** Sätze mit *je …, desto/umso …*
> **Nebensatz**                                **Hauptsatz**
> **Je öfter** man Online-Banking macht,       **desto/umso leichter** wird es.
> je + _____                          desto/umso + _____

**e** Ergänzen Sie die Sätze. Schreiben Sie dann zwei eigene Sätze.

1. Je mehr Geld Anna verdient, …
2. Je weniger Bargeld man dabei hat, …
3. Je seltener man persönlich zur Bank muss, …
4. …, desto öfter kauft Thilo online.
5. …, umso netter sind die Bankangestellten.
6. …, desto geringer ist die Rate.

**4 a** Arbeiten Sie zu zweit. Wählen Sie jeweils passende Ausdrücke und spielen Sie die Situationen. Wechseln Sie die Rollen.

**Situation 1**
Sie sind nicht mehr zufrieden mit Ihrer Bank und möchten zu einer anderen wechseln. Erkundigen Sie sich dort nach einem Konto.

**Situation 2**
Sie brauchen diesen Monat einen Kredit für einen neuen, großen Kleiderschrank. Bitten Sie bei Ihrer Bank um einen Kredit.

**Kunde/Kundin**
Ich möchte gern ein Konto eröffnen / einen Kredit aufnehmen.
Ich habe noch Fragen zu den Konditionen.
Wie hoch sind die Gebühren/Zinsen?
Ich könnte monatlich … Euro zurückzahlen.
Wie bekomme ich einen Kontoauszug / das Geld?

**Bankangestellte/r**
Was kann ich für Sie tun?
Zu Ihrem Konto bekommen Sie …
Wir empfehlen Ihnen Online-Banking. Da können Sie …
Wie hoch soll der Kredit sein?
Wie schnell möchten Sie den Kredit zurückzahlen?
Die Gebühren/Zinsen betragen …
Sie finden den Kontoauszug / den Kredit …

**b** Ein Freund / Eine Freundin möchte in Deutschland ein Konto eröffnen. Erklären Sie in Ihrer Sprache oder auf Deutsch, wie es funktioniert und worauf er/sie achten soll.

Informationen auf einer Webseite verstehen, nach Tätigkeiten fragen

**12**

**5 a** Lesen Sie die Fragen zum Online-Banking und ordnen Sie sie den Antworten zu.

### Ihre Fragen
*fastwallet*
1. Wie kann ich mich einloggen?
2. Wie kann ich meine PIN ändern?
3. Kann ich meine Kontoübersicht selbst ändern?
4. Welche Gebühren fallen für Überweisungen an?
5. Wie funktioniert die Fotoüberweisung?

### Unsere Antworten

__3__ **A** Wir bieten Ihnen eine Standardübersicht über Ihre Konten. Diese können Sie jederzeit anpassen. Beim nächsten Log-in sehen Sie die geänderte Ansicht.

__5__ **B** Laden Sie eine fotografierte Rechnung mit Betrag und Kontodaten hoch. Die übernommenen Daten können anschließend bei Bedarf von Ihnen korrigiert werden.

__1__ **C** Sie haben über unsere Webseite oder über unsere App gesicherten Zugang auf Ihr Konto. Melden Sie sich einfach mit Ihrem Benutzernamen und Ihrem Passwort an.

__4__ **D** Überweisungen im Inland sind kostenlos, ebenso wie Daueraufträge. Der überwiesene Betrag kommt innerhalb eines Tages beim Empfänger an.

__2__ **E** Eine gespeicherte PIN können Sie jederzeit ändern, wenn Sie eingeloggt sind. Klicken Sie dafür im Menü *Mein Konto* an und tragen Sie Ihre Wunsch-PIN ein.

**b** Lesen Sie die Regel und ergänzen Sie die passende Formulierung aus dem Text in 5a.

**G**

**Partizip II als Adjektiv**
Viele Partizipien können als Adjektiv verwendet werden. Sie werden wie Adjektive dekliniert.

– der Betrag, der überwiesen wurde → _der überwiesene Betrag_
– eine PIN, die gespeichert wurde → _eine gespeicherte PIN_
– die Daten, die übernommen wurden → _die übernommenen Daten_

**c** Ergänzen Sie die Partizipien. Achten Sie auf die Adjektivendungen.

**Was passiert, wenn ich meine Karte verliere?**
Lassen Sie Ihre Karte sofort sperren und melden Sie uns den Verlust. Wir ersetzen Ihre
(1) _gesperrte_ Karte innerhalb einer Woche. Zudem erhalten Sie eine neue PIN per Post.

**Welche Unterlagen brauche ich für die Kontoeröffnung?**
Füllen Sie das Formular aus und unterschreiben Sie es. Schicken Sie das (2) _unterschriebene_ Formular und eine Kopie Ihres Ausweises per Post an uns.

**Kann ich Bargeld einzahlen?**
Sie können selbstverständlich auch Bargeld einzahlen. Die (3) _eingezahlten_ Beträge werden umgehend auf Ihrem Konto gutgeschrieben.

**d** Arbeiten Sie zu zweit und formulieren Sie abwechselnd Fragen und Antworten.

die Sachen kaufen | das Formular ausfüllen | den Vertrag unterschreiben | das Passwort speichern | das Fahrrad reparieren | die Kleidung bestellen | den Pass kopieren | den Kontoauszug drucken

*Hast du das Formular schon ausgefüllt?*     *Ja, hier ist das ausgefüllte Formular.*

fünfundsechzig **65**

# 12 Argumente verstehen und äußern

## Total global

**6 a** Hören Sie das Gespräch zum Thema Globalisierung und notieren Sie: Welche Aspekte werden genannt?

– Wirtschaft → verändert

**b** Was ist Globalisierung? Welche Aspekte gehören für Sie noch dazu? Sammeln Sie im Kurs.

**7 a** Pro und contra Globalisierung. Arbeiten Sie zu zweit. Jede/r liest einen Text und notiert die Argumente aus dem Text in Stichworten.

### Pro

Ich finde es gut, dass unser Leben internationaler geworden ist. Man findet im Netz sofort alle Informationen, egal, wo auf der Welt etwas passiert ist. Man muss auch bedenken, dass der zunehmende Austausch, auch international, in der Forschung und Wissenschaft immer wichtiger wird. Das ist doch ein großer Vorteil, z. B. auch bei der Bekämpfung von Krankheiten. Durch die Globalisierung verbreitet sich technischer Fortschritt mit rasender Geschwindigkeit und wir haben ein viel größeres Produktangebot als früher. Positiv ist auch, dass es durch die große Konkurrenz viele billige Produkte gibt. Das nützt allen. Für uns Konsumenten sind die sinkenden Preise doch wünschenswert. Ein weiterer Pluspunkt ist, dass viele Länder von der Globalisierung profitieren und es dort wegen der produzierenden Fabriken viel mehr Wohlstand gibt als früher. Außerdem gefällt mir, dass heute alles mobiler ist, auch in der Arbeitswelt. Ich habe zum Beispiel fünf Jahre in Asien gearbeitet, jetzt lebe und arbeite ich in Frankreich. In anderen Ländern zu arbeiten ist heute viel einfacher als früher. Pauschal kann man sagen, es gibt viele überzeugende Argumente für die Globalisierung.
*Bernd Christiansen, Toulouse*

### Contra

Ich sehe die Globalisierung eher kritisch. Mein Nachbar hat bei einem Handyhersteller in der Produktion gearbeitet und vor ein paar Jahren seine Stelle verloren. Die komplette Produktion wurde in ein anderes Land verlegt. Und warum? Weil die Firma dort billiger produzieren kann. Dort arbeiten die Leute unter schlechteren Bedingungen für weniger Geld. Das ist doch ein wichtiges Argument gegen die Globalisierung. Ich finde, man sollte sich überlegen, ob langsam steigende Preise wirklich immer nur negativ sind. Und man muss auch bedenken, dass kleinere Firmen bei dieser wachsenden Konkurrenz auf dem Weltmarkt oft nicht überleben können. Es ist wirklich sehr problematisch, dass die Unterschiede zwischen Arm und Reich immer größer werden. Und dann sind da noch die zunehmenden Umweltprobleme. Durch die Globalisierung werden viele Waren teilweise rund um die Welt transportiert, bevor sie beim Verbraucher ankommen. Das ist aus meiner Sicht ein echter Irrsinn. Man könnte sehr viel $CO_2$ reduzieren, wenn die herstellenden Firmen dort produzieren, wo die Waren auch gebraucht werden, und nicht irgendwo, wo es billiger ist.
*Sada Bousaid, Mannheim*

**b** Informieren Sie Ihren Partner / Ihre Partnerin und erstellen Sie zu zweit eine Tabelle mit Vor- und Nachteilen der Globalisierung. Welche weiteren Vor- und Nachteile fallen Ihnen ein?

**c** Lesen Sie die Texte noch einmal. Mit welchen Formulierungen nennen die Personen ihre Argumente? Markieren Sie im Text und sammeln Sie im Kurs.

**d** Welche Rolle spielt die Globalisierung für Sie? Was hat sich in Ihrem Land durch die Globalisierung verändert? Sprechen Sie in Gruppen und nennen Sie Beispiele. Verwenden Sie Ausdrücke aus 7c.

## 12 Personen, Dinge und Situationen genauer beschreiben

**8 a** Lesen Sie die Regel und schreiben Sie wie im Beispiel.

1. sinkende Preise: *Preise, die sinken*
2. der zunehmende Austausch: der Austausch, der zunimmt
3. wegen der produzierenden Fabriken: wegen der Fabriken, die produzieren
4. ein überzeugendes Argument: ein Argument, das überzeugt
5. die herstellenden Firmen: die Firmen, die herstellen

> **G — Partizip I als Adjektiv**
> Bildung: Infinitiv + d + Adjektivendung
> - Preise, die steigen → steigen**de** Preise
> - bei der Konkurrenz, die wächst → bei der wachsen**den** Konkurrenz
> Partizipien werden wie Adjektive dekliniert.

**b** Rund um die Welt. Wer ist auf dem Bild? Arbeiten Sie zu zweit und notieren Sie.

1. *eine telefonierende Frau*
2. die tanzenden Mädchen
3. die wartenden Menschen
4. ein weinendes Mädchen
5. die lernenden Kindern
6. die spielenden Kindern
7. ein schlafender Mann
8. eine lesende Frau
9. ein musizierender Mann
10. ein joggender Mann

**c** Was haben Sie heute schon gesehen? Gehen Sie durch den Kursraum. Fragen und antworten Sie.

— Was hast du heute schon gesehen?
— Ich habe lachende Menschen gesehen.
— Tom hat lachende Menschen gesehen. Und du?
— Ich habe …

**9 a** Aussprache: Wortakzent. Hören Sie und markieren Sie den Wortakzent.

1. **zah**len – bezahlen – die Bezahlung
2. fahren – erfahren – die Erfahrung
3. ändern – verändern – die Veränderung
4. sprechen – versprechen – das Versprechen

> Der Wortakzent liegt meistens auf dem Wortstamm.

**b** Lesen Sie die Wörter in 9a laut und klopfen Sie beim Wortakzent mit der Hand auf den Tisch.

**c** Wortakzent bei Komposita. Hören Sie und markieren Sie den Wortakzent. Lesen Sie dann alle Wörter laut vor.

1. der **Markt** – der **Welt**markt
2. das Wort – das Passwort
3. der Name – der Benutzername
4. der Betrag – der Geldbetrag
5. der Auftrag – der Dauerauftrag
6. die Gebühr – die Kontoführungsgebühr

> Bei Komposita liegt der Wortakzent meistens auf der betonten Silbe des ersten Worts.

# 12 über Verhalten diskutieren, eine schwierige Situation beschreiben

## Mit gutem Gewissen

**10 a** Sehen Sie die Bilder an und beschreiben Sie die Situationen.

**Gewissensfragen**

**A** Bei uns in der Stadt gibt es Zeitungskästen, aus denen man sich die Zeitungen einfach nehmen kann und das Geld selbst einwirft. Das Konzept basiert also auf der Ehrlichkeit der Kunden, denn niemand kann nachprüfen, ob man bezahlt hat oder ob man betrügt. So wird
5 Dieben das Stehlen leicht gemacht. Ich hole mir jeden Morgen meine Zeitung aus dem Kasten, aber natürlich habe ich nicht immer genug Kleingeld. Ist es okay, an manchen Tagen gar nicht oder zu wenig zu bezahlen? Und dafür an anderen Tagen mehr? Im Durchschnitt bezahle ich ja für jede Zeitung. Aber wenn das Geld dann zwischendurch aus dem Kasten geholt wird, ist vielleicht zu wenig drin. Muss ich deshalb
10 auf meine Zeitung verzichten, wenn ich das Kleingeld nicht habe? *Lars S., München*

**B** Zu meinem letzten Geburtstag habe ich von Freunden eine Vase bekommen, die ich wirklich hässlich finde. Ich war ein bisschen überrascht. Denn wer mich gut kennt, schenkt mir so etwas nicht. Jetzt steht sie im Keller und ist voll Staub. Nächste Woche hat meine Nachbarin Geburtstag. Ich weiß, dass sie die Vase wunderschön finden würde. Ist es in Ordnung, wenn ich ein
15 Geschenk, das ich bekommen habe, weiterverschenke? So muss ich kein Geschenk für sie kaufen und spare Geld. Wären meine Freunde nicht sehr verletzt, wenn sie das erfahren würden? Oder kann man mit geschenkten Dingen tun, was man möchte? Schließlich gehört die Vase ja jetzt mir und ich kann entscheiden. Niemand kann mir einen Vorwurf machen, oder?
*Anja P., Bielefeld*

**b** Lesen Sie die Texte. Sind die Situationen so, wie Sie sie in 10a beschrieben haben?

**c** Arbeiten Sie in Gruppen und diskutieren Sie die beiden Situationen. Was ist Ihre Meinung? Was würden Sie tun? Begründen Sie.

**etwas akzeptieren/ befürworten**
Ich finde es in Ordnung, wenn …
Für mich ist es okay, …
Ich habe kein Problem damit, dass …
Man muss akzeptieren/ tolerieren, wenn/dass …

**etwas ablehnen**
Ich finde es wirklich nicht gut, wenn …
Auf keinen Fall sollte man …
Ich finde es falsch/schlimm/ unmöglich, wenn/dass …
So ein Verhalten lehne ich ab, weil …

**! in Diskussionen zu Wort kommen**
- Signalisieren Sie durch Blickkontakt, Räuspern oder „Entschuldigung", dass Sie etwas sagen möchten.
- Nutzen Sie Pausen der anderen, um zu sprechen.

**d** Wählen Sie eine Situation oder finden Sie eine eigene. Schreiben Sie dann zu zweit eine Gewissensfrage wie in 10a auf ein Blatt Papier.

**A** Ihr Bruder hat Sie zu seinem 30. Geburtstag eingeladen. Er wohnt mehr als 500 Kilometer weit fort und Sie haben wenig Geld.

**B** Sie sind beim Einkaufen und merken nach dem Bezahlen, dass nur drei Becher Joghurt berechnet wurden. Sie haben aber vier genommen.

**C** Sie haben einen Drucker gekauft, der nicht funktioniert, und ihn sofort schlecht bewertet. Der nette Händler hat ihn aber problemlos umgetauscht.

**e** Mischen Sie alle Blätter im Kurs und verteilen Sie sie neu. Diskutieren Sie zu zweit.

68 achtundsechzig

## Gutes tun mit Geld

**11 a** Wen oder was würden Sie gern finanziell unterstützen, wenn Sie genug Geld hätten? Erzählen und begründen Sie.

*Ich würde Greenpeace unterstützen, weil …*

*Dem Kindergarten bei uns um die Ecke würde ich gern Geld geben, denn …*

**b** Lesen Sie den Text und notieren Sie zu jedem Absatz eine Frage.

### Die Fuggerei in Augsburg

**A** Die Fuggerei in Augsburg ist die älteste Sozialsiedlung der Welt. Jakob Fugger, Mitglied der reichen und bekannten Augsburger Kaufmannsfamilie, gründete 1521 diese Siedlung, um armen und bedürftigen Augsburgern zu helfen. Für die damalige Zeit war die Konzeption „Hilfe zur Selbsthilfe" sehr fortschrittlich.

**B** Handwerker und Arbeiter, die ohne Schuld, z. B. durch Krankheit, in finanzielle Schwierigkeiten geraten waren, konnten in die Fuggerei ziehen. Dort oder auch außerhalb der Fuggerei konnten sie arbeiten und Geld verdienen. Wenn sie sich finanziell erholt hatten, zogen sie wieder aus. Von 1681 bis 1694 lebte auch Franz Mozart, der Urgroßvater von Wolfgang Amadeus Mozart, in der Fuggerei.

**C** Die Wohnungen sind jeweils 60 Quadratmeter groß, was in der Entstehungszeit ziemlich groß war. Die Fuggerei mit acht Gassen, einer „Stadtmauer" aus Stein, drei Toren und einer Kirche ist wie eine Stadt in der Stadt. Für Besucher/innen ist aber nur ein Tor geöffnet, das jede Nacht geschlossen und von 22 bis 5 Uhr von einem Nachtwächter bewacht wird. Fuggereibewohner/innen, die bis 24 Uhr durch das Tor gehen, geben dem Nachtwächter 50 Cent, danach 1 Euro.

**D** Noch heute wohnen in den 140 kleinen Wohnungen der 67 Häuser 150 bedürftige Augsburger/innen. Die Bewohner/innen zahlen dafür eine symbolische Jahresmiete von 88 Cent und zusätzlich die Nebenkosten (ca. 85 Euro pro Monat). Um dort wohnen zu dürfen, muss man allerdings Augsburger/in und katholisch sein und sich in der Fuggerei engagieren. Außerdem beten die Bewohner/innen dreimal täglich. Bis heute wird die Siedlung aus dem Stiftungsvermögen von Jakob Fugger finanziert, zu dem zahlreiche Wälder und Immobilien gehören.

**E** Inzwischen zählt die Fuggerei auch zu den touristischen Attraktionen der Stadt Augsburg. Neben einem Spaziergang durch die Fuggerei kann man das Fuggereimuseum besuchen. Auch zwei Wohnungen kann man besichtigen: eine im Originalzustand mit Möbeln, die aus dem 18. Jahrhundert stammen, und eine, die zeigt, wie die Bewohner/innen heute leben.

**c** Tauschen Sie die Fragen mit einem Partner / einer Partnerin und beantworten Sie seine/ihre Fragen. Kontrollieren Sie sich gegenseitig.

**d** Welche Information finden Sie besonders interessant?

**e** Kennen Sie ähnliche wohltätige Beispiele? Recherchieren Sie in Gruppen und stellen Sie ein Projekt oder eine Aktion im Kurs vor.

# 12  hören und sehen

## Tauschring

**12 a** *Tauschring Mainz.* Sehen Sie Szene 32. Was macht Thomas für Klaus und warum?

**b** Sehen Sie die Szene noch einmal. Was hören Sie zu den folgenden Begriffen? Machen Sie Notizen und sprechen Sie im Kurs.

Verein | Grund | Mitglieder | Talent | Dankbarkeit | Umwelt

**c** Arbeiten Sie in Gruppen. Welche Tätigkeiten kann man in diesen Bereichen anbieten? Notieren Sie je Bereich mindestens zwei Tätigkeiten und vergleichen Sie im Kurs.

1. Unterricht
2. Haushalt
3. Garten
4. handwerkliche Arbeit
5. Büro/Computer
6. Gesundheit

**13 a** *Das Tauschblatt.* Sehen Sie Szene 33. Was wird auf dem Tauschblatt notiert? Wie viele „Talente" bekommen Thomas und Elisabeth für ihre Arbeit?

**b** Sehen Sie die Szene noch einmal und beantworten Sie die Fragen.

1. Seit wann ist Elisabeth im Tauschring aktiv?
2. Wer hat den Mainzer Tauschring gegründet?
3. Woher stammt die Tauschring-Idee ursprünglich?
4. Was war und ist den Mitgliedern wichtig?

**c** Was denken Sie: Kann man den Wert von Arbeit vergleichen? Wählen Sie eine Aussage und diskutieren Sie zu dritt.

1. „Es ist ganz wichtig, dass jede Tätigkeit gleich viel wert ist. Es geht nur um die Zeit, die getauscht wird, und nicht um den Wert einer Tätigkeit."

2. „Für mein Computerwissen habe ich lange studiert. Wenn ich das anbiete, möchte ich, dass das anerkannt wird. Es ist mehr wert als einfache Tätigkeiten."

3. „Tätigkeiten zu ‚tauschen' ist im Prinzip eine gute Idee. Aber was mache ich, wenn ich unzufrieden bin? Ich würde das Angebot deshalb nur selten nutzen."

**14 a** *Das Internet ist kein Ersatz.* Sehen Sie Szene 34. Warum funktioniert der Tauschring Mainz besser als eine Internetplattform?

**b** Sehen Sie die Szene noch einmal und notieren Sie, wer was für wen gemacht hat.

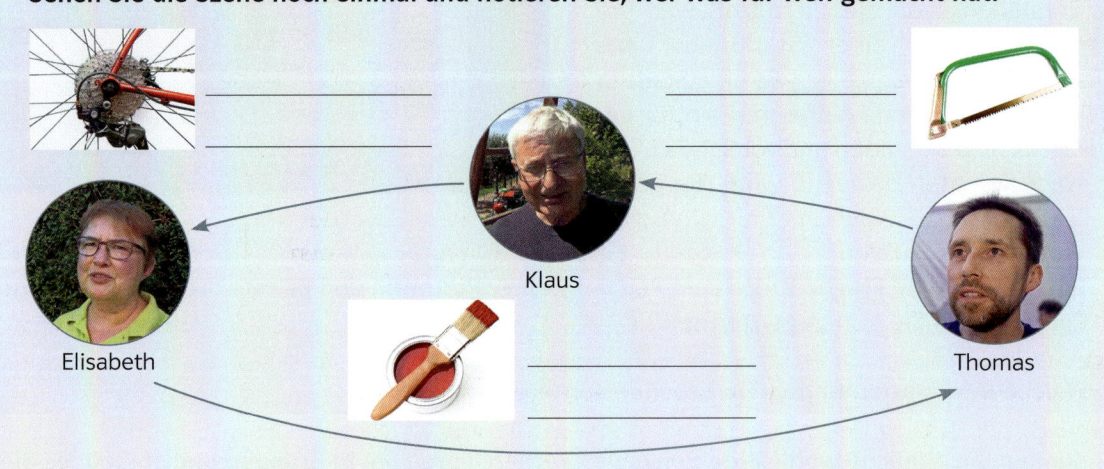

Elisabeth — Klaus — Thomas

**c** Machen Sie einen Tauschring im Kurs. Welche Tätigkeit könnten Sie anbieten? Erzählen Sie.

70 siebzig

# kurz und klar: Redemittel und Grammatik 12

## Bankgespräche führen

**Kunde/Kundin**
Ich möchte gern ein Konto eröffnen / einen Kredit aufnehmen.
Ich habe noch Fragen zu den Konditionen.
Wie hoch sind die Gebühren/Zinsen?
Ich könnte monatlich … Euro zurückzahlen.
Wie bekomme ich einen Kontoauszug / das Geld?

**Bankangestellte/r**
Was kann ich für Sie tun?
Zu Ihrem Konto bekommen Sie …
Wir empfehlen Ihnen Online-Banking. Da können Sie …
Wie hoch soll der Kredit sein?
Wie schnell möchten Sie den Kredit zurückzahlen?
Die Gebühren/Zinsen betragen …
Sie finden den Kontoauszug / den Kredit …

## Argumente nennen

**Argumente einleiten**
Man muss auch bedenken, dass …
Ich finde, …
Man sollte sich überlegen, ob …
Das ist für mich / aus meiner Sicht …
Pauschal kann man sagen, …

**Pro-Argumente nennen**
Ich finde es gut, dass …
Ich finde, es gibt viele überzeugende Argumente für …
Das ist doch ein (großer) Vorteil.
Positiv ist auch, dass …
… ist/sind erfreulich.
Ein weiterer Pluspunkt ist, dass …
Außerdem gefällt mir, dass…

**Contra-Argumente nennen**
Ich sehe … eher kritisch.
Das ist doch ein wichtiges Argument gegen …
Es ist wirklich sehr problematisch, dass …
Dann sind da noch die Probleme mit …
Das ist aus meiner Sicht ein echter Irrsinn.

## eine Diskussion führen

**etwas akzeptieren/befürworten**
Ich finde es in Ordnung, wenn …
Für mich ist es okay, …
Ich habe kein Problem damit, dass …
Man muss akzeptieren/tolerieren, wenn/dass …

**etwas ablehnen**
Ich finde es wirklich nicht gut, wenn …
Auf keinen Fall sollte man …
Ich finde es falsch/schlimm/unmöglich, wenn/dass …
So ein Verhalten lehne ich ab, weil …

## Sätze mit *je …, desto/umso …*

| Nebensatz | | | Hauptsatz | | |
|---|---|---|---|---|---|
| **Je öfter** | man Online-Banking | **macht**, | **desto/umso leichter** | **wird** | es. |
| **Je größer** | der Kredit | **ist**, | **desto/umso günstiger** | **sind** | die Zinsen. |
| *je* + Komparativ | Nebensatz | Verb: Satzende | *desto/umso* + Komparativ | Verb | |

## Partizip als Adjektiv

Viele Partizipien können als Adjektiv verwendet werden. Sie werden wie Adjektive dekliniert.

### Partizip II

| | | |
|---|---|---|
| die gespeicherte PIN | → | die PIN, die gespeichert wurde |
| ein ausgefülltes Formular | → | ein Formular, das ausgefüllt wurde |
| die übernommenen Daten | → | die Daten, die übernommen wurden |

### Partizip I: Infinitiv + *d*

| | | |
|---|---|---|
| steigende Preise | → | Preise, die steigen |
| auf dem wachsenden Weltmarkt | → | auf dem Weltmarkt, der wächst |
| ein überzeugendes Argument | → | ein Argument, das überzeugt |

# 4 Plattform

## Wiederholungsspiel

**1** Spielen Sie zu viert.

Sie brauchen einen Würfel und für jede/n eine Spielfigur, einen Zettel und einen Stift. Alle Spielfiguren stehen auf „Start".

Wer die höchste Zahl würfelt, darf beginnen. Gehen Sie mit Ihrer Figur so viele Felder, wie Sie gewürfelt haben – in eine beliebige Richtung. Beantworten Sie dann die Frage schriftlich auf einem Zettel. Achtung! Arbeiten Sie allein. Die anderen dürfen Ihre Antworten nicht sehen. Dann ist der/die Nächste dran. Auf einem Feld darf immer nur eine Figur stehen.

Wer zuerst alle zwölf Fragen beantwortet hat, ruft „Stopp!". Zählen Sie Ihre Punkte: Für jede beantwortete Frage gibt es einen Punkt. Vergleichen Sie dann Ihre Antworten. Für jede richtige Antwort gibt es noch einen Punkt. Wer hat die meisten Punkte?

1. Nach der Party: Was wurde alles gemacht? Schreiben Sie drei Sätze.

2. Wählen Sie ein Beispiel für soziales Engagement. Beschreiben Sie es mit drei Sätzen:
   - Die *Tafel*
   - Freiwillige Feuerwehr
   - Patenschaften

3. Geben Sie drei Tipps für eine gute Präsentation.

4. Was fällt Ihnen zur EU ein? Notieren Sie drei Stichpunkte.

5. Ein Freund / Eine Freundin besucht Sie am Wochenende. Schreiben Sie ihm/ihr eine kurze Nachricht mit einem Vorschlag, was Sie unternehmen könnten.

6. Was gefällt Ihnen an Ihrer Stadt besonders gut? Schreiben Sie zwei bis drei Sätze.

7. Erklären Sie in zwei bis drei Sätzen, warum Sie lieber in der Stadt oder lieber auf dem Land wohnen (würden).

8. Ergänzen Sie die Relativsätze.
   - Ich finde alles wichtig, …
   - Zürich ist eine Stadt, …
   - In Tübingen, …, ist es sehr schön.

9. Rund um Banken und Geld: Notieren Sie drei Nomen und drei Verben zum Thema.

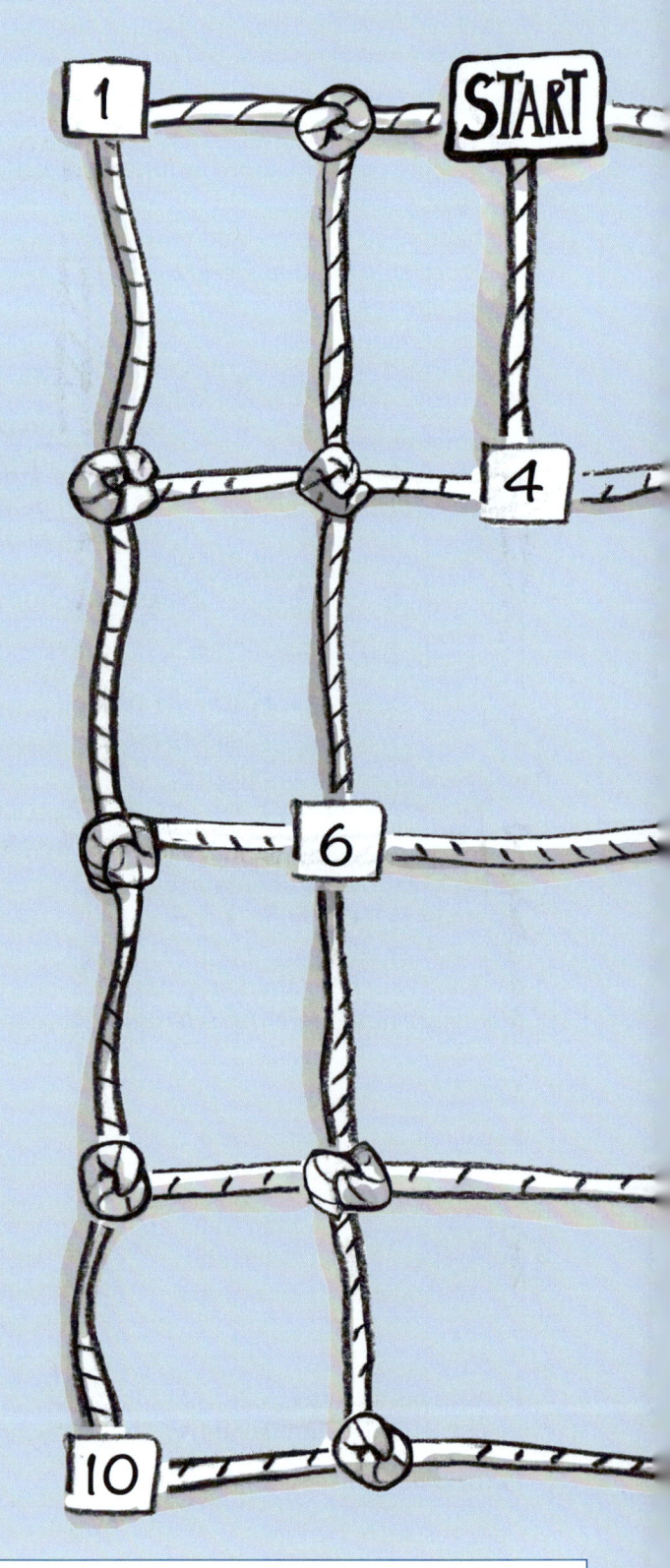

10. Notieren Sie die Partizipien mit der richtigen Endung:
    - Er hat sein … (sparen) Geld komplett ausgegeben.
    - Sie hat ihre … (verlieren) Geldbörse wiedergefunden.
    - Sie hat den … (ausfüllen) Antrag abgeschickt.

# Plattform 4

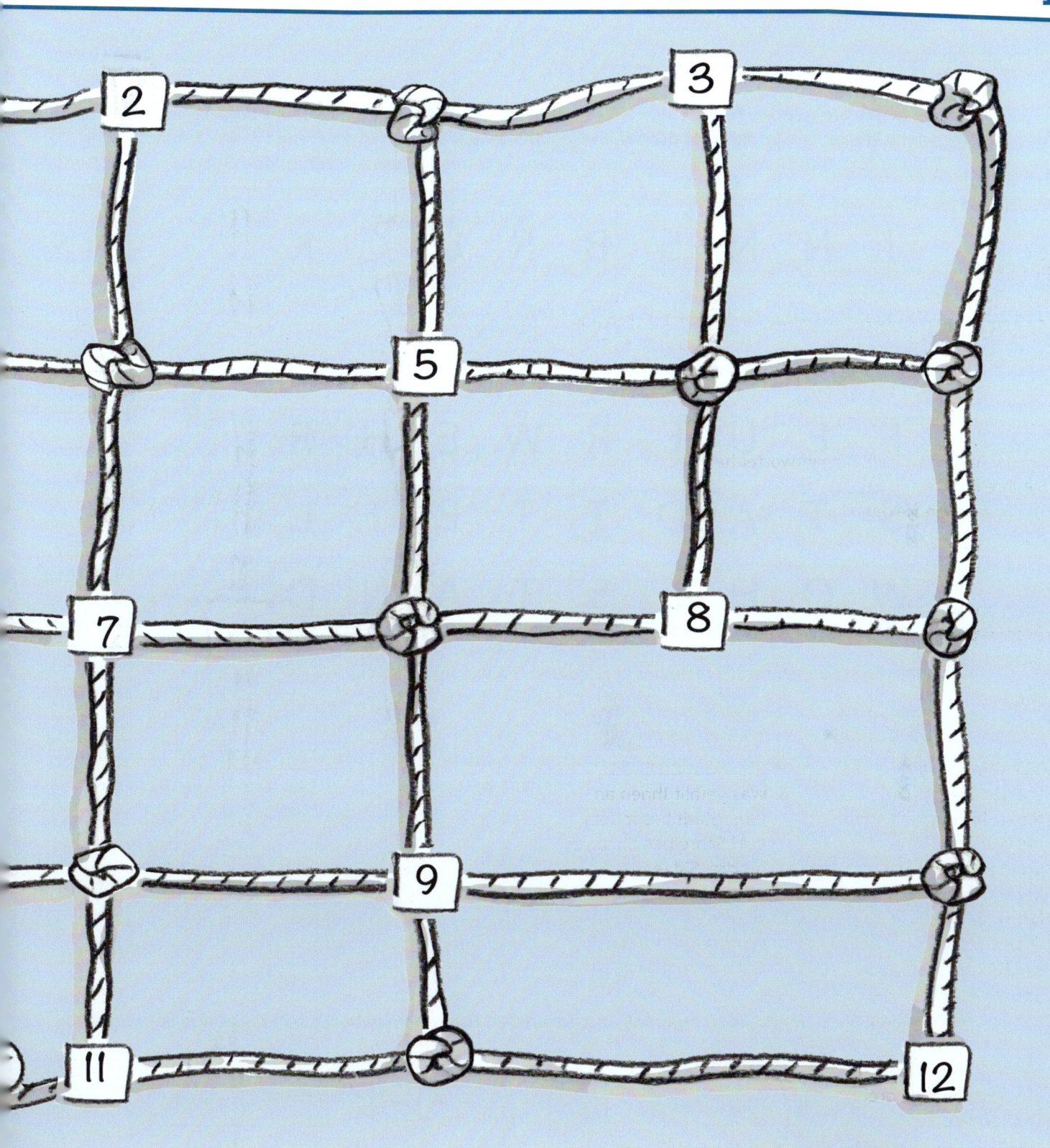

11. Ergänzen Sie die Artikelwörter als Pronomen:
- Es ist so ruhig hier. Ich glaube, hier ist … (kein).
- Ich muss noch schnell einkaufen. Wo ist ein Supermarkt? – Da drüben ist … (ein).
- Wem gehört denn die Tasche? Ist das … (Sie)?

12. Was wissen Sie über die Fuggerei? Schreiben Sie zwei bis drei Sätze mit wichtigen Informationen.

dreiundsiebzig 73

# 4 Plattform

## Raus mit der Sprache

**2** Arbeiten Sie zu dritt. Wählen Sie ein Wort. Bilden Sie mit den Buchstaben des Wortes sieben bis zehn neue Wörter wie im Beispiel. Schreiben Sie dann eine E-Mail an einen Freund / eine Freundin oder einen Text zum Thema. Verwenden Sie in jedem Satz mindestens ein gefundenes Wort.

**I N N S B R U C K**

Gefundene Wörter: in, Nick, bis, Bus, Kinn, bin, Kurs, Uni

Lieber Nick,
ich bin seit einer Woche in Innsbruck. Da mache ich einen Kurs an der Uni. …

**F E U E R W E H R**

**S T A D T T E I L**

**W O H L S T A N D**

! Schreiben Sie jeden Buchstaben Ihres Wortes auf ein Kärtchen. Verschieben Sie die Buchstaben. So finden Sie leichter neue Wörter.

**3** Hast du schon gehört? Sprechen und reagieren Sie wie im Beispiel.

Autos in der Stadt – verboten werden
viele Banken – geschlossen werden
immer mehr Produkte – in Handarbeit produziert werden
Möbel für das Homeoffice – immer besser verkauft werden
Geschäfte – auch sonntags geöffnet werden
Fahrräder – aus Holz gebaut werden
immer weniger Lebensmittel – weggeworfen werden
…

Echt?
Wirklich?
Was du nicht sagst.
Das kann ich gar nicht glauben.
Das darf doch nicht wahr sein!
…

*Hast du schon gehört? Autos werden in der Stadt verboten.*

*Echt? Autos werden in der Stadt verboten? Das kann ich gar nicht glauben.*

**4** Spielen Sie zu fünft. Jede/r legt zwei Sachen auf den Tisch. Wem gehört das? Fragen und antworten Sie.

*Wem gehört das Handy? Ist das deins?*

*Nein, das ist nicht meins. Ich glaube, das ist ihres.*

*Ja, das ist meins. Und wem gehört die Kette? Ist das …?*

74 vierundsiebzig

# Plattform 4

**5** Satzketten mit *je …, desto …* Arbeiten Sie in Gruppen und setzen Sie die Satzanfänge fort. Bilden Sie mindestens fünf Sätze pro Satzanfang.

Je früher ich morgens aufstehe, …
Je mehr Geld man verdient, …
Je weniger Stress ich habe, …
Je öfter ich lerne, …
Je mehr Schokolade man isst, …

*Je früher ich morgens aufstehe, …*

*…, desto schneller bin ich morgens im Büro.*

*Je schneller ich morgens im Büro bin, …*

*…, desto besser kann ich …*

## Sprachmittlung

**6** Wählen Sie.

2.47

**A** Hören Sie die Besprechung. Machen Sie Notizen für den Kundenbesuch. Welche Punkte müssen noch erledigt werden, welche wurden bereits erledigt? Sammeln Sie Ideen für das Programm. Besprechen Sie dann in Gruppen, wer, was, bis wann übernimmt.

**B** Lesen Sie die Mail der Chefin. Besprechen Sie in Gruppen die Vorschläge und was Sie tun müssen. Notieren Sie die wichtigsten Ergebnisse.

**Arbeitsaufträge im Team klären und bearbeiten**
– Benennen Sie das Ziel der Aufgabe und überlegen Sie im Team, was Sie alles tun müssen. Notieren Sie die Punkte für alle sichtbar.
– Wiederholen Sie Aussagen der anderen, um Missverständnisse zu vermeiden.
– Wer hat welche Erfahrungen? Wer möchte was übernehmen? Notieren Sie die Namen neben den Aufgaben.
– Besprechen Sie auch, was bis wann gemacht werden muss, und notieren Sie die Termine.
– Fassen Sie am Ende die Ergebnisse der Besprechung zusammen.

Liebes Team,
also, wir hatten ja mal die Idee, einen Flohmarkt mit Büchern, Kinderspielzeug, Klamotten oder Sportartikeln zu machen. Ich finde die Idee immer noch gut und denke, wir sollten uns mal darum kümmern. Könntet ihr das bitte im Team organisieren? Ich glaube, ein Freitag im Frühling wäre ein guter Zeitpunkt, oder? Wie wäre es, wenn wir dann auch Kuchen und Kaffee verkaufen oder grillen? Außerdem könnten wir überlegen, ob das nur für die Mitarbeiter/innen unserer Firma sein soll oder ob auch die Freunde und Familien kommen können. Was denkt ihr? Das Geld vom Flohmarkt könnten wir dann nutzen, um neue Spielgeräte für unseren Betriebskindergarten zu kaufen. Wir haben bisher nur einen Sandkasten im Garten … Oder habt ihr auch hier eine andere Idee? Und hab' ich sonst noch irgendwas vergessen?
Ich würde es toll finden, wenn ihr das bis zu unserem Treffen am Donnerstag besprecht.
Gebt mir dann bitte Bescheid, wer welche Aufgaben übernimmt.
Danke im Voraus und viele Grüße
Simone

# 4 Plattform

## Zwei Gedichte

**7 a** Sehen Sie die Zeichnung an. Was denkt der Mann wohl? Wie fühlt er sich? Sammeln Sie im Kurs.

🔊 2.48

**b** Hören Sie das Gedicht und lesen Sie mit. Was kann der Titel „Radwechsel" bedeuten? Sammeln Sie Assoziationen zum Titel.

### Der Radwechsel

Ich sitze am Straßenhang.
Der Fahrer wechselt das Rad.
Ich bin nicht gern, wo ich herkomme.
Ich bin nicht gern, wo ich hinfahre.
Warum sehe ich den Radwechsel mit Ungeduld?

*Bertolt Brecht (1898–1956)*

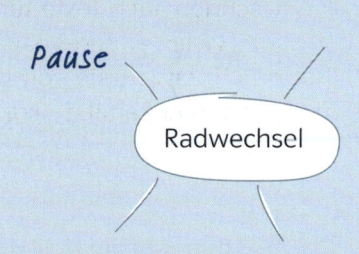

Pause — Radwechsel

**c** Lesen Sie die beiden Sätze aus dem Gedicht. Was denken Sie: Welche Situationen können das sein? Notieren Sie Ihre Gedanken. Vergleichen Sie in Gruppen.

| Ich bin nicht gern, wo ich herkomme. | Ich bin nicht gern, wo ich hinfahre. |
|---|---|
| *Man kommt aus der Firma, wo viel Stress und …* | |

**d** Lesen Sie das Gedicht noch einmal. Warum ist der Mann ungeduldig? Was denken Sie?

# Plattform 4

**8 a** Hören Sie das Gedicht und lesen Sie mit. Was könnten die Gründe sein, warum die Person nicht glücklich ist? Sprechen Sie im Kurs.

> **Der kleine Unterschied**
>
> Es sprach zum Mister Goodwill
> ein deutscher Emigrant:
> „Gewiß, es bleibt dasselbe,
> sag ich nun *land* statt Land,
> sag ich für Heimat *homeland*
> und *poem* für Gedicht.
> Gewiß, ich bin sehr *happy*:
> Doch glücklich bin ich nicht."
>
> *Mascha Kaléko (1907–1975)*

**b** Lesen Sie die Informationen zum Leben von Mascha Kaléko. Welche Erfahrung aus ihrem Leben verarbeitet sie in diesem Gedicht?

> Mascha Kaléko wurde 1907 in Chrzanów im heutigen Polen geboren, zog 1914 mit ihrer Mutter nach Deutschland und verbrachte ihre Schul- und Studienzeit in Berlin.
> Dort wurde sie ab 1930 als Dichterin bekannt: 1933 erschien die Gedichtsammlung „Das lyrische Stenogrammheft", zwei Jahre später „Das kleine Lesebuch für Große". Mascha Kaléko hatte viel Erfolg und schrieb auch Texte für Radio und Kabarett. Sie hatte engen Kontakt zu vielen anderen Künstlern und Künstlerinnen ihrer Zeit.
> 1935 erhielt sie von den Nazis Schreibverbot und 1938 musste sie mit ihrer Familie – kurz nach ihrer Hochzeit mit ihrem zweiten Mann Chemjo Vinaver – vor den Nazis fliehen und in die USA emigrieren.
> 1957 kehrte sie aus dem Exil nach Berlin zurück, hatte aber nicht mehr so viel Erfolg wie vor 1935. 1960 zog sie mit ihrem Mann nach Israel, jedoch fühlte sie sich dort kulturell und sprachlich isoliert. 1975 starb sie in Zürich – nach ihrem letzten Besuch in Berlin, auf der Rückreise nach Jerusalem.

**c** Lesen Sie das Gedicht noch einmal. Hat die letzte Zeile jetzt für Sie eine andere Bedeutung?

**d** Was ist anders, wenn Sie nicht Ihre Sprache sprechen, sondern Deutsch? Wie fühlen Sie sich? Sprechen Sie in Gruppen.

**e** Wann haben Sie sich mit Deutsch wohlgefühlt? Beschreiben Sie ein Erlebnis. Beantworten Sie in Ihrem Text mindestens drei Fragen.

- Wann und wo war das?
- Wer war dabei?
- Was haben Sie gemacht?
- Warum haben Sie sich wohlgefühlt?
- Was für Gefühle hatten Sie?
- Hat sich Ihre Einstellung zu Deutsch danach geändert?

*Ich habe mich richtig wohlgefühlt, als ich zum ersten Mal einen Comic auf Deutsch gelesen habe. Das war …*

siebenundsiebzig 77

# 7 Chatnachrichten verstehen, eine persönliche E-Mail schreiben

# Zwischenmenschliches

**1 a** Lesen Sie die Nachrichten und ordnen Sie die passende Antwort zu.

1. Wieso warst du heute nach dem Training so schnell weg? Hab' dich in der Kabine nicht mehr gesehen – und dein Fahrrad stand auch nicht mehr auf dem Gelände. Alles okay bei dir? ___

2. Merkwürdig, ich finde meine Unterlagen von der Vorlesung bei Prof. Meyer nicht mehr! Hast du sie zufällig? ___

3. Verspäte mich etwas, Schatz! Muss noch bei der Krankenkasse anrufen – die haben uns eine Mahnung geschickt, aber wir haben schon bezahlt. Möchte das klären!!! ___

4. Müssen wir heute alle zur Versammlung? Geht es da um die Vorstellung der neuen Präsidentin oder um die Erhöhung des Stundenlohns? ___

5. Wie immer möchten wir mit euch ein Sommerfest feiern – bei uns im Hof mit Lagerfeuer und Grill – auch vegetarisch. 24.6. ab 17 Uhr – könnt ihr kommen? ___

A — Also, dafür hab' ich natürlich Verständnis, hoffentlich erreichst du bald jemanden. Vergiss nicht: Deine Schwiegereltern kommen heute zum Essen ... 😊 Der Tisch ist übrigens schon gedeckt!

B — Bei mir ist alles okay, musste aber zur Spätschicht in die Arbeit. Die Kollegen hassen es, wenn man zu spät ist. 😊

C — Ich glaube, um den Stundenlohn und was passiert, wenn wir streiken. Deshalb ist die Teilnahme für mich Pflicht! Hoffentlich erreichen wir etwas mit unserer Forderung.

D — Vielen Dank für die Einladung! Was für eine tolle Gelegenheit, mit allen zu feiern. Ich schätze, so nette Nachbarn findet man selten. Ich bin gern dabei! Das letzte Fest war super!

E — Ja, ich habe sie eingesteckt, weil du sie auf dem Tisch im Institut vergessen hast. Offenbar hattest du es sehr eilig! 😊

**b** Wer hat die Nachrichten in 1a geschrieben? Ordnen Sie zu.

A Partner/Partnerin ___  C Arbeitskollege/Arbeitskollegin ___  E Studierende/r ___
B Nachbar/Nachbarin ___  D Freund/Freundin vom Sport ___

**c** Welche Wörter in 1a sind neu für Sie? Markieren Sie. Was bedeuten diese Wörter?

> **! Unbekannte Wörter verstehen**
> Überlegen Sie, ob Sie das Wort aus einer anderen Sprache *(Kabine → cabin)* oder in einer anderen Form *(Verständnis → verstehen)* kennen. Oder hilft der Kontext? Wenn nein, dann arbeiten Sie mit dem Wörterbuch.

**d** Schreiben Sie eine E-Mail.

Sie waren auf der Hochzeitsfeier einer Freundin. Ein Freund / Eine Freundin von Ihnen konnte nicht mitkommen, weil er/sie krank war.
- Beschreiben Sie: Wie war die Hochzeit?
- Begründen Sie: Was hat Ihnen am besten gefallen und warum?
- Machen Sie einen Vorschlag für ein Treffen.

Schreiben Sie ca. 80 Wörter. Schreiben Sie etwas zu allen drei Punkten. Achten Sie auf den Textaufbau (Anrede, Einleitung, Reihenfolge der Inhaltspunkte, Schluss).

78 achtundsiebzig

# Zusammen

**2 a** Aussagen über Freundschaft. Ergänzen Sie die Verben in der richtigen Form.

beschließen | erleben | erzählen | halten | (sich) kennenlernen | ~~unternehmen~~ | unterstützen | verbringen | (sich) verstehen

Meine Freunde und ich (1) _unternehmen_ meistens am Wochenende etwas zusammen. Wir machen Sport oder gehen ins Café. Wir (2) _____ uns einfach super und haben immer viel Spaß! Also, ich kann mir überhaupt nicht vorstellen, von hier wegzuziehen und meine Freunde nicht mehr zu treffen.

Ich habe nicht viele Freundinnen, aber dafür eine richtig gute: Clara! Wir haben uns schon in der Grundschule (3) _____. Wir kennen uns schon so lange und so gut, dass wir uns wirklich alles (4) _____ können. Über Probleme können wir genauso sprechen wie über schöne Dinge. Ich hoffe, unsere Freundschaft (5) _____ für immer!

Also, meine Freunde und ich haben schon viel zusammen (6) _____. Nach dem Abi waren wir zum Beispiel sechs Monate lang zusammen in Europa unterwegs. Jetzt studieren wir alle, aber wir versuchen immer noch, so viel Zeit wie möglich zusammen zu (7) _____.

Manchmal bin ich gar nicht damit einverstanden, was meine Freunde machen. Aber ich finde es total wichtig, dass sich Freunde immer gegenseitig (8) _____ und helfen. Ein Freund von mir hat zum Beispiel (9) _____, dass er ein Café eröffnen möchte. Ich halte das für keine gute Idee, trotzdem helfe ich ihm.

**b** Welche Eigenschaften finden Sie bei Freunden wichtig? Welche nicht so wichtig? Sortieren Sie.

| Wichtig: | Nicht so wichtig: |
|---|---|
|  |  |

offen  nett  sportlich  klug
neugierig  fleißig  optimistisch
ehrlich  hilfsbereit  lustig  fröhlich
pünktlich  höflich
ordentlich  cool

**c** Tag der Freundschaft. Sie wollen mit Ihren Freunden/Freundinnen feiern. Überlegen Sie sich zusammen mit Ihrem Partner / Ihrer Partnerin ein Programm für einen besonderen Tag. Wählen Sie.

**A** Bereiten Sie das Gespräch vor: Machen Sie Notizen und sprechen Sie dann mithilfe Ihrer Notizen.

**B** Sprechen Sie spontan ohne Vorbereitung.

# 7 zeitliche Abfolgen ausdrücken

**3 a** Über die Vergangenheit sprechen. Was passt zusammen? Ordnen Sie zu.

1. Meine Freunde und ich sind dieses Jahr wieder zusammen an die Ostsee gefahren. _D_
2. Wir kamen ziemlich spät dort an. ___
3. Am ersten Abend haben wir dann toll gekocht. ___
4. Die Tage dort haben wir auch bei schlechtem Wetter am Strand verbracht. ___
5. Am letzten Abend sind wir in ein schönes Restaurant gegangen. ___
6. Die Fahrt nach Hause war kein Problem. ___

A Wir hatten schon zu Hause alles eingekauft.
B Wir hatten vorher nachgesehen, auf welcher Strecke wenig Verkehr ist.
C Wir hatten ja extra unsere Regenjacken mitgebracht.
D Das Ferienhaus am Strand hatten wir schon vor einem Jahr reserviert.
E Das hatten wir schon beim letzten Mal entdeckt.
F Wir hatten ewig im Stau gestanden.

**b** Markieren Sie die Verben in 3a und ordnen Sie sie in eine Tabelle. Ergänzen Sie alle Formen.

| Perfekt | Präteritum | Plusquamperfekt |
|---|---|---|
| sind gefahren | fuhren | waren gefahren |

**c** Ergänzen Sie die Verben im Plusquamperfekt.

1. Lina und ich wollten uns um 15 Uhr im Café treffen, aber ich _____ den Bus _____ (verpassen).
2. Leider konnte ich ihr nicht Bescheid geben, weil ich _____ _____ (vergessen), mein Handy aufzuladen.
3. Als ich endlich im Café ankam, _____ Lina schon _____ (gehen).
4. Zufällig kam mein alter Freund Felix vorbei. Das war schön, denn ich _____ ihn schon lange nicht mehr _____ (sehen).
5. Er erzählte mir, dass er gerade mit Lina in einem anderen Café einen Kaffee _____ _____ (trinken).
6. Als ich das hörte, war ich ein bisschen sauer. Anscheinend _____ Lina nicht mehr an unsere Verabredung _____ (denken) und _____ gar nicht im Café auf mich _____ (warten).
7. Ich habe Lina dann mit Felix' Handy angerufen. Sie _____ tatsächlich im falschen Café _____ (sitzen).
8. Als wir uns dann endlich _____ _____ (treffen), hatten wir noch einen tollen Nachmittag zusammen.

80 achtzig

## 7 zeitliche Abfolgen ausdrücken

**d** Ergänzen Sie die Sätze im Plusquamperfekt.

1. Antoni lud seine Freunde zu einer Party ein. Er _hatte eine wichtige Prüfung bestanden._ (eine wichtige Prüfung bestehen)
2. Monia brachte Kuchen zur Party mit, den sie ___ (in der Bäckerei kaufen)
3. Karim machte einen leckeren Salat. Das Rezept ___ (von seinem Vater bekommen)
4. Hugo sorgte für die Musik. Er ___ (neue Lautsprecher kaufen)
5. Emilia kam erst spät zur Party und war müde. Sie ___ (den ganzen Tag arbeiten)

**e** Was war vorher passiert? Schreiben Sie Sätze im Plusquamperfekt.

1. Ich war sauer.
2. Ich konnte nicht schlafen.
3. Ich war glücklich.
4. Ich war total überrascht.
5. Ich war enttäuscht.
6. Ich war müde.

_1. Ich hatte mich mit meiner Freundin gestritten._

## 4 Was passt zusammen? Verbinden Sie.

1. sich einsam
2. die alten Freunde
3. sich einen neuen Freundeskreis
4. eine Idee toll
5. neue Leute
6. sich bei einem Nachbarschafts-Netzwerk
7. am Wochenende etwas zusammen

A kennenlernen
B aufbauen
C fühlen
D unternehmen
E finden
F vermissen
G anmelden

## 5 a Nebensätze mit *nachdem*. Perfekt oder Plusquamperfekt? Kreuzen Sie an.

1. Nachdem Matilda neue Freunde gefunden ☐ hat ☐ hatte, fühlt sie sich in Freiburg wohl.
2. Maxim sah seine besten Freunde jeden Tag, nachdem er mit ihnen in eine WG gezogen ☐ ist ☐ war.
3. Valerie lebt jetzt in einer eigenen Wohnung, nachdem sie lange mit einer Freundin zusammengewohnt ☐ hat ☐ hatte.
4. Nachdem Luca Vater geworden ☐ ist ☐ war, unternimmt er seltener etwas mit seinen Freunden.
5. Nachdem Antoni sein Studium beendet ☐ hat ☐ hatte, wollte er eine Freundin in Australien besuchen.
6. Emilia freute sich auf einen Abend mit ihren Freunden, nachdem sie den ganzen Tag gearbeitet ☐ hat ☐ hatte.

**b** Ergänzen Sie die Sätze mit *nachdem* im Plusquamperfekt.

Mitglied in einem Verein werden | meine beste Freundin wegziehen | eine neue Stelle finden | ihn öfter zufällig auf der Straße treffen

1. Ich fühlte mich allein, nachdem …
2. Aber ich habe viele neue Leute beim Sport kennengelernt, nachdem …
3. Und ich traf mich manchmal mit ein paar Kollegen und Kolleginnen, nachdem …
4. Besonders oft verabredete ich mich mit Pawel, nachdem …

> **!** In der gesprochenen Sprache und in privaten Nachrichten kann man auch Plusquamperfekt und Perfekt kombinieren:
> *Ich habe Maja kennengelernt, nachdem ich nach Frankfurt gezogen war.*

# 7 Zeitangaben machen, zeitliche Abfolgen ausdrücken

## Richtig streiten

**6 a** Wählen Sie.

**A** Welche Ausdrücke haben dieselbe Bedeutung? Ordnen Sie zu.

1. sauber machen
2. abends weggehen
3. sich ausruhen
4. zu spät kommen

**B** Wie kann man noch sagen? Notieren Sie Synonyme.

5. mit anderen etwas machen
6. müde sein

ausgehen | sich entspannen | unpünktlich sein | etwas unternehmen | putzen | erschöpft sein

**b** Temporale Präpositionen. Ergänzen Sie die Gespräche.

am | bis | in | nach | seit | seit | um | vor | während

1. ○ Wollen wir uns (1) _____ Freitagabend treffen?
   ● Gern, aber erst (2) _____ 19 Uhr, weil ich (3) _____ dem Wochenende etwas fertig machen muss. Meine Kollegin braucht es (4) _____ spätestens Montagfrüh.

2. ○ Gut, dass du da bist! (5) _____ zehn Minuten können wir essen.
   ● Ich habe gar keinen Hunger, der Chef ist (6) _____ gestern super gelaunt und hat Kuchen mitgebracht. Den habe ich eben (7) _____ der Busfahrt nach Hause gegessen.
   ○ Konntest du nicht warten und ihn erst (8) _____ dem Abendessen essen? Ich stehe schon (9) _____ einer Stunde in der Küche!

**c** Welcher Konnektor passt? Verbinden Sie.

1. Pia und Jan zogen gleich zusammen,
2. Sie kannten sich schon lange,
3. Sie hatten immer genug Geld,
4. Pia hat oft abends noch gearbeitet,
5. Beide verdienen wieder gleich viel,

bevor | bis | seit | nachdem | während

sie sich kennengelernt hatten.
sie heirateten.
Jan arbeitslos wurde.
Jan für beide gekocht hat.
Jan einen neuen Job hat.

**d** *bevor, bis, seit/seitdem* oder *während*? Ergänzen Sie die passenden Konnektoren. Manchmal gibt es mehrere Möglichkeiten.

**Florian** jobbt in einer Pizzeria. Er hat keine Zeit, auf sein Handy zu schauen, (1) _____ er dort arbeitet. (2) _____ er mit der Arbeit fertig ist, hat er oft schon über zwanzig Nachrichten bekommen. Weil er neugierig ist, liest und chattet er noch, (3) _____ er nach Hause geht.

**Jenny** hatte einen stressigen Tag in der Arbeit. Sie musste noch ein Meeting leiten, (4) _____ sie Feierabend machen konnte. (5) _____ sie nach Hause gefahren ist, ist sie im Bus eingeschlafen. (6) _____ sie zu Hause ist, liegt sie auf dem Sofa und sieht ihre Lieblingsserie.

**Julia** musste für ihr neues WG-Zimmer noch ein paar Möbel kaufen, (7) _____ sie einziehen konnte. (8) _____ Julia in der WG wohnt, ist das Leben dort etwas chaotischer. Aber nun räumt sie regelmäßig auf, (9) _____ sie telefoniert.

> ! *bis*, *seit* und *während* können Präpositionen oder Konnektoren sein: *Seit zwei Monaten hat sie die neue Stelle. Seit sie die neue Stelle hat, macht ihr die Arbeit wieder Spaß.*

82 zweiundachtzig

eine persönliche E-Mail lesen

**7** Kombinieren Sie. Schreiben Sie acht Sätze mit *seit, bis, während, bevor* und *nachdem*.

verheiratet sein
Sport machen
in die Stadt fahren
Freunde besuchen
Deutsch lernen
Urlaub machen
krank sein

wenig Zeit haben
Mails schreiben
fernsehen
telefonieren
kochen
sich langweilen
Fotos ansehen

*Während du Deutsch lernst, solltest du nicht fernsehen.*
*Bevor er Deutsch lernt, sieht er noch ein bisschen fern.*

**8 a** Lesen Sie den Text und kreuzen Sie für jede Lücke (1–10) das richtige Wort (a, b oder c) an.

Hallo Hanna,
endlich finde ich Zeit, dir __0__ schreiben. Ich bin nämlich ziemlich im Stress, __1__ ich die Ausbildung als Mediatorin begonnen habe. Dafür brauche ich __2__ Zeit, als ich dachte. Aber es ist total spannend und es gefällt __3__ sehr gut. Wie du weißt, wollte ich das __4__ lange machen und nun hat es endlich geklappt. Wir haben einmal im Monat __5__ Wochenendkurs und in der restlichen Zeit müssen wir viel lesen und Testaufgaben machen. Im Kurs sind noch fünf andere Teilnehmende, __6__ alle sehr nett sind. __7__ wir Rollenspiele machen, ist es immer lustig. Unsere Trainerin ist erfahren und erzählt viel aus __8__ Praxis in der Konflikt-Beratung. Manchmal kann ich es kaum glauben, was für Probleme die Leute haben. Zum Beispiel kam ein Geschwisterpaar __9__ ihr, das Hilfe brauchte. Sie haben sich total gestritten, weil sie beide den Hund der Mutter haben wollten. __10__ Ende kam der arme Hund ins Tierheim. Verrückt, oder?
Jetzt muss ich aber weiterlernen, lass uns doch bald mal wieder telefonieren.
Liebe Grüße
Selma

0 a für
  b um
  ☒ zu

1 a bevor
  b seit
  c während

2 a mehr
  b meist
  c viel

3 a mich
  b mir
  c sich

4 a erst
  b noch
  c schon

5 a ein
  b eine
  c einen

6 a der
  b den
  c die

7 a Als
  b Wann
  c Wenn

8 a ihrer
  b ihre
  c ihren

9 a bei
  b zu
  c mit

10 a Am
   b Ans
   c Im

! Diese Aufgabe gibt es in den Prüfungen ZD und DTZ. Nur die Anzahl der Lücken variiert: Beim ZD gibt es zehn Lücken, beim DTZ sechs Lücken.

**b** Demonstrativpronomen. Welche Form ist richtig? Kreuzen Sie an.

1. ○ Habt ihr euch gestern wieder über euren Urlaub gestritten?
   ● Ja, es ist immer ☐ dasselbe ☐ demselben Thema.

2. ○ Ich glaube es nicht: Er macht in seinem neuen Job schon wieder ☐ derselbe ☐ denselben Fehler.
   ● Oh, was meinst du? Will er wieder keine Fragen stellen?

3. ○ Was ist dir eigentlich wichtig in einer Beziehung?
   ● Man muss über ☐ dieselbe ☐ dieselben Dinge lachen können.

4. ○ Wollen wir am Wochenende mal wieder einen Ausflug machen?
   ● Das ist ja lustig – ich hatte gerade ☐ dieselbe ☐ derselben Idee.

! **derselbe/dasselbe/dieselbe**
Das Pronomen hat zwei Teile: Man dekliniert den bestimmten Artikel und -*selbe* wie ein Adjektiv nach bestimmtem Artikel:
*derselbe – denselben – demselben – desselben*

dreiundachtzig **83**

## 7 die eigene Meinung sagen, Konfliktgespräche verstehen

**c** Die eigene Meinung sagen. Wie heißen die Ausdrücke? Schreiben Sie.

1. bin / Ich / Meinung / dass / der / , / … _____
2. Meinung / nach / Meiner / … _____
3. dass / , / überzeugt / bin / Ich / … _____
4. Das / ich / so / sehe / nicht / . _____
5. am / Es / scheint / wichtigsten / mir / dass / , / … _____
6. finde / ich / Das / schlimmer / viel / als / … _____

**d** Arbeiten Sie zu zweit. Sagen Sie Ihre Meinung zu den Themen und verwenden Sie die Ausdrücke aus 8c.

A Streiten ist gesund.

B In einer Beziehung darf man nicht streiten.

C Kollegen und Kolleginnen kann man kritisieren.

**9 a** Hören Sie zwei Streitgespräche. Worum geht es? Notieren Sie. Sind die Gespräche eher diplomatisch oder undiplomatisch? Markieren Sie.
2.1–2

Thema Gespräch 1: _____
diplomatisch / undiplomatisch

Thema Gespräch 2: _____
diplomatisch / undiplomatisch

**b** Hören Sie die Gespräche noch einmal. Hören Sie die Sätze in Gespräch 1 oder 2? Notieren Sie.

1. Das nervt mich wirklich. ____
2. Das ist ja nicht so schlimm. ____
3. Ich kann dich gut verstehen. ____
4. Immer das Gleiche! ____
5. Das kann doch nicht wahr sein! ____
6. Ich wünsche mir schon, dass … ____

**10** Aussprache: Modalpartikeln. Hören Sie. Sprechen Sie die Dialoge dann zu zweit.
2.3

1. ○ Besuch uns doch mal!
   ● Ja, du kannst uns echt mal besuchen!
2. ○ Was kostet das denn?
   ● Ich weiß auch nicht. Was steht denn da?
3. ○ Es ist ja schon spät. Wollen wir jetzt essen?
   ● Aber Max ist ja noch nicht da. Komm, wir warten noch kurz.
4. ○ So spät fährt wohl kein Bus mehr.
   ● Da hast du wohl recht, dann nehmen wir ein Taxi.
5. ○ Du hast Essen beim leckeren Italiener bestellt? Das ist aber eine gute Idee!
   ● Genau. Hm, das ist aber auch lecker!

84 vierundachtzig

# Gemeinsam sind wir stark

**11 a** Promis ohne Privatleben. Lesen Sie den Text und ordnen Sie die Wörter zu.

berühmten ___ | beschäftigt ___ | beweisen ___ | Blick ___ | Einzelheiten ___ |
Ersatz ___ | fürchten ___ | geheim ___ | kümmern ___ | Mehrheit ___ | Scheidung ___

### Promis ohne Privatleben

Wann haben Sie das letzte Mal eine Zeitschrift mit den neuesten Nachrichten über die (1) aus dem Leben eines Promis gelesen? Wer amüsiert sich nicht gern über Pech und Glück der (2) Stars? Aber möchten Sie gern mit ihnen tauschen? Auf den ersten (3) scheint das wundervoll, aber denken Sie kurz über die Konsequenzen nach. Nichts in Ihrem Leben bleibt (4), ständig behauptet die Presse etwas Neues, damit man auf einen Artikel klickt: ein betrunkener Ehegatte, eine angebliche (5) nach zwei Monaten Ehe … Solche Nachrichten bringen den Journalisten Geld und sie müssen ihre Schlagzeilen und Behauptungen nicht (6). Fake News oder die Wahrheit, das ist wahrscheinlich für die (7) der Leserinnen und Leser nicht wichtig – Hauptsache, man ist für ein paar Minuten (8). Nur die Stars sind davon meist nicht begeistert, denn sie (9), dass der Einfluss auf ihr Privatleben zu groß wird und ihre Beziehungen daran kaputtgehen. Geld und Erfolg sind eben doch kein (10) für ein glückliches Familienleben – zumindest nicht für eine lange Zeit. Vielleicht sollten wir uns lieber um unser eigenes Privatleben (11) als um das der Stars? Das wäre dann nur für die Medien traurig.

**b** 2.4–8   Sie hören vier Gespräche. Zu jedem Gespräch gibt es zwei Aufgaben. Entscheiden Sie bei jedem Gespräch, ob die Aussage dazu richtig oder falsch ist und welche Antwort (a, b oder c) am besten passt.

**Beispiel**
Julia und Cornelius möchten heiraten.    Richtig   Fal[x]sch

Was wollen sie für die Kinder organisieren?
a Einen Clown.
b Ein Programm.
[x] Einen Spieleraum.

1  Matteo und Anna-Lena sind Nachbarn.    Richtig   Falsch

2  Wie bekommt Anna-Lena die Konzertkarte?
a Matteo gibt sie ihr gratis.
b Matteo verkauft ihr eine.
c Sie kauft sie.

3  Frau Riedinger ist die Kollegin von Herrn Kaminski.    Richtig   Falsch

4  Was hat Herr Kaminski im Urlaub gemacht?
a Er hat eine Fahrradtour gemacht.
b Er hat Verwandte besucht.
c Er ist zu Hause geblieben.

5  Sie hören ein Gespräch zwischen zwei Lehrenden.    Richtig   Falsch

6  Was machen die Schüler und Schülerinnen der 7. Klasse?
a Sie machen einen Schüleraustausch.
b Sie spielen zusammen Theater.
c Sie wandern zusammen.

7  Herr Schurig ist Hausmeister.    Richtig   Falsch

8  Was ist kaputt?
a Das Licht im Flur.
b Die Klingel unten im Haus.
c Die Waschmaschine im Keller.

fünfundachtzig **85**

# 7 über Fabeln sprechen, einen Text lebendig vorlesen

## Die Moral von der Geschichte ...

**12** Kennen Sie diese Tiere auf Deutsch? Welche Tiere kennen Sie noch? Sammeln Sie und vergleichen Sie mit einem Partner / einer Partnerin. Notieren Sie die Wörter auch in Ihrer Sprache. Wie viele Wörter sind ähnlich?

1. die Giraffe  2. das Krokodil  3. die Mücke  4. der Pinguin  5. die Fliege  6. die Ente  7. die Schildkröte

**13 a** Der Hase und die Frösche. Lesen Sie die Fabel und die Aussagen. Was ist richtig? Kreuzen Sie an.

### Der Hase und die Frösche

Ein Hase saß auf einer Wiese und überlegte: „Wer ängstlich ist", dachte er, „ist eigentlich unglücklich dran! Nichts kann er in Ruhe genießen, immer passiert etwas Aufregendes. Ich schlafe vor Angst schon mit offenen Augen. Das muss anders werden! Aber wie?" So saß er und überlegte lange. Dabei war er aber immer vorsichtig und alles konnte ihn erschrecken – eine Bewegung, ein Laut, ein Nichts ... Plötzlich hörte er, wie etwas leise auf den Boden fiel. Sofort sprang er auf und rannte davon. Er lief schnell bis an das Ufer eines kleinen Sees. Da sprangen alle Frösche, kleine und große, ins Wasser. „Oh", sagte der Hase, „sie laufen weg vor mir! Da gibt es also Tiere, die vor mir, dem Hasen, Angst haben! Was bin ich für ein Held!"
Da kann jemand noch so ängstlich sein – er findet immer noch einen größeren Angsthasen.

|   | richtig | falsch |
|---|---|---|
| 1. Der Hase ist sehr ängstlich und möchte das ändern. | ☐ | ☐ |
| 2. Der Hase kann immer gut schlafen. | ☐ | ☐ |
| 3. Die Frösche blieben im Wasser, als der Hase an den See kam. | ☐ | ☐ |
| 4. Der Hase freute sich darüber, dass er anderen Angst machen kann. | ☐ | ☐ |

**b** 2.9  Eine Geschichte lebendig vorlesen. Hören Sie die Fabel. Markieren Sie dann wichtige Wörter und Informationen, die Sie betonen möchten. Lesen Sie schwierige Wörter mehrmals laut.

**c** Lesen Sie dann die Fabel laut und nehmen Sie sich selbst auf. Hören Sie Ihre Aufnahme an: Was können Sie besser machen? Markieren Sie im Text und lesen Sie noch einmal.

## Wortbildung – Adjektive mit -ig und -lich

**A** Welche Endungen haben diese Adjektive? Ergänzen Sie -ig oder -lich.

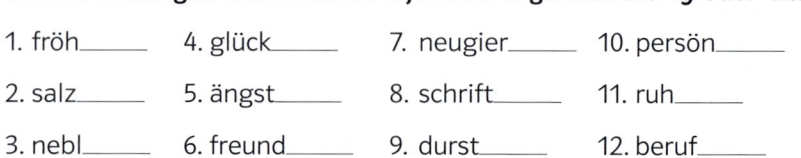

1. fröh_____   4. glück_____   7. neugier_____   10. persön_____
2. salz_____   5. ängst_____   8. schrift_____   11. ruh_____
3. nebl_____   6. freund_____   9. durst_____    12. beruf_____

> **W** Im Norden Deutschlands spricht man *-ig am Wortende* „-ich", im Süden Deutschlands, in der Schweiz und in Österreich „-ik".

**B** Kennen Sie ein ähnliches Wort aus der Wortfamilie? Notieren Sie für jedes Adjektiv aus A ein Wort.

1. fröhlich → froh

86 sechsundachtzig

# Das kann ich nach Kapitel 7

## R1 Ergänzen Sie die Sätze.

1. Bevor ich heute in den Deutschkurs gekommen bin, _____
2. Während ich im Deutschkurs war, _____
3. Nachdem der Kurs angefangen hatte, _____
4. Seit ich den Deutschkurs besuche, _____

| | ☺☺ | ☺ | 😐 | ☹ | KB | ÜB |
|---|---|---|---|---|---|---|
| Ich kann zeitliche Abfolgen ausdrücken und Zeitangaben machen. | ☐ | ☐ | ☐ | ☐ | 3, 4c, 5a-b, 6d-e, 7 | 3, 5, 6b-d, 7 |

## R2 Schon wieder zu spät! Arbeiten Sie zu zweit. Versuchen Sie, den Konflikt diplomatisch zu lösen.

**Person A**
Sie sind meistens im Stress und kommen oft zu spät. Heute waren Sie um 19 Uhr mit einem guten Freund / einer guten Freundin verabredet. Sie wollen um 20 Uhr zusammen ins Kino. Sie kommen um 19:45 Uhr direkt zum Kino. Dort steht Person B mit verärgertem Gesicht.

**Person B**
Sie hatten einen langen Arbeitstag und haben sich beeilt, um pünktlich um 19 Uhr einen Freund / eine gute Freundin zu treffen. Sie haben schon Kinokarten für einen Film um 20 Uhr gekauft und Ihnen war langweilig. Jetzt ist es schon 19:45 Uhr und Person A kommt endlich.

| | ☺☺ | ☺ | 😐 | ☹ | KB | ÜB |
|---|---|---|---|---|---|---|
| Ich kann Konfliktgespräche verstehen und führen. | ☐ | ☐ | ☐ | ☐ | 6b-c, 9 | 9 |

## R3 Schreiben Sie einen Text über ein Paar. Es kann ein berühmtes Paar sein oder ein Paar wie Ihre Eltern oder Freunde.

| | ☺☺ | ☺ | 😐 | ☹ | KB | ÜB |
|---|---|---|---|---|---|---|
| Ich kann ein Paar vorstellen. | ☐ | ☐ | ☐ | ☐ | 11d | |

| Außerdem kann ich ... | ☺☺ | ☺ | 😐 | ☹ | KB | ÜB |
|---|---|---|---|---|---|---|
| ... Chatnachrichten verstehen. | ☐ | ☐ | ☐ | ☐ | | 1a-c |
| ... wichtige Informationen in Alltagsgesprächen verstehen. | ☐ | ☐ | ☐ | ☐ | 1c | 11b |
| ... eine persönliche E-Mail schreiben und lesen. | ☐ | ☐ | ☐ | ☐ | | 1d, 8a |
| ... von Freundschaften erzählen. | ☐ | ☐ | ☐ | ☐ | 2a, 5c | 2b |
| ... Freundschaftsgeschichten verstehen. | ☐ | ☐ | ☐ | ☐ | 2b-c | 2a |
| ... gemeinsam etwas planen. | ☐ | ☐ | ☐ | ☐ | | 2c |
| ... über Konflikte sprechen. | ☐ | ☐ | ☐ | ☐ | 6a, 8b | |
| ... die eigene Meinung sagen. | ☐ | ☐ | ☐ | ☐ | | 8c-d |
| ... einen Artikel verstehen. | ☐ | ☐ | ☐ | ☐ | | 11a |
| ... kurzen Texten Informationen zuordnen. | ☐ | ☐ | ☐ | ☐ | 11c | |
| ... über Fabeln sprechen. | ☐ | ☐ | ☐ | ☐ | 12 | 13a |
| ... einen Text lebendig vorlesen. | ☐ | ☐ | ☐ | ☐ | 13 | 13b-c |

siebenundachtzig **87**

## 7 Lernwortschatz

**Freundschaft und Beziehungen**

die Clique, -n
der Einfluss, ⸚e
das Verständnis (Sg.) (*Verständnis haben für + A.*)
sich verstehen (mit + D.), er versteht, verstand, hat verstanden (*Ich verstehe mich gut mit meinem Mitbewohner.*)
sich amüsieren (über + A.)
schätzen (*Ich schätze, so tolle Freunde findet man selten.*)
schätzen (an + D.) (*An meiner Freundin schätze ich vor allem ihre Ehrlichkeit.*)
halten, er hält, hielt, hat gehalten (*Unsere Freundschaft hält schon eine Ewigkeit.*)
aus den Augen verlieren (*Meine Freunde aus der Kindheit habe ich leider aus den Augen verloren.*)
alles beim Alten bleiben (*Früher dachte ich, dass immer alles beim Alten bleibt.*)
eingespannt sein (*Ich bin beruflich stark eingespannt.*)
gehören (zu + D.)
ins Gespräch kommen (mit + D.)
über den Weg laufen

**Konflikte**

der Konflikt, -e
der Streit, -e
die Kritik, -en
die Harmonie (Sg.)
die Mahnung, -en
die Scheidung, -en

die Forderung, -en
die Erwartung, -en
vor Gericht gehen
die Behauptung, -en
behaupten
fest|stellen
akzeptieren
sich einigen (auf + A.)
klären
erleichtern
beweisen, er beweist, bewies, hat bewiesen
sich auf|regen (über + A.)
hassen
lügen, er lügt, log, hat gelogen
schweigen, er schweigt, schwieg, hat geschwiegen
stehlen, er stiehlt, stahl, hat gestohlen
übertreiben, er übertreibt, übertrieb, hat übertrieben
verhindern
sich verspäten
zusammen|stoßen, er stößt zusammen, stieß zusammen, ist zusammengestoßen
zwingen, er zwingt, zwang, hat gezwungen
angeblich
diplomatisch

**Personen**

arm, ärmer, am ärmsten
berufstätig
bereit sein (zu + D.)
erschöpft
der Ehegatte, -n
die Ehegattin, -nen
der Feind, -e
die Feindin, -nen
loben

# Lernwortschatz 7

## Tiere

beißen, er beißt, biss, hat gebissen

fressen, er frisst, fraß, hat gefressen

scharf, schärfer, am schärfsten *(Das Krokodil hat scharfe Zähne.)*

kräftig

die Beute (Sg.)

die Ente, -n

die Fliege, -n

der Fuchs, ⸚e

die Giraffe, -n

der Hirsch, -e

das Krokodil, -e

die Mücke, -n

der Pinguin, -e

der Rabe, -n

die Schildkröte, -n

## auf einer Versammlung

die Versammlung, -en

die Teilnahme (Sg.)

die Mehrheit, -en

die Presse (Sg.)

die Vorstellung, -en *(Kommst du zur Vorstellung der neuen Präsidentin?)*

die Rede, -n

die Erhöhung, -en

beschließen, er beschließt, beschloss, hat beschlossen

streiken

geheim

## andere wichtige Wörter und Wendungen

die Ausgabe, -n *(Lesen Sie den Artikel in der Juli-Ausgabe.)*

die Schlagzeile, -n

die Einzelheit, -en

das Institut, -e

die Kabine, -n

fürchten *(Ich fürchte, dass ich ihn als Freund verliere.)*

klicken (auf + A.)

stecken (in + D.)

eigen

kommerziell

erhalten sein *(Die Briefe sind alt, aber gut erhalten.)*

der Ersatz (Sg.)

die Gegenwart (Sg.)

die Gelegenheit, -en

der Grill, -s

die Konzentration (Sg.)

die Krankenkasse, -n

die Pflicht, -en

selbe *(Inga und ich wohnen im selben Haus.)*

der Tod, -e

entgegen (+ G.)

um (+ A.) *(die Gegend um Leipzig)*

bevor

nachdem

seit/seitdem *(Seitdem du den Job gewechselt hast, bist du immer gestresst.)*

während *(Ich putze, während ich telefoniere.)*

## Wichtig für mich:

---

**Markieren Sie in der Wortschlange acht Tiere.**

ULXFUCHSTRIKROKODILMUNNTMÜCKETELÖPINGUINAUHSE
EGIRAFFEXLKIEJENTEPÄWFLIEGEERTSCHILDKRÖTESATREBUV

# 8 über Gesundheit sprechen und schreiben

# Rund um Körper und Geist

**1 a** Gesund leben. Was passt wo? Ordnen Sie die Ausdrücke zu.

~~sich bewegen~~ | sich gesund ernähren | sich fit halten | sich ausruhen | sich anstrengen | sich entspannen | viel Wasser trinken | Obst und Gemüse essen | an der frischen Luft sein | sich eincremen | eine Pause machen | kein Fast Food essen | im Schatten bleiben | Gymnastik machen

A: _sich bewegen_

B: _____

C: _____

**b** Ergänzen Sie die Nachrichten mit Ausdrücken aus 1a. Achten Sie auf die richtige Form.

1. Wieder den ganzen Tag am Schreibtisch … Kommst du mit zum Joggen? Ich muss mich unbedingt _____!
   — Kann leider nicht, muss heute länger arbeiten …

2. Bin schon im Park. Kannst du noch Sonnencreme mitbringen? Habe vergessen, mich zu Hause _____.
   — Klar, bringe ich mit.

3. So ein Stress! Ich weiß nicht, wie ich das schaffen soll! 30 Seiten bis morgen!
   — Du musst auf jeden Fall regelmäßig _____. Am besten nach jeder Stunde für 10 Minuten.

4. Ab jetzt _____ ich mich gesund! Deshalb gibt es heute eine leckere Gemüsepfanne. Kommst du zum Essen?
   — Ja, gerne!

**c** Sie haben im Fernsehen eine Diskussionssendung zum Thema „Gesund leben" gesehen. Im Online-Gästebuch finden Sie folgende Meinung:

> **Annabelle** 19.04. | 17:32 Uhr
> Gesundheit ist natürlich wichtig. Aber wie soll ich gesund leben, wenn ich immer so viel Stress habe? Ich arbeite den ganzen Tag und danach muss ich noch 1.000 Dinge erledigen. Für Bewegung bleibt da wenig Zeit. Und mittags esse ich meistens in der Kantine.

Schreiben Sie nun Ihre Meinung zum Thema (ca. 80 Wörter).

90 neunzig

## Informationen in einem Infotext finden

**d** Lesen Sie die Aufgaben 1 bis 4 und den Text dazu. Wählen Sie bei jeder Aufgabe die richtige Lösung a, b oder c.

!  Die Aufgaben sind nicht in der Reihenfolge des Textes.

Sie haben sich in einem Sportverein angemeldet und informieren sich über die Hausordnung.

1. Die Mitglieder …
   a können ihre Hunde mitbringen.
   b dürfen auf dem Vereinsgelände Rad fahren.
   c dürfen im Außenbereich rauchen.

2. In der Sporthalle …
   a muss man das Licht ausmachen.
   b darf man etwas essen.
   c sind schmutzige Schuhe verboten.

3. Im Vereinsbüro …
   a können die Mitglieder telefonieren.
   b kann man Fundsachen abholen.
   c kann man persönlich kündigen.

4. Auf dem Vereinsgelände …
   a soll man den Müll trennen.
   b kann man seine Sachen überall abstellen.
   c dürfen sich nur Vereinsmitglieder aufhalten.

### Sportverein SV Vorderstetten
### Hausordnung

**Allgemein**
Die Hausordnung gilt für das gesamte Vereinsgelände.

**Ordnung**
Jede/r hat die Pflicht, auf allen Flächen des Vereins Ordnung zu halten. Damit alle Wege im Notfall zugänglich sind, müssen sie frei bleiben. Sporttaschen und andere persönliche Dinge dürfen sich nur auf den dafür vorgesehenen Flächen befinden und nicht auf den Wegen liegen. Für den Abfall stehen Tonnen für Plastik, Papier, Glas und Restmüll neben dem Vereinsheim. Besucher/innen (Freunde/Familie von Mitgliedern) können als Zuschauer/innen bei Spielen oder Wettbewerben am Vereinsleben teilnehmen, müssen sich aber an die Regeln halten.

**Außenbereiche**
Alkohol trinken und Rauchen ist auf dem ganzen Vereinsgelände nicht erlaubt. Raucher/innen müssen zum Rauchen das Gelände verlassen. Tiere müssen immer an der Leine sein und dürfen die Sporthalle nicht betreten. Motorräder, Mofas, Roller, Fahrräder und andere Fahrzeuge müssen immer vor dem Tor stehen. Fahrzeuge auf dem Vereinsgelände werden sofort entfernt.

**Innenbereiche**
Die Sporthalle ist täglich von 9 bis 22 Uhr geöffnet. Das Licht schaltet sich automatisch um 22:30 Uhr aus. Straßenkleidung ist nicht erlaubt. Bitte betreten Sie die Halle nur mit Sportkleidung und sauberen Sportschuhen. Sportgeräte kann man nur unter Aufsicht der Trainer/innen benutzen. In der Halle gibt es auch einen Wasserspender. Das Mitbringen und der Verzehr von Lebensmitteln ist in der Halle nicht gestattet.

**Verwaltung**
Das Büro ist täglich von 9 bis 12 Uhr besetzt. Anmeldungen und Kündigungen bitte ausschließlich über den Postweg und persönlich unterschrieben schicken. Das im Büro vorhandene Telefon ist nur für die Leitung und Trainer/innen. Ein öffentliches Telefon finden Sie im Café Mirabelle. Dinge, die Mitglieder vergessen oder verloren haben, bitte in die Box neben dem Eingang werfen. Die jeweiligen Besitzer/innen können diese dann jeweils am Montagvormittag bei unseren Mitarbeiter/innen im Büro abholen.

# 8 über Kranksein sprechen, Hilfe anbieten und annehmen oder ablehnen, jemanden warnen

## Im Krankenhaus

**2 a** Mir geht's nicht gut. Ordnen Sie die Aussagen den Situationen zu.

1. Sie haben Kopfschmerzen. Die Ärztin verschreibt Ihnen ein Schmerzmittel. _____
2. Sie sind sehr blass und haben Probleme beim Atmen und Schmerzen in der Brust. Jemand hat den Notruf gewählt. _____
3. Sie fühlen sich nicht gut, Sie sind zu schwach zum Arbeiten und sind bei der Ärztin. _____
4. Sie haben sich in den Finger geschnitten, es blutet ziemlich stark. _____
5. Sie hatten einen kleinen Unfall und Ihre Schulter tut weh. Ein Freund hat Sie gleich zum Arzt gefahren. _____

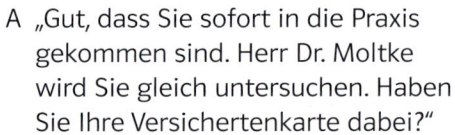

A „Gut, dass Sie sofort in die Praxis gekommen sind. Herr Dr. Moltke wird Sie gleich untersuchen. Haben Sie Ihre Versichertenkarte dabei?"
B „Ich reinige jetzt erst mal alles und dann klebe ich Ihnen ein Pflaster auf die Wunde."
C „Dieses Medikament hilft gegen die Schmerzen. Am besten ist es, wenn Sie das Pulver in Wasser auflösen und morgens vor dem Frühstück einnehmen."
D „Der Krankenwagen bringt Sie jetzt ins Krankenhaus, in die Notaufnahme."
E „Ich schreibe Sie für den Rest der Woche krank. Bleiben Sie im Bett und erholen Sie sich."

**b** Hilfe anbieten und annehmen oder ablehnen. Wählen Sie.

**A** Wie heißen die Ausdrücke? Ergänzen Sie. Die Wörter unten helfen.

1. ○ Geht's allein? Oder _____ Sie Hilfe?
   ● Ja, bitte, das _____ sehr nett!
2. ○ Kann ich noch etwas für Sie _____?
   ● Nein, danke, das ist nicht _____.

**B** Wie heißen die Ausdrücke? Ergänzen Sie.

3. ○ Und _____ noch etwas?
   ● Nein, danke, das ist alles.
4. ○ Sie brauchen mich nur zu rufen, wenn ich Ihnen _____ soll.
   ● Danke, das ist _____ von Ihnen.

brauchen | helfen | nett | nötig/notwendig | sonst | tun | fun | wäre

**c** Dringend raten / warnen. Was ist richtig? Kreuzen Sie an.

1. Langsam! Seien Sie ☐ ruhig ☐ vorsichtig! Sie sollten nicht schnell ☐ gehen ☐ aufstehen. Das ist nicht ☐ schlecht ☐ gut für Sie.

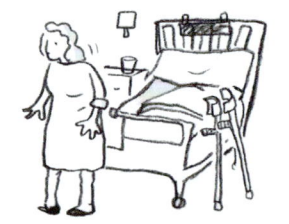

2. Nein, das geht nicht. Ich muss Sie ☐ warnen ☐ beruhigen. Das ist zu ☐ einfach ☐ gefährlich. Sie ☐ müssen ☐ dürfen noch nicht ohne Hilfe gehen.

3. Tun Sie das nicht. Ich kann Ihnen nur dringend ☐ sagen ☐ raten, heute noch nichts zu essen.

92 zweiundneunzig

## 8 jemandem etwas erklären

**3** Was müssen die Personen machen? Schreiben Sie Sätze mit *brauchen ... nur* oder *brauchen ... nicht/kein* mit *zu* und Infinitiv.

1. Sie brauchen nur mit dem Rezept in die Apotheke zu gehen.
   (mit dem Rezept / in die Apotheke / Sie / gehen / nur)
2. Sie _____
   (Sie / nicht mehr lange / im Krankenhaus / bleiben)
3. Wenn _____
   (wenn / einen Tee / Sie / möchten / , / nur / etwas / sagen)
4. Sie _____
   (keine Angst / haben / Sie / , / die Untersuchung / nicht / wehtun)
5. Wenn _____
   (wenn / die Schmerzen / sein / vorbei / , / keine Tabletten / nehmen / mehr)

! In der gesprochenen Sprache lässt man *zu* oft weg:
*Danke, du brauchst mir nicht helfen. Du brauchst keine Angst haben!*

**4 a** Ergänzen Sie die Verben und Reflexivpronomen in der richtigen Form.

sich ausruhen | sich anmelden | sich fühlen | sich kümmern | sich beeilen | sich entscheiden

1. Hey Malte! Ich bin seit gestern in dem neuen Fitness-Studio. Willst du _____ nicht auch _____?

   Muss ich _____ heute schon _____? Ich rufe dich morgen an und gebe dir Bescheid. Okay?

2. Wo seid ihr denn? Wir müssen _____ echt ein bisschen _____. Es ist schon spät!

   Bin auf dem Weg. Lisa kommt aber nicht mit. Sie hatte Stress im Büro und will _____ lieber _____.

3. Hallo Herr Krause, sind Sie noch im Krankenhaus? Ich hoffe, Sie _____ _____ schon besser. Viele Grüße!

   Vielen Dank! Ja, die Ärzte und Pfleger _____ _____ hier sehr gut um mich und mir geht es besser.

**b** Dativ oder Akkusativ? Was ist richtig? Kreuzen Sie an.

1. ○ Ich zieh' ☐ mich ☐ mir noch schnell um. Dann können wir los.
   ● Ich bin schon fertig. Ich muss ☐ mich ☐ mir nur noch die Schuhe anziehen.
2. ○ Kommst du?
   ● Ja, gleich. Ich muss ☐ mich ☐ mir nur noch schnell die Hände waschen.
   ○ Aber du hast ☐ dich ☐ dir doch gerade erst geduscht!
   ● Na und?
3. ○ Warum putzt du ☐ dich ☐ dir denn schon wieder die Zähne?
   ● Weil ich gleich einen Termin beim Zahnarzt habe.
4. ○ Ach, ich habe völlig vergessen, ☐ mich ☐ mir die Haare zu kämmen.
   ● Echt? Sieht man gar nicht.

dreiundneunzig 93

# 8 über das Krankenhaus sprechen, eine Entschuldigung schreiben

**c** Wie heißen die Reflexivpronomen? Ergänzen Sie die Tabelle. Die Aufgaben 4a und 4b helfen.

|           | ich | du | er/es/sie | wir | ihr | sie/Sie |
|-----------|-----|----|-----------|-----|-----|---------|
| Akkusativ |     |    |           |     |     |         |
| Dativ     |     |    |           |     |     |         |

**5 a** Im Krankenhaus. Zu welchem Thema passen die Ausdrücke? Wählen Sie.

**A** Ordnen Sie zu.   **B** Ordnen Sie zu und ergänzen Sie weitere Ausdrücke.

das Nachthemd | sich leise unterhalten | die Chipkarte | der Schlafanzug | der Trainingsanzug | die Besuchszeit | Diät halten | die Gebühr bezahlen | das Getränk | eine Mahlzeit einnehmen | die Hausschuhe | der Bademantel | die Rufnummer | Rücksicht nehmen auf andere

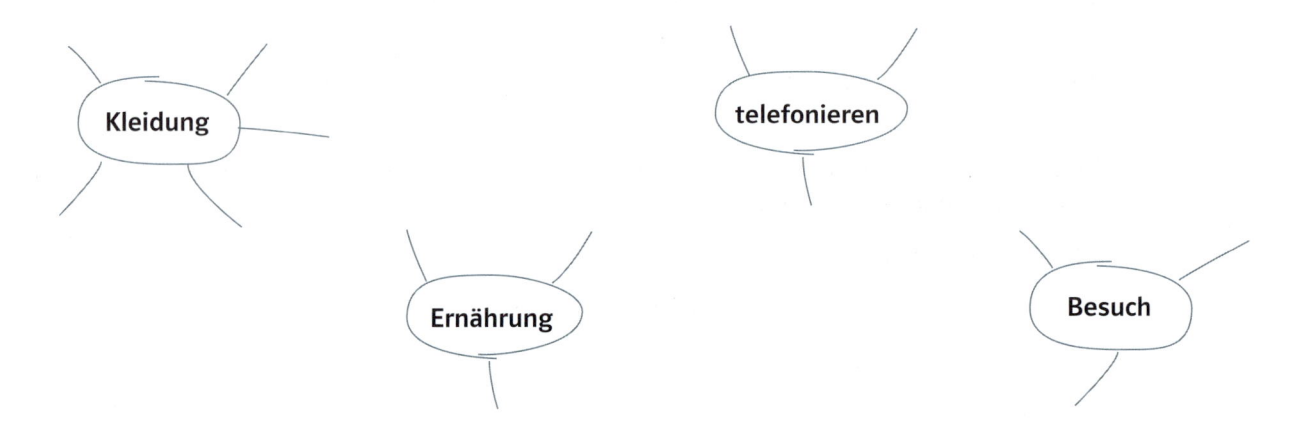

- Kleidung
- telefonieren
- Ernährung
- Besuch

**b** Sich entschuldigen. Schreiben Sie eine E-Mail.

*Sie besuchen zwei Mal pro Woche einen Yoga-Kurs. Die Kursleiterin, Frau Moser, hat für morgen Abend ein gemeinsames Abendessen für alle Teilnehmer und Teilnehmerinnen organisiert. Sie können zu dem Termin aber nicht kommen.*
Schreiben Sie an Frau Moser. Entschuldigen Sie sich höflich und berichten Sie, warum Sie nicht kommen können.
Schreiben Sie eine E-Mail (ca. 40 Wörter).
Vergessen Sie nicht die Anrede und den Gruß am Schluss.

## Musik und Emotionen

**6 a** Was Musik mit uns macht. Welche Ausdrücke haben eine ähnliche Bedeutung? Ordnen Sie zu.

1. beeinflussen ___
2. der Bereich ___
3. empfinden ___
4. vermutlich ___
5. die Stimmung ___
6. beobachten ___
7. gelangen ___
8. an einer Krankheit leiden ___

A die Laune
B fühlen
C kommen
D verändern
E genau zusehen, was passiert
F nicht gesund sein
G wahrscheinlich
H der Teil

**b** Etwas einfacher erklären. Formulieren Sie die Sätze neu.

1. Bei schnellen Rhythmen empfinden wir Freude.

   _____

   (bei schneller Musik / sich fühlen / gut / wir)

2. Langsame Stücke in Moll wirken beruhigend.

   _____

   (langsame Musik / machen / ruhiger / uns)

3. Musik beeinflusst unsere Stimmung.

   _____

   (Musik / unsere Laune / verändern)

4. Personen, die an Alzheimer leiden, erinnern sich mithilfe von Musik an Erlebnisse.

   _____

   (Personen mit Alzheimer / sich erinnern / an Erlebnisse / durch Musik)

🔊 2.10

**c** Hören Sie das Gespräch mit der Musikforscherin Kathrin Salomon. Über welche Fragen wird in dem Interview gesprochen? Kreuzen Sie an.

☐ 1. Wie reagiert der Körper eines Menschen, wenn er Musik hört?

☐ 2. Wie können wir durch Musik Stress reduzieren?

☐ 3. Wie verändert sich das Verhalten von Menschen, wenn sie zusammen Musik machen?

☐ 4. Wie kann man mit Musik besser lernen?

**d** Hören Sie noch einmal. Sind die Aussagen richtig oder falsch? Kreuzen Sie an.

|  | richtig | falsch |
|---|---|---|
| 1. Musik wirkt nicht nur auf die Gefühle, sondern auch auf den Körper. | ☐ | ☐ |
| 2. Wenn Menschen Musik hören, spüren sie ihre Schmerzen nicht so stark. | ☐ | ☐ |
| 3. In Schulklassen, die zusammen Musik machen, gibt es weniger Konflikte und Streit. | ☐ | ☐ |
| 4. Beim Musikmachen können die Schüler/innen tun, was sie möchten. | ☐ | ☐ |
| 5. Das Klima in der Klasse ist nur während der Musikstunde ruhig und entspannt. | ☐ | ☐ |
| 6. Beim Musizieren sind die Schüler/innen besonders gut, die auch in den anderen Fächern erfolgreich sind. | ☐ | ☐ |
| 7. Das Konzert am Schluss ist motivierend für die Schüler/innen. | ☐ | ☐ |

**7 a** Musik aus Deutschland. Was gehört zusammen? Ordnen Sie zu.

1. *Rammstein* ist nicht nur in Deutschland bekannt, _____
2. *Jan Delay* ist sowohl allein als Sänger erfolgreich, _____
3. *Lena Meyer-Landrut* ist zwar eigentlich Sängerin, _____
4. *Die Ärzte* machen einerseits lustige Musik, _____
5. Den DJ *Felix Jaehn* trifft man entweder bei einem Auftritt _____
6. Die Sängerin *Helene Fischer* ist immer nett zu ihren Fans, sie ist weder unfreundlich _____

A als auch mit seiner Band *Beginner*.

B noch arrogant.

C andererseits sind sie auch bekannt für kritische Texte.

D oder im Musikstudio.

E aber inzwischen sieht man sie auch als Moderatorin im Fernsehen.

F sondern auf der ganzen Welt berühmt.

# 8 über Musik sprechen

**b** Schreiben Sie Sätze mit den zweiteiligen Konnektoren.

1. Natascha: nicht nur …, sondern auch …
2. Jamil: sowohl … als auch 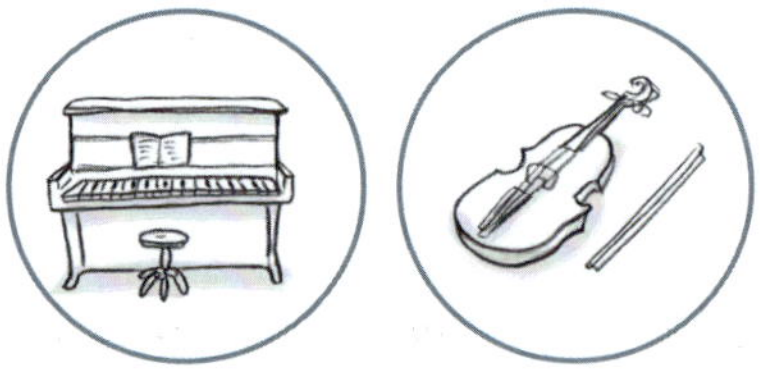
3. Anna: zwar …, aber …
4. Timur: weder … noch … 
5. Cora: entweder … oder …
6. Tom: einerseits …, andererseits …

*1. Natascha spielt nicht nur Klavier, sondern …*

## 8 a Musikstile und Instrumente. Lösen Sie das Rätsel: Vier Musikerinnen – Wer spielt oder mag was? Ergänzen Sie die Tabelle.

Anna, Ella, Jana und Eva hören gern Musik und sie machen auch selbst Musik. Eine findet Jazz und Rock toll, eine mag Klassik, eine hat Volksmusik gern und eine Pop. Eine ist Sängerin, die anderen drei spielen Instrumente: Klavier, Gitarre und Flöte.
Anna findet Rock und Jazz super, sie spielt nicht Gitarre. Ella spielt Klavier. Jana mag besonders klassische Musik. Die Sängerin mag gern Volksmusik.

| Name | Musikstil | Instrument/Stimme |
|---|---|---|
| Anna | Rock und Jazz | |
| Ella | | Klavier |
| Jana | | |
| Eva | | |

**b** Ich und meine Musik, du und deine Musik. Unterhalten Sie sich mit Ihrem Partner / Ihrer Partnerin über folgende Themen.

! Im ersten Teil der **Prüfung** sprechen Sie mit Ihrem Partner / Ihrer Partnerin über die linken Fragen. Der/Die Prüfer/in kann noch weitere Fragen stellen, z. B. zu Ihren Hobbys (wie Musik, siehe unten rechts). Diese Aufgabe ist im DTZ ähnlich. Dort stellen Sie sich selbst vor.

- Name
- Woher sie oder er kommt
- Wo und wie sie oder er wohnt (Wohnung, Haus …)
- Familie
- Wo sie oder er Deutsch gelernt hat
- Was sie oder er macht (Beruf, Studium, Schule …)
- Sprachen (Welche? Wie lange? Warum?)

- Ob Musik für sie oder ihn wichtig ist
- Wer ihre/seine Lieblingsmusiker sind
- Ob sie oder er auch selbst Musik macht
- Welches Konzert für sie oder ihn am schönsten war
- Welchen Musiker / Welche Musikerin sie oder er treffen möchte (Warum?)

96 sechsundneunzig

## über Lernen sprechen, Lerntipps geben

**9 a** Aussprache: Wie ist die Satzmelodie: steigend ↗, sinkend ↘ oder gleichbleibend →? Markieren Sie.

○ Weißt du schon, _____ dass ich seit Kurzem in einem Chor bin? _____

● Ach, wirklich? _____ Das habe ich nicht gewusst, _____ aber du hast ja immer schon gern gesungen. _____

○ Eben. _____ Und als mich ein Freund gefragt hat, _____ ob ich auch Lust habe, _____ da habe ich sofort ja gesagt. _____

● Und? _____ Wie ist es? _____ Gefällt es dir? _____

○ Oh ja! _____ Es macht wirklich Spaß. _____ Und nächste Woche _____ haben wir einen Auftritt. _____ Ich freu' mich schon. _____

**b** (2.11) Hören und kontrollieren Sie. Lesen Sie dann mit einem Partner / einer Partnerin das Gespräch laut.

## Gedächtnisleistung

**10 a** Was funktioniert bei Ihnen gut? Kreuzen Sie an und ergänzen Sie.

Ich merke mir neue Informationen – auch Wörter – besonders gut, …

☐ wenn ich Bilder oder Zeichnungen dazu sehe.
☐ wenn ich mich beim Zuhören oder Lernen bewegen kann.
☐ wenn ich an meinem Lieblingsplatz sitze und es ganz ruhig ist.
☐ wenn im Hintergrund leise Musik läuft.
☐ wenn ich mir Notizen mache und diese später noch mal in Ruhe durchgehe.
☐ wenn ich einer anderen Person etwas über die neuen Informationen erzähle.
☐ wenn mir jemand etwas mit guten Beispielen erklärt.
☐ wenn mich die neuen Informationen und das Thema wirklich interessieren.
☐ wenn ich die neuen Informationen oder Wörter sofort verwende.
☐ _____

**b** Vergleichen Sie Ihre Ergebnisse aus 10a zu zweit. Geben Sie sich gegenseitig Tipps, wie man sich Informationen besser merken kann.

**11** Ordnen Sie die Verben zu. Manchmal gibt es mehrere Möglichkeiten.

beschäftigen | lernen | machen | nutzen | unterrichten | vermitteln | verwenden

1. sich mit einem Thema _____
2. an einer Schule _____
3. Techniken _____
4. mehrere Sinne _____
5. kleine Mengen _____
6. Pausen _____
7. Wörter im Kontext _____

**12 a** Das Gedächtnis trainieren – Fehler suchen. In jedem Wort ist ein Buchstabe falsch. Markieren Sie den Fehler und schreiben Sie das Wort richtig.

1. sich erintern — *sich erinnern*
2. berunigen _____
3. beeinvlussen _____
4. aufnihmen _____
5. das Erlepnis _____
6. das Gepirn _____

siebenundneunzig **97**

# 8 besondere Orte vorstellen

**b** Wählen Sie zwölf neue Wörter aus dem Kapitel. Schreiben Sie jedes Wort mit einem falschen Buchstaben. Ihr Partner / Ihre Partnerin schreibt die Wörter richtig.

*stannend*      *spannend*

## Mit allen Sinnen

**13** Lesen Sie noch einmal den Text im Kursbuch, Aufgabe 13a. Zu welchem Ort passt welcher Satz? Kreuzen Sie an.

|   | Villa Sinnenreich | Baumwipfelpfad | Haus der Musik |
|---|---|---|---|
| 1. Man lernt etwas über ein berühmtes Orchester. | ☐ | ☐ | ☐ |
| 2. Man hat dort einen schönen Ausblick. | ☐ | ☐ | ☐ |
| 3. Der Besuch startet mit einem ungewöhnlichen Ticket. | ☐ | ☐ | ☐ |
| 4. Man kann den Ort auch besuchen, wenn man nicht gehen kann. | ☐ | ☐ | ☐ |
| 5. Man sollte einen ganzen Tag dort verbringen. | ☐ | ☐ | ☐ |
| 6. Man kann dort auch selbst Musik machen. | ☐ | ☐ | ☐ |

## Wortbildung – Verben mit mit-, vorbei-, weg-, weiter-, zusammen- und zurück-

**A** Welches Verb ist richtig? Kreuzen Sie an.

○ Ich gehe jetzt zu Peer ins Krankenhaus. Möchtest du (1) ☐ mitgehen ☐ weggehen?
● Gerne, wir kennen uns gut, wir haben lange (2) ☐ weitergearbeitet ☐ zusammengearbeitet.
○ Warum fahren wir nicht mit dem Bus? Die Linie 5 fährt direkt am Krankenhaus (3) ☐ vorbei ☐ zusammen.
● Ich habe meine Jacke vergessen. Ich muss noch mal nach Hause (4) ☐ weitergehen ☐ zurückgehen.
○ Was machst du denn am Wochenende? Sollen wir vielleicht (5) ☐ wegfahren ☐ zurückfahren?
● Ich muss morgen ins Büro und an meinem Projekt (6) ☐ mitmachen ☐ weitermachen.

**B** Ergänzen Sie *mit-, vorbei-, weg-, weiter-, zusammen-* oder *zurück-*.

1. Gestern sind wir nach der Arbeit alle noch gemeinsam _____ gegangen, in eine Kneipe bei uns um die Ecke.

2. Auch Christine und Luis sind _____ gegangen.

3. Und auch unsere Chefin ist später noch kurz _____ gekommen.

4. Ich musste leider früher gehen, denn meine Eltern sind aus dem Urlaub _____ gekommen und ich musste sie abholen.

5. Ich finde es toll, dass im Team alle gut _____ passen!

6. Manchmal machen wir früher Feierabend. Wir können ja am nächsten Tag _____ arbeiten!

> **W**
> *mit-, vorbei-, weg-, weiter-, zusammen-* oder *zurück-* behalten auch in Verbindung mit einem Verb meistens ihre Bedeutung:
> *Kannst du schnell bei Pia vorbeigehen?*
> *Willst du auch mitgehen?*
> *Wir müssen noch mal zurückgehen.*

**C** Notieren Sie jeweils mindestens drei weitere Verben. Das Wörterbuch hilft.

Das kann ich nach Kapitel 8

# 8

**R1** Hilfe anbieten und annehmen oder ablehnen. Wählen Sie zwei Situationen. Spielen Sie zu zweit die Gespräche.

A   B   C

|  | ☺☺ ☺ ☹ ☹ | KB | ÜB |
|---|---|---|---|
| 💬 Ich kann Hilfe anbieten und annehmen oder ablehnen. | ☐ ☐ ☐ ☐ | 2b–c, 3c | 2b |

🔊 2.12 **R2** Hören Sie die beiden Gespräche. Richtig oder falsch? Kreuzen Sie an.

|  | richtig | falsch |
|---|---|---|
| 1. Der Mann sagt, dass er eine weniger anstrengende Arbeit suchen will. | ☐ | ☐ |
| 2. Die Ärztin sagt dem Mann, dass er auf sein Gewicht aufpassen und abnehmen muss. | ☐ | ☐ |
| 3. Die Frau hatte einen Unfall und hat sich am Bein verletzt. | ☐ | ☐ |
| 4. Der Arzt sagt der Frau, dass sie sich ab heute mehr bewegen soll. | ☐ | ☐ |

|  | ☺☺ ☺ ☹ ☹ | KB | ÜB |
|---|---|---|---|
| 💬🔊 Ich kann jemanden warnen und Warnungen verstehen. | ☐ ☐ ☐ ☐ | 2b–c, 3c | 2c |

**R3** Was machen Sie normalerweise zuerst, was danach? Berichten Sie.

sich die Zähne putzen | frühstücken | sich anziehen | sich waschen | Nachrichten lesen | sich die Schuhe anziehen

|  | ☺☺ ☺ ☹ ☹ | KB | ÜB |
|---|---|---|---|
| 💬 Ich kann Gewohnheiten nennen. | ☐ ☐ ☐ ☐ | 4b | |

| Außerdem kann ich … | ☺☺ ☺ ☹ ☹ | KB | ÜB |
|---|---|---|---|
| 💬✏️ … über Gesundheit sprechen und schreiben. | ☐ ☐ ☐ ☐ | 1 | 1a–c |
| 💬 … über Kranksein und das Krankenhaus sprechen. | ☐ ☐ ☐ ☐ | 2a, 5c | 2a, 5a |
| 💬 … jemandem etwas erklären. | ☐ ☐ ☐ ☐ | | 3, 6b |
| ✏️ … eine Entschuldigung schreiben. | ☐ ☐ ☐ ☐ | | 5b |
| 📖💬 … Informationen in einem Infotext finden. | ☐ ☐ ☐ ☐ | 5a–b | 1d |
| 💬 … über Musik und Gefühle sprechen. | ☐ ☐ ☐ ☐ | 6a–c, 7b, 8 | 7a–b, 8b |
| 💬 … wichtige Informationen aus einem Zeitungsartikel weitergeben. | ☐ ☐ ☐ ☐ | 6d | |
| 🔊 … ein Gespräch über Musik verstehen. | ☐ ☐ ☐ ☐ | | 6c–d |
| 💬 … über Lernen sprechen. | ☐ ☐ ☐ ☐ | | 10a, 11, 12 |
| 🔊 … eine Diskussion im Radio verstehen. | ☐ ☐ ☐ ☐ | 11 | |
| 💬 … Lerntipps geben. | ☐ ☐ ☐ ☐ | 12b | 10b |
| 📖💬 … besondere Orte vorstellen. | ☐ ☐ ☐ ☐ | 13 | 13 |

neunundneunzig 99

# 8 Lernwortschatz

**fit und gesund bleiben**

die Gymnastik (Sg.)
sich an|strengen
das Gehirn, -e
der Geist, -er
raten (zu + D.), er rät, riet, hat geraten *(Ich rate dir, auf deine Gesundheit zu achten.)*
kühlen
ein|cremen
der Schatten, -

**Essen und Trinken**

die Flüssigkeit, -en
die Hauptmahlzeit, -en
der Knödel, -
der Pfannkuchen, -
der Schweinebraten, -
das Steak, -s
roh
blutig
essbar
eiskalt

**rund um den Körper**

atmen
blass
schwindelig
die Brust, ⁻e
die Schulter, -n
leiden (an + D.), er leidet, litt, hat gelitten

**im Krankenhaus**

die Heilung, -en
die Medizin (Sg.)
das Schmerzmittel, -
einnehmen, er nimmt ein, nahm ein, hat eingenommen *(Medikamente einnehmen)*
auf|lösen

verschreiben, er verschreibt, verschrieb, hat verschrieben
krank|schreiben, er schreibt krank, schrieb krank, hat krankgeschrieben
der Krankenwagen, -
die Notaufnahme, -n
die Versichertenkarte, -n
der Klinikaufenthalt, -e
die Entlassung, -en
die Besuchszeit, -en
der Haupteingang, ⁻e
der Notausgang, ⁻e
der Notruf, -e
der Pfleger, -
zur Verfügung stehen
auf|bewahren
untersagt sein
warnen (vor + D.)
zuständig (für + A.)

**Kleidung und Hygiene**

der Bademantel, ⁻
der Hausschuh, -e
der Schlafanzug, ⁻e
die Zahnbürste, -n
die Zahnpasta, -pasten
kämmen
die Drogerie, -n

**Technik**

der Alarmknopf, ⁻e
der Apparat, -e
die Bedienungsanleitung, -en
die Chipkarte, -n
die Fernbedienung, -en
das Festnetz (Sg.)

**Musik und Emotionen**

der Klang, ⁻e
der Jazz (Sg.)

100  einhundert

# Lernwortschatz

die Klassik (Sg.) ___
klassisch ___
das Stück, -e *(Ich spiele ein Stück von Mozart.)* ___
beruhigend ___
die Wirkung, -en ___
empfinden, er empfindet, empfand, hat empfunden ___
spüren ___
die Forscherin, -nen ___
feierlich ___

**besondere Orte**
barrierearm ___
familienfreundlich ___
fantasievoll ___
geeignet (für + A.) ___
interaktiv ___
ungewöhnlich ___
sich wundern (über + A.) ___

**andere wichtige Wörter und Wendungen**
alltäglich ___
ausreichend ___
die Beerdigung, -en ___
betragen, er beträgt, betrug, hat betragen ___
bisher ___
brauchen … zu *(Sie brauchen mich nur zu rufen, wenn ich Ihnen helfen soll.)* ___
einigermaßen ___
einschließlich ___

vermutlich ___
gelangen ___
glatt ___
grundsätzlich ___
kleben ___
das Rätsel, - ___
kommen (auf + A.), er kommt, kam, ist gekommen *(Ich komme gerade nicht auf die Lösung.)* ___
durch den Kopf gehen ___
mithilfe (von + D.) ___
der Moderator, -en ___
die Motivation (Sg.) ___
motiviert ___
die Nachfrage, -n ___
obere ___
die Reklame, -n ___
der Rest, -e ___
die Rücksicht (Sg.) *(Bitte nehmen Sie Rücksicht auf Ihre Nachbarn.)* ___
zur Seite gehen ___
sichtbar ___
sinken, er sinkt, sank, ist gesunken ___
überprüfen ___
einerseits …, andererseits ___
entweder … oder ___
nicht nur …, sondern auch ___
sowohl … als auch ___
weder … noch ___
zwar …, aber ___

**Wichtig für mich:**
___
___

**Was nehmen Sie mit, wenn Sie ins Krankenhaus müssen? Notieren Sie.**
___
___
___

# 9 einen Blogbeitrag verstehen und kommentieren

# Kunststücke

**1 a  Welches Wort passt nicht? Streichen Sie durch.**

1. das Bild: die Farbe, der/die Autor/in, der Vordergrund, der Hintergrund, die Mitte
2. die Graffiti-Kunst: das Bild, die Wand, der Gast, der/die Künstler/in, die Farbe
3. die Architektur: das Gebäude, das Schloss, das Haus, das Gemälde, die Burg
4. die Kultur: die Musik, das Theater, das Museum, die Brücke, die Ausstellung

**b  Lesen Sie den Kommentar von Adrian zu Marias Kunstblog. Welche Aussagen sind richtig? Kreuzen Sie an.**

**Adrian**  19.06. | 15:35 Uhr

Hallo Maria,
dein neuer Blogeintrag gefällt mir gut. Ich habe bisher gar nicht darüber nachgedacht, wie viel Kunst mir auch einfach so im Alltag begegnet. Irgendwie war für mich Kunst immer mit Museen und Ausstellungen verbunden, aber du hast natürlich recht – Kunst ist überall.
Auf deinem Weg zum Büro finde ich die Station der Hungerburgbahn am schönsten. Und rate mal, warum? Weil ich auch ein großer Fan von moderner Architektur bin, außerdem sind im Hintergrund die Berge – das sieht toll aus. Hier in Leipzig gibt es zum Glück auch einige moderne Gebäude. Ein paar gefallen mir gar nicht, aber die meisten sehen toll aus.
Auf meinem Weg zur Arbeit komme ich an einem witzigen Haus vorbei – nämlich mit gemalten Figuren an der Hauswand. Egal, wie das Wetter ist – wenn ich die bunten Figuren sehe, bekomme ich immer gute Laune. Ich bin zwar nicht sicher, ob das Kunst ist, aber es ist viel schöner als eine graue Wand!

☐ 1. Adrian hat sich schon oft mit Kunst im Alltag beschäftigt.
☐ 2. Adrian ist der Meinung, dass es echte Kunst nur im Museum gibt.
☐ 3. Die Bahnstation gefällt Adrian auch, weil man dort die Berge sieht.
☐ 4. Manchmal findet Adrian moderne Architektur auch hässlich.
☐ 5. Adrian findet die Bilder am Gebäude eine gute Idee.

**c  Lesen Sie Marias Chat-Nachrichten und antworten Sie.**

> Schön, dass du mir schreibst. Welche Art von Kunst gefällt dir denn? Und warum? — Maria

*Also, mir gefällt …* — ich

> Interessant! Ich mag moderne Kunst, aber auch Künstler wie Leonardo da Vinci. Er war ein echtes Genie! Wen findest du toll? — Maria

ich

> Das google ich gleich mal! Am Wochenende war ich in einer Ausstellung über die Geschichte der Musikinstrumente – ich habe viel Neues erfahren! Welche Ausstellung hat dir gefallen? — Maria

ich

> Spannend! Darüber musst du mir beim nächsten Mal mehr erzählen! Bis bald! — Maria

ich

## 9

eine Radioumfrage verstehen, nachfragen, etwas verneinen

**2** Hören Sie die Radioumfrage aus dem Kursbuch, Aufgabe 2a noch einmal. Wer sagt was? Kreuzen Sie an.

2.13

|  | Fr. Ritter | Clemens | Fr. Walde |
|---|---|---|---|
| 1. Der/Die Künstler/in macht immer originelle und lustige Sachen. | ☐ | ☐ | ☐ |
| 2. Mir gefällt das Gebäude, ich sehe es täglich auf dem Weg zur Arbeit. | ☐ | ☐ | ☐ |
| 3. Neu und modern – das gefällt mir nicht. | ☐ | ☐ | ☐ |
| 4. Es gibt hässliche Orte in der Stadt, die für manche aber toll sind. | ☐ | ☐ | ☐ |
| 5. An diesem Ort in der Stadt kann man sich erholen. | ☐ | ☐ | ☐ |

## Wa(h)re Kunstwerke

**3 a** Synonyme (=) und Gegenteile (≠). Notieren Sie das passende Wort. Die Texte im Kursbuch, Aufgabe 3b helfen.

1. sauber ≠ _____
2. kaputt machen = _____
3. absichtlich ≠ _____
4. wahrscheinlich = _____
5. dumm ≠ _____
6. gezwungen ≠ _____
7. günstig = _____
8. maximal ≠ _____

**b** Nachfragen. Schreiben Sie die Redemittel richtig.

1. _____, was die Affen gemalt haben.
(würde / genauer / interessieren / Mich)

2. _____, was die Bilder kosten?
(nachfragen / noch mal / ich / Darf)

3. _____, dass dort jeder Bilder kaufen kann?
(richtig / verstanden / ich / Habe)

4. _____, was mit dem Kunstwerk passiert ist?
(erklären / noch einmal / du / Könntest / mir)

**4 a** Etwas verneinen. Ergänzen Sie *kein* in der richtigen Form oder *nicht*.

1. Wir waren im Museum, dort gab es ___kein___ Kunstwerk von Martin Kippenberger.
2. Ich habe _____ gewusst, dass Kippenberger schon 1997 gestorben ist.
3. Mir gefällt moderne Kunst _____ besonders, trotzdem sehe ich sie mir manchmal im Museum an.
4. Der Zoo hatte _____ Geld und hat deshalb Bilder verkauft, die Affen gemalt haben.
5. Leider hatte ich gestern _____ Zeit und konnte _____ zu der Auktion kommen.
6. Die Bilder fand ich _____ alle schön, aber das ist eben Geschmackssache.
7. Ich glaube, ich würde _____ Bilder von Tieren in meiner Wohnung aufhängen.
8. Ich war noch _____ in dem neuen Kunstsupermarkt, aber nächste Woche gehe ich hin.
9. Leider gibt es in unserer Stadt _____ Kunstsupermarkt.

einhundertdrei **103**

## 9 etwas verneinen

**b** Verneinen Sie die Sätze mit *nicht*. Markieren Sie, wo *nicht* steht.

1. Wir sehen uns die modernen Bilder ↓nicht↓ an.
2. Die Ausstellung ist interessant.
3. Die Kunstwerke gefallen mir.
4. Ich habe die Einladung bekommen.
5. Ich habe das Bild selbst gemalt.
6. In der Galerie darf man fotografieren.
7. Wir gehen ins Museum.
8. Ich erinnere mich an die Ausstellung.

**c** Wo steht *nicht*? Schreiben Sie die Sätze. Beginnen Sie mit dem unterstrichenen Ausdruck.

1. den Künstler / ich / kennen / nicht / .

2. die meisten Leute / schön / dieses Kunstwerk / finden / nicht / .

3. der Maler / das Bild / verkaufen wollen / nicht / .

4. sich freuen / wir / auf die neue Ausstellung / nicht / .

5. das Museum / gekauft haben / das Gemälde / nicht / .

6. in die Ausstellung / ich / gehen wollen / nicht / .

7. ich / verstehen können / moderne Kunst / immer / nicht / .

8. meine Freunde / teilnehmen / an der Museumsführung / nicht / .

**d** Verneinen Sie die markierten Satzteile und führen Sie den Satz mit *sondern* fort.

1. **Ich** gehe heute ins Museum.
   *Nicht ich gehe heute ins Museum, sondern meine Schwester.*

2. Ich gehe **heute** ins Museum.

3. Ich habe meiner Freundin **das Bild** gezeigt.

4. Ich habe **meiner Freundin** das Bild gezeigt.

5. Ich habe meiner Freundin das Bild **geschenkt**.

> **!**
>
> **sondern**
> Wenn man einen verneinten Satz oder Satzteil korrigiert, verwendet man im Folgesatz *sondern* statt *aber*.
> *Das Bild ist nicht teuer, sondern günstig.*

über Bilder sprechen, sagen, wie einem etwas gefällt, eine E-Mail verstehen

## 5 a Bildbeschreibung. Wählen Sie.

**A** Sehen Sie das Bild an und ergänzen Sie die Bildbeschreibung. Die Wörter unten helfen.

**B** Sehen Sie das Bild an und ergänzen Sie passende Ausdrücke.

(1) _____ des Bildes ist eine graue Straße, auf der ein Paar mit einem roten Regenschirm läuft.

(2) _____ sieht man einen Baum mit gelben Blättern.

(3) _____ neben dem Baum sind bunte Häuser und ein Geschäft, vor dem eine Frau geht. Auch

(4) _____ sieht man schöne, alte Häuser und darüber den Himmel mit Wolken. Außerdem kann man

(5) _____ im Bild noch einen Kirchturm sehen. (6) _____ links steht ein Haus mit vielen kleinen Fenstern und davor eine Lampe. Die Stimmung auf dem Bild ist romantisch.

im Hintergrund | oben | Links | In der Mitte | Rechts | Im Vordergrund

### b Aussagen verstärken oder abschwächen. Was passt? Kreuzen Sie an.

1. ☺☺ Der Film ist ☐ ziemlich ☐ wirklich gut.
2. ☺ Ich finde dieses Bild ☐ relativ ☐ richtig schön.
3. ☹☹ Der Text über den Künstler war ☐ ziemlich ☐ total uninteressant.
4. ☹ In der Ausstellung sind ☐ eher ☐ besonders wenige Besucher.
5. ☺☺ Die Künstlerin hat ☐ richtig ☐ ziemlich kreative Ideen.
6. ☺ Dieses Bild ist ☐ besonders ☐ eigentlich fantasievoll gemalt.
7. ☹☹ Die Bilder sind ☐ total ☐ eher langweilig.

### c Wie heißen die Sätze in 5b in Ihrer Sprache?

## 6 Lesen Sie den Text und entscheiden Sie, welches Wort (A–O) in die Lücken 1–10 passt. Sie können jedes Wort nur einmal verwenden. Nicht alle Wörter passen in den Text.

**Das Karls-Museum sucht Verstärkung!**
Wir suchen Studierende für Kasse und Museumsladen. Bei Interesse bitte melden bei Frau Backmann unter: job@karlsmuseum.de

Sehr geehrte Frau Backmann,
ich habe Ihre Anzeige gelesen und interessiere mich sehr __1__ Ihr Angebot. Ich studiere Kunstgeschichte __2__ der Freien Universität Berlin und bin zeitlich flexibel. Trotzdem würde ich natürlich gern wissen, wie die Arbeitszeiten sind und __3__ man auch am Wochenende arbeiten kann. Ich habe bereits Erfahrung im Verkauf sammeln können, __4__ ich in den letzten Semesterferien in einem kleinen Geschäft ausgeholfen habe. Das hat __5__ großen Spaß gemacht. Ich habe __6__ nicht an der Kasse gearbeitet, aber ich lerne es gern. Da ich Kunstgeschichte studiere, habe ich auch Interesse am Besuch __7__ Museums. Ist es möglich, in meiner freien Zeit kostenlos ins Museum __8__ gehen? Ich hoffe auf die Möglichkeit, __9__ persönlich bei Ihnen vorzustellen.
Ich freue mich sehr, __10__ ich bald von Ihnen höre.
Mit freundlichen Grüßen
Mario Alther

| | | | | | | |
|---|---|---|---|---|---|---|
| **A** alles ___ | **E** deshalb ___ | **I** mich ___ | **M** wie ___ |
| **B** als ___ | **F** des ___ | **J** mir ___ | **N** wenn ___ |
| **C** an ___ | **G** für _1_ | **K** noch ___ | **O** zu ___ |
| **D** bis ___ | **H** gerne ___ | **L** ob ___ | |

einhundertfünf 105

# 9 Gespräche und Texte über Kunst verstehen

## Wir können mehr

### 7 a Infos vom Bildungszentrum Hausen. Ergänzen Sie die Sätze.

anwenden | aufführen | auftreten | behandelt | bereit | beschädigte | Broschüre | Büfett | Darstellung | Eröffnung | Geschmack | Kostüm | Qualifikation | ~~schreien~~

**A** Wollen Sie (1) _schreien_ oder flüstern, auf der Bühne herumspringen oder rennen, sich besonders schminken, ein (2) _____ oder eine Uniform tragen? Sind Sie (3) _____ für ein Theaterabenteuer? Für den Kurs brauchen Sie keine extra (4) _____, aber Spaß am Spiel. Wir wollen ein lustiges Stück (5) _____. In welcher Rolle Sie (6) _____, besprechen wir zu Beginn.

**B** Haben Sie kaputte Kleidung oder (7) _____ Bücher zu Hause? Ich zeige Ihnen die neuesten Upcycling-Techniken und wie Sie diese (8) _____ können. So werden aus Ihren alten Sachen wieder schöne Dinge ganz nach Ihrem (9) _____. In meiner Online-(10) _____ finden Sie schon jetzt zahlreiche Ideen.

**C** In ihrem Kurs (11) _____ Alice Marosević das Thema „Frieden". Nach der Einführung in die (12) _____ des Themas bei bekannten Malern und Malerinnen werden Sie selbst kreativ. Zum Kursabschluss zeigen Sie Ihre Bilder in der Galerie am Dom. Zur (13) _____ am ersten Abend gibt es ein (14) _____ mit Snacks und Getränken.

### b Adjektivdeklination mit dem bestimmten Artikel. Ergänzen Sie die Endungen.

> *diese/r, jene/r* funktionieren wie der bestimmte Artikel. **Adjektive nach dem bestimmten Artikel** haben nur die Endungen *-e* und *-en*.

1. ○ Hast du schon das (1) aktuell_e_ Theater-Programm gesehen?
   ● Nein, ich interessiere mich für die (2) neu____ Kinofilme.
2. ○ Eben habe ich diesen (3) gutaussehend____ Schauspieler getroffen, der die Hauptrolle spielt.
   ● Ich finde den nicht gut. Für diese (4) langweilig____ Rolle braucht man nicht viel Talent.
3. ○ Die Stadt hat die (5) alt____ Oper renoviert.
   ● Ich weiß. Ich warte schon auf die (6) groß____ Eröffnungsfeier.

### c Adjektivdeklination mit dem unbestimmten Artikel. Welche Endung ist richtig? Kreuzen Sie an.

1. Gestern habe ich einen ☐ interessanter ☐ interessanten Artikel über ein ☐ neues ☐ neue Kunstprojekt gelesen.
2. In der Galerie gibt es eine ☐ spannende ☐ spannenden Ausstellung von einem ☐ unbekannte ☐ unbekannten Künstler. Ich möchte sie gern mit meinem ☐ besten ☐ bester Freund ansehen.
3. In einem ☐ kleine ☐ kleinen Theater zeigt man im Moment ein Stück, in dem keine ☐ echte ☐ echten Schauspieler/innen mitspielen.
4. Ein ☐ junge ☐ junger Mann singt Lieder, obwohl er keine ☐ tolle ☐ tollen Stimme hat. Aber allen hat sein ☐ lustigen ☐ lustiger Auftritt gefallen.
5. Auf der Bühne sieht man nur ein ☐ altes ☐ alten Sofa mit einem ☐ weißer ☐ weißen Kissen und natürlich die Schauspieler/innen.

> Die Adjektivdeklination nach *kein/e* und *mein/e* im Singular funktioniert wie nach dem unbestimmten Artikel.

## 9 bestimmte Informationen in Anzeigen finden

**d** Lesen Sie die Situationen 1 bis 7 und die Anzeigen A bis J aus verschiedenen deutschsprachigen Medien. Wählen Sie: Welche Anzeige passt zu welcher Situation? Sie können jede Anzeige nur einmal verwenden. Für eine Situation gibt es keine passende Anzeige. In diesem Fall schreiben Sie 0.

Ihre Freunde interessieren sich in ihrer Freizeit für Kunst/Kultur und suchen passende Angebote.
**Beispiel:** 0. Alexander möchte einen Fotokurs für Fortgeschrittene machen. _B_

1. Oskar interessiert sich für Architektur und möchte eine Ausstellung besuchen. ___
2. Cassandra spielt Theater und möchte besser werden, hat aber nur am Wochenende Zeit. ___
3. Liam würde gern in seiner Freizeit in einer Band spielen. ___
4. Lara möchte mit ihrer Mutter gern klassische Musik live hören. ___
5. Anton würde gern ein Instrument lernen. ___
6. Noah möchte gern Kunst draußen erleben und mehr erfahren. ___
7. Isabella möchte am Sonntag mit ihrer Freundin ins Theater gehen. ___

> ! Diese Aufgabe gibt es auch in ZD und DTZ. Nur **die Anzahl der Situationen und Anzeigen** variiert:
> ZD: 10 Situationen – 12 Anzeigen
> DTZ: 5 Situationen – 8 Anzeigen

---

**A** **Ein ganz besonderes Erlebnis**
Bei diesem interessanten 4-stündigen Kunst-Spaziergang durch die Innenstadt erfahren Sie viel Spannendes über die vielfältigen Kunstobjekte in unseren Straßen, auf den Plätzen und in den Parks.
Kosten: 18 Euro
Anmeldung unter: kunst@stadtfuehrung.de

**B** **Jedes Wochenende Workshops**
Fotografieren Sie gern? Lernen Sie mit einem professionellen Fotografen, wie man die schönsten Bilder macht. Die besten Fotos unserer Kursteilnehmenden zeigen wir in einer großen Ausstellung. Für Fotofans, Vorkenntnisse erwünscht!
www.llovefoto.com

**C** **Architektur in Bildern**
Dieser herausragende Bildband zeigt uns auf 200 Seiten wunderbare europäische Architekturfotografie. Lassen Sie sich faszinieren von den schönsten und modernsten Gebäuden in Europa.
Jetzt im Handel für 39,90 Euro

**D** **Wir fördern Dich!**
Du hast Talent für die Bühne und möchtest dein Können weiterentwickeln? Dann melde dich bei unserer Schule für Tanz, Gesang und Schauspiel an. Wir bieten 2-Tageskurse (Samstag und Sonntag) und 5-Tageskurse.
www.theatertheater.de

**E** **Lange Nacht der Musik**
Es ist wieder so weit! 100 Konzerte warten an diesem Wochenende auf Sie. Suchen Sie sich aus, was Ihnen gefällt: Jazz, Klassik, Pop und Rock. Seien Sie dabei, wenn am Samstag wieder zahlreiche Musiker/innen ihre Instrumente auspacken, und feiern Sie mit.
Tickets: www.lndm.com

**F** **Alles fürs Theater**
Großer Fachhandel für Spiel- und Theaterbedarf bietet alles, was man für die Bühne braucht. Für Profis und Laiengruppen. Wir haben Kostüme, Hüte, Perücken, Schminke und vieles mehr.
www.allesfürstheater.net

**G** **Neue Ausstellung in der Galerie Müller**
*Schmuck für die Wand* – Der international bekannte Künstler Kilian Meister zeigt seine besten Bilder. Vernissage am 5.11. Der Künstler ist anwesend. Die Ausstellung läuft bis zum 31.12.
Weitere Infos auf unsere Webseite
www.galeriem.com

**H** **HEUTE PREMIERE!**
Sehen Sie das neue Stück „Auf dem Kopf" von der großen Regisseurin Anna Weißhaupt. Ein Klassiker für Sie neu interpretiert. Vergessen Sie den Alltag und lassen Sie sich vom Geschehen auf der Bühne überraschen. Ab heute täglich um 20 Uhr.
www.aufdemkopf.de

**I** **Mit Spaß an der Musik**
Wir bieten Unterricht von Profis für alle Instrumente, für Anfänger*innen und Fortgeschrittene von Klassik über Blues bis zur Popmusik. Zweimal im Jahr zeigen unsere Schüler*innen ihr Können bei einem Konzert.
*Informieren Sie sich über unsere Angebote:*
www.spassanmusik.de

**J** **Große Wiedereröffnung!**
Nach der langen Renovierungsphase eröffnen wir unser Museum am 2.11. gleich mit zwei interessanten Ausstellungen:
*Zeitgenössische Architektur in Afrika*
*Berlin heute – Fotos in Schwarz-Weiß*
Beide Ausstellungen laufen bis 22.12.

# 9 Personen oder Dinge genauer beschreiben

**8 a** Adjektivdeklination ohne Artikel. Die Partyplanung. Ergänzen Sie die Adjektive in den Nachrichten.

bequemen | coole | eigener | frisches | großen | heiße | hübsche | italienischen | kaltes | leckeres | letzter | süßem

1. Bald ist unsere Abschlussparty! Ich kümmere mich gern um _____ Musik zum Tanzen. Komme mit _____ Anlage. Ich

2. Kann uns _____ Essen machen, zum Beispiel mehrere Teller mit _____ Vorspeisen. Donato

3. Bringe gern _____ Getränke mit und habe _____ Tisch für das Büfett. Sina

4. Wer kann uns _____ Stuhl und _____ Vasen zur Dekoration des Raums leihen? Ahmed

5. Björn und ich bringen _____ Bier und _____ Obst aus unserem Garten mit. Elif

6. Darf ich mit _____ Hund kommen? Habe seit _____ Woche ein Hundebaby. 🥰 Alba

**b** Lesen Sie die Überschriften auf der Webseite und ergänzen Sie die Endungen.

| Home | News | Programm | Gesucht | Kontakt |

1. Aktuell____ Programm startet mit groß____ Erfolg [mehr …]
2. Laut Umfrage viele zufrieden____ Teilnehmende in den Sprachkursen [mehr …]
3. Blumen für erfolgreichst____ Lehrer und erfolgreichst____ Lehrerin [mehr …]
4. Fotografie-Kurs mit neu____ Kursleiter [mehr …]
5. Aktuell____ Bücher sind da – bitte besuchen Sie unsere Bibliothek [mehr …]
6. Kostenlos____ Vortrag für alle Teilnehmenden [mehr …]
7. Sommerfest mit beliebt____ Band und toll____ Programm [mehr …]

**c** Wir brauchen noch was für die Aufführung! Verbinden Sie und schreiben Sie Sätze wie in Anzeigen.

| Wir suchen | modern | Mantel |
| Wer hat | lang | Hose |
| Brauchen noch | schön | Schuhe |
| Uns fehlt/fehlen | lustig | Shirts |
| Wer gibt uns | schwarz | Kleid |
| Bitte komm mit | alt | Strümpfe |

*Wir suchen noch schwarze Hose für die Aufführung.*

🔊 **9** Aussprache: Vokal am Wortanfang. Spricht man verbunden ⌢ oder getrennt / ?
2.14 Markieren Sie. Hören Sie dann zur Kontrolle und sprechen Sie nach.

1. In/unserem⌢Kurs gibt es bei jedem Treffen ein anderes Thema.
2. Der aktuelle Kurs ist für Alt und Jung interessant.
3. Mein Onkel geht jedes Semester in einen anderen Kurs.
4. Er unterrichtet an einer Schule und möchte selbst immer etwas Neues lernen.

> ❗ Wörter, die mit einem Vokal beginnen, verbindet man beim Sprechen nicht mit dem Wort davor.

108 einhundertacht

über einen Film / ein Theaterstück schreiben, ein Interview und eine Impro-Geschichte verstehen, improvisieren

# 9

## Impro-Theater

**10 a** Aus dem Interview. Was passt zusammen? Verbinden Sie.

1. einen Gast          A warten          5. Geld               E spielen
2. eine Schule         B begrüßen        6. eine Szene         F annehmen
3. auf eine Vorgabe    C einwerfen       7. ein Angebot        G reagieren
4. ein Wort            D gründen         8. auf die Partner    H verdienen

**b** Welchen Film oder welches Theaterstück haben Sie zuletzt gesehen? Wie hat er/es Ihnen gefallen? Schreiben Sie eine kurze Kritik.

> Der Titel des Films/Stücks ist … / Der Film / Das Stück heißt …
> In dem Film/Stück geht es um … / Der Film / Das Stück handelt von …
> Zuerst … Dann … Am Ende …
> Der Film / Das Stück ist sehr spannend/lustig/interessant/langweilig, weil …
> Ich kann den Film / das Stück (nicht) empfehlen, denn …
> Außerdem …

**11 a** Ja, genau – und … Hören Sie die Improvisationsübung von Andreas Wolf und bringen Sie die Bilder in die richtige Reihenfolge.

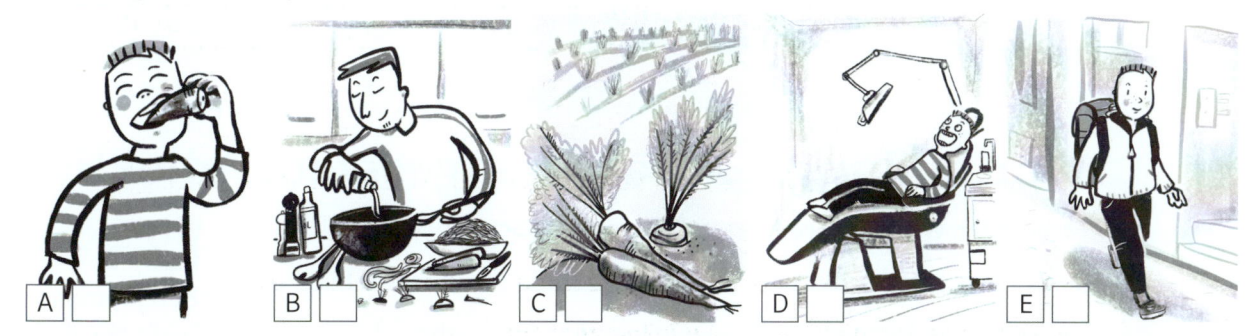

2.15

A ☐   B ☐   C ☐   D ☐   E ☐

**b** Arbeiten Sie zu zweit. A nennt ein Wort und B bildet mit diesem Wort den ersten Satz einer Geschichte. A sagt „Ja, genau – und …" und bildet den zweiten Satz. Erzählen Sie so gemeinsam eine Geschichte. Dann nennt B ein Wort und A beginnt die zweite Geschichte.

## Singen verbindet

**12** Sie hören nun ein Gespräch. Dazu sollen Sie zehn Aufgaben lösen. Sie hören das Gespräch zweimal. Entscheiden Sie beim Hören, ob die Aussagen 1–10 richtig oder falsch sind. Lesen Sie jetzt die Aufgaben 1–10. Sie haben dazu eine Minute Zeit.

2.16
P
ZD

|  | richtig | falsch |
|---|---|---|
| 1. Musik spielte in Miriam Mulinos Familie eine wichtige Rolle. | ☐ | ☐ |
| 2. In der Jugend wollte Miriam Sängerin werden. | ☐ | ☐ |
| 3. Sie hat bei einer Casting-Show gewonnen. | ☐ | ☐ |
| 4. Miriam wurde erfolgreich, weil sie Unterstützung bekam. | ☐ | ☐ |
| 5. Bevor Miriam bekannt wurde, hat sie noch viel von anderen gelernt. | ☐ | ☐ |
| 6. Die ersten Auftritte hatte Miriam nur in Deutschland. | ☐ | ☐ |
| 7. Miriam gefällt es, Konzerte zu geben. | ☐ | ☐ |
| 8. Schon von Anfang an hat Miriam selbst Lieder geschrieben. | ☐ | ☐ |
| 9. Sie macht auch Musikprojekte mit Jugendlichen. | ☐ | ☐ |
| 10. Sie kann sich nicht vorstellen, in Zukunft etwas anderes zu machen. | ☐ | ☐ |

einhundertneun **109**

# 9 über Musik sprechen

**13 a** Rund um die Musik. Markieren Sie 13 Wörter und notieren Sie sie mit Artikel.

DHBANDÜZORCHESTERLSBCHORAWSTIMMEÖKONZERTPLIEDMUNSÄNGERIN
GRINSTRUMENTASLFESTIVALIRMELODIERELKLAVIERURZMUSIKERÄKLASSIK

**b** Gedanken. Lesen Sie die Dialoge. In welcher Bedeutung wird *denken* verwendet? Ordnen Sie zu.

sich etwas vorstellen | sich erinnern | eine Meinung haben | überlegen

1. ○ Simon will jetzt Musiker werden. Wie denkst du darüber? _____
   ● Hm, ich finde es komisch. Er hat doch immer gesagt, dass Musik ihn nicht besonders interessiert.

2. ○ Die Feste in unserer WG waren immer toll! _____
   ● Stimmt! Ich denke noch oft daran – wir hatten echt viel Spaß!

3. ○ Wieso bist du so still? _____
   ● Ach, ich denke nur schon an meinen nächsten Urlaub am Meer!

4. ○ Was ist denn los? _____
   ● Ach, ich denke nur darüber nach, wie wir Amira feiern können. Sie wird bald dreißig!

## Wortbildung – zusammengesetzte Adjektive

**A** Farbwörter. Welche Wörter passen zusammen? Schreiben Sie.

der Schnee   rot   grün

schwarz   der Himmel

~~die Sonne(n)~~   weiß

braun   der Rabe(n)

das Feuer   das Gras   ~~gelb~~

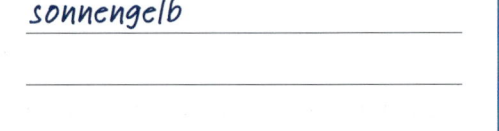

blau   die Kastanie(n)

*sonnengelb*
_____
_____
_____
_____
_____

> **Beschreibungen** werden bildlicher, wenn man aus einem Nomen und einem Adjektiv ein neues Adjektiv bildet:
> Er hat **blaue** Augen.
> Er hat **himmelblaue** Augen.

**B** Wie heißen die Adjektive? Schreiben Sie.

1. weich wie Butter:
   *butterweich*

2. schnell wie der Blitz:
   _____

3. schön wie ein Bild:
   _____

4. alt wie ein Stein:
   _____

5. glatt wie ein Spiegel:
   _____

6. süß wie Zucker:
   _____

110 einhundertzehn

Das kann ich nach Kapitel 9

# 9

**R1** **Wo steht *nicht*? Korrigieren Sie die Sätze.**

1. Ich finde dieses Theaterstück gut nicht. _____
2. Ich nicht gehe ins Kino. _____
3. Ich will die Bilder kaufen nicht. _____

|  |  | ☺☺ | ☺ | 😐 | ☹ | KB | ÜB |
|--|--|----|---|----|---|----|----|
| 💬✏️ | Ich kann etwas verneinen. | ☐ | ☐ | ☐ | ☐ | 4 | 4 |

**R2** **Lesen Sie die Aussagen und verstärken (☺☺/☹☹) oder relativieren Sie sie (☺/☹). Verwenden Sie bei jedem Satz einen anderen Ausdruck.**

1. Das Bild ist schön. (☺)
2. Ich finde die Künstlerin sympathisch. (☺☺)
3. Der Vortrag war langweilig. (☹)
4. Die Ausstellung ist uninteressant. (☹)
5. Das Museum gefällt mir gut. (☺☺)
6. Das Stück war langweilig. (☹☹)

|  |  | ☺☺ | ☺ | 😐 | ☹ | KB | ÜB |
|--|--|----|---|----|---|----|----|
| 💬✏️ | Ich kann sagen, wie mir etwas gefällt. | ☐ | ☐ | ☐ | ☐ | 5 | 5b–c |

**R3** **Was verkaufen die Personen? Schreiben Sie kurze Anzeigen und verwenden Sie alle Adjektive.**

bequem | rot | praktisch | schick | alt | neu | blau | groß | dunkel

|  |  | ☺☺ | ☺ | 😐 | ☹ | KB | ÜB |
|--|--|----|---|----|---|----|----|
| ✏️ | Ich kann Anzeigen schreiben und dabei Personen oder Dinge genauer beschreiben. | ☐ | ☐ | ☐ | ☐ | 8c–d | 8 |

| | Außerdem kann ich ... | ☺☺ | ☺ | 😐 | ☹ | KB | ÜB |
|--|--|----|---|----|---|----|----|
| 📖💬✏️ | ... einen Blogbeitrag verstehen und kommentieren. | ☐ | ☐ | ☐ | ☐ | 1b | 1b–c |
| 🔊 | ... eine Radioumfrage verstehen. | ☐ | ☐ | ☐ | ☐ | 2a | 2 |
| 📖💬 | ... Informationen aus Zeitungstexten weitergeben. | ☐ | ☐ | ☐ | ☐ | 3b–c | 3a |
| 💬 | ... nachfragen. | ☐ | ☐ | ☐ | ☐ | 3c | 3b |
| 💬 | ... über Bilder sprechen. | ☐ | ☐ | ☐ | ☐ | 6 | 5a |
| 📖 | ... eine E-Mail verstehen. | ☐ | ☐ | ☐ | ☐ |  | 6 |
| 📖 | ... ein Kursprogramm verstehen. | ☐ | ☐ | ☐ | ☐ | 7b–d | 7a |
| 🔊📖 | ... Gespräche und Texte über Kunst verstehen. | ☐ | ☐ | ☐ | ☐ | 5b | 7b–c |
| 📖 | ... Anzeigen verstehen und bestimmte Informationen in Anzeigen finden. | ☐ | ☐ | ☐ | ☐ | 8a | 7d |
| 🔊 | ... ein Interview und eine Impro-Geschichte verstehen. | ☐ | ☐ | ☐ | ☐ | 10b–e | 10a, 11a, 12 |
| ✏️ | ... über einen Film oder ein Theaterstück schreiben. | ☐ | ☐ | ☐ | ☐ |  | 10b |
| 💬 | ... improvisieren. | ☐ | ☐ | ☐ | ☐ | 11 | 11b |
| 💬🔊 | ... über Musik, Singen und Volkslieder sprechen. | ☐ | ☐ | ☐ | ☐ | 12, 13 | 13a |

einhundertelf 111

# 9 Lernwortschatz

**Kunstobjekte**

das Kunstwerk, -e _____

die Installation, -en _____

die Statue, -n _____

der Brunnen, - _____

die Auktion, -en _____

das Original, -e *(Das Bild ist ein Original, keine Kopie.)* _____

original _____

**in der Galerie**

die Galerie, -n _____

die Eröffnung, -en _____

an|regen (zu + D.) *(Das Bild regt zum Nachdenken an.)* _____

an|sprechen, er spricht an, sprach an, hat angesprochen *(Das Bild spricht mich nicht an.)* _____

die Ölfarbe, -n _____

der Geschmack, ⸚er _____

der Käufer, - _____

die Käuferin, -nen _____

künstlerisch _____

sich handeln (um + A.) _____

beschädigen _____

die Putzfirma, -firmen _____

**rund um die Musik**

musizieren _____

bewegen *(Die Musik bewegt mich. Sie macht mich traurig.)* _____

der Schulchor, ⸚e _____

das Volkslied, -er _____

der Gedanke, -n _____

die Tradition, -en _____

traditionell _____

**auf der Bühne**

das Theaterstück, -e _____

das Impro-Theater, - _____

improvisieren _____

erfinden, er erfindet, erfand, hat erfunden _____

an|wenden *(eine besondere Technik anwenden)* _____

herum|springen, er springt herum, sprang herum, ist herumgesprungen _____

rennen, er rennt, rannte, ist gerannt _____

schreien, er schreit, schrie, hat geschrien _____

das Kostüm, -e _____

die Uniform, -en _____

der Dieb, -e _____

die Diebin, -nen _____

**rund um die Aufführung**

auf|führen _____

auf|treten, er tritt auf, trat auf, ist aufgetreten _____

um|setzen *(eigene Ideen umsetzen)* _____

veranstalten *(eine Feier veranstalten)* _____

sich schminken *(Für ihre Rolle schminkt sie sich besonders.)* _____

die Frisur, -en _____

die Mode, -n _____

die Darstellung, -en _____

die Vorstellung, -en _____

zu|sehen, er sieht zu, sah zu, hat zugesehen *(Ich sehe den Schauspielern zu.)* _____

die Broschüre, -n _____

das Büfett, -s _____

der Snack, -s _____

konsumieren _____

**Gegenstände**

die Rose, -n _____

der Spiegel, - _____

der Topf, ⸚e _____

## Lernwortschatz 9

die Vase, -n
die Couch, -s
der Backofen, ¨
die Briefmarke, -n
der Kuli, -s

### Eigenschaften

clever
chaotisch
durcheinander (*Alles ist durcheinander.*)
begrenzt
rund (*Das Gebäude hat runde Formen.*)
steil
weich
talentiert
zeitlos
begeistert
dankbar (für + A.)

### andere wichtige Wörter und Wendungen

behandeln
besprechen, er bespricht, besprach, hat besprochen
bestehen (aus + D.), er besteht, bestand, hat bestanden (*Die Gruppe besteht aus fünf Personen.*)
die Biene, -n
ein|sperren
einzig

ersetzen
der Frieden (Sg.)
her sein (*Das ist schon lange her.*)
hinauf (*Es geht weit hinauf.*)
das Inland (Sg.)
die Mauer, -n
der Meister, -
die Meisterin, -nen
das Missverständnis, -se
die Nachbarschaft (Sg.)
der Neffe, -n
nicht …, sondern … (*Das Bild hängt nicht in der Galerie, sondern im Museum.*)
heimlich
scheinbar
schließen, er schließt, schloss, hat geschlossen (*Freundschaft schließen*)
das Referat, -e
das Treppenhaus, ¨er
die Stufe, -n
die Umleitung, -en
vergeblich
das Virus, Viren
die Qualifikation, -en
der Schwerpunkt, -e
das Treffen, -

### Wichtig für mich:

_____
_____

**Notieren Sie zu jedem Buchstaben ein passendes Wort zum Thema Kunst.**

K U N S T W E R K
O
S
T
Ü
M

# 10 über die Gesellschaft sprechen

# Miteinander

**1 a** Werte in der Gesellschaft. Wie heißen die Wörter?

die Bildung | die Demokratie | die Fairness | der Respekt | die Rücksicht | die Zivilcourage

1. _____ – die gerechte Behandlung von anderen, ohne Tricks

2. _____ – andere achten, obwohl sie andere Meinungen haben

3. _____ – bei dem, was man tut, an die Gefühle von anderen denken

4. _____ – eine politische Staatsform, in der die Bürger/innen frei wählen

5. _____ – Wissen und Können, das man auf verschiedenen Wegen, z. B. in der Schule, gelernt hat

6. _____ – Mut, das zu sagen und für das zu kämpfen, was man für richtig hält

**b** Notieren Sie ein passendes Adjektiv. Das Wörterbuch hilft.

1. die Rücksicht  *rücksichtsvoll*  
2. die Fairness _____  
3. der Respekt _____  
4. die Demokratie _____

**c** Lesen Sie den Text. Welche Ausdrücke haben die gleiche Bedeutung? Ordnen Sie zu.

### Die Politik muss für alle da sein

Gestern Abend konnte man bei einer Veranstaltung im (1) Rathaus in Eichdetten die neue (2) Kandidatin der „Partei für alle" kennenlernen. Ursula Seibold ist wohl für die meisten eine ungewöhnliche Kandidatin. Sie ist seit ihrer Geburt (3) blind und setzt sich besonders für
5 die Rechte von Minderheiten und Menschen mit speziellen Bedürfnissen ein, also zum Beispiel für (4) Menschen mit körperlicher Behinderung und für Blinde oder (5) Gehörlose. Durch ihre lebendige und humorvolle Art konnte sie Vorurteile aufklären und das Publikum für ihre Ideen begeistern.
10 Ein wichtiges Thema war das Gesetz zur Einbürgerung. Auch zahlreiche (6) Migrantinnen und Migranten waren anwesend. Sie diskutierten mit Ursula Seibold über das Gesetz, denn sie sehen Nachteile für die (7) Integration und möchten, dass die „Partei für alle" sich auch für die Rechte von Menschen nach der Flucht engagiert.
Nach der Wahl möchte Ursula Seibold als Abgeordnete im Bundestag ihre Partei und die
15 (8) Regierung unterstützen.

A Aufnahme in eine Gesellschaft _____

B Personen, die ihr Land verlassen haben, um in einem anderen Land zu leben _____

C Arbeitsort des Bürgermeisters / der Bürgermeisterin _____

D Personen, die sich nicht vollständig bewegen können _____

E Personen, die nicht hören können _____

F in Deutschland: Bundeskanzler/in und alle Minister/innen _____

G nicht sehen können _____

H Bewerberin für ein Amt oder für eine Arbeitsstelle _____

114 einhundertvierzehn

# 10 eine private Mail verstehen

**2 a** Lesen Sie den Text und die Aufgaben 1 bis 6 dazu. Wählen Sie: Sind die Aussagen Richtig oder Falsch?

Hallo Antonia,
endlich habe ich mal wieder Zeit, dir zu schreiben. Bei mir im Büro ist wie immer viel zu tun, also nichts Neues. Aber bei uns im Haus gibt es Neuigkeiten. Wir haben nämlich einen neuen Nachbarn bekommen, Robert, er ist vor drei Wochen eingezogen. Robert ist blind. Stell dir vor, ich habe das nicht gleich gemerkt, weil er im Treppenhaus so sicher und schnell gegangen ist. Als wir uns das erste Mal unterhalten haben, hat er dann aber mehr von sich erzählt. Wir haben doch mal diesen Film über Blinde zusammen gesehen, erinnerst du dich? Jetzt lerne ich das Leben eines Blinden aus der Nähe kennen. Es beeindruckt mich sehr, dass Robert in seiner Wohnung keine Hilfe braucht. Aber im Viertel kennt er vieles noch nicht und da kann ich ihm ein bisschen helfen. Ich bin schon einige Male mit ihm draußen gewesen und habe ihm erklärt, was wo ist. Robert hat echt ein gutes Gedächtnis, er merkt sich eigentlich alles und beim nächsten Spaziergang erinnert er sich noch genau an das, was ich ihm gezeigt habe. Du weißt ja, wie lange ich immer brauche, um mich zu orientieren … und jetzt hat Robert mir schon einige gute Tipps gegeben, wie ich besser zurechtkommen und mir Dinge leichter merken kann. Robert arbeitet als Lehrer an einer Blindenschule. Er bringt den Kindern auch Lesen bei – für mich sieht das ja total schwer aus. Er hat mir Bücher in Blindenschrift gezeigt, aber bisher kann ich noch nichts erkennen. Für mich fühlt sich alles gleich an.
Gestern wollte ich ausprobieren, wie es ist, sich komplett im Dunkeln zu bewegen. Ich habe meine Wohnung ganz dunkel gemacht und versucht, mich zu orientieren. Zuerst war es schwer und ich habe mich mehrmals gestoßen und blaue Flecken bekommen. Aber nach einer Weile ging es ganz gut und ich konnte fast alles machen. Irgendwie wirkt im Dunkeln alles ruhiger – probier es doch auch mal aus!
Besuch mich doch übernächstes Wochenende, dann könnten wir einen Ausflug zu dritt machen. Robert würde dich auch gerne kennenlernen und ich glaube, ihr werdet euch gut verstehen.
Ich schicke dir schon mal ein Foto von uns beiden. Melde dich doch, dann können wir etwas ausmachen.
Viele Grüße
Jakob

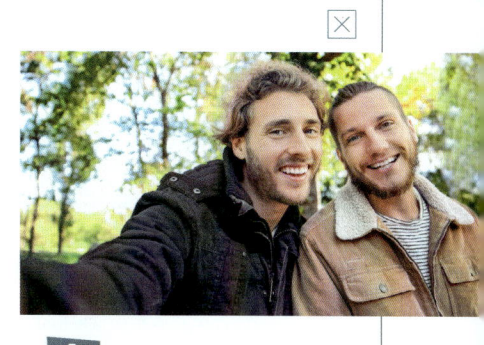

! Die Aussagen (1–6) stehen in der Prüfung in der Reihenfolge des Textes. → Die Informationen zu Aussage 1 stehen vor den Informationen zu Aussage 2 im Text.

**Beispiel**

0  Jakob muss viel arbeiten. — Richtig [x] | Falsch

1. Jakob wusste von Anfang an, dass Robert blind ist. — Richtig | Falsch
2. Robert und Jakob kennen sich aus der Arbeit. — Richtig | Falsch
3. Jakob lernt nützliche Dinge von Robert. — Richtig | Falsch
4. Jakob kann schon einige Buchstaben in Blindenschrift lesen. — Richtig | Falsch
5. Jakob hatte am Anfang Probleme, ohne Licht zu Hause herumzugehen. — Richtig | Falsch
6. Jakob denkt, dass Robert und Antonia Freunde werden können. — Richtig | Falsch

**b** Wie heißen die Wörter? Notieren Sie.

○ Für mich ist (1) MEIHUNGSFRINEITE _____ sehr wichtig, ich will sagen können, was ich denke!

● Ja, aber nur, wenn man mit dem, was man sagt, andere Menschen nicht verletzt. Ich möchte außerdem ohne Angst im Park spazieren gehen. In einer Stadt mit viel (2) RIKMÄLINITAT _____ möchte ich nicht so gerne leben.

○ Ja, und wenn doch mal etwas passiert und man ein Problem hat, dann hoffe ich natürlich auf die (3) HIFBERSEIFSCHALTT _____ der anderen.

# 10 Texte über soziales Engagement verstehen, eine Auswahl treffen

## Freiwillig

**3 a** Lesen Sie die Texte im Kursbuch, Aufgabe 3b noch einmal und beantworten Sie die Fragen.

**A Freiwillige Feuerwehr**
1. Wo ist die Freiwillige Feuerwehr besonders aktiv?
2. Welche Ausbildung erhalten die Ehrenamtlichen?
3. In welchen Fällen hilft die Feuerwehr?

**B Die *Tafel***
4. Woher bekommt die *Tafel* Lebensmittel?
5. Wo können sich bedürftige Menschen Lebensmittel abholen?
6. Wie viele Menschen helfen bei der *Tafel*?

**C Patenschaften**
7. Wie helfen Paten/Patinnen den Familien?
8. Wie oft finden die Treffen statt?
9. Wie finden die Paten/Patinnen Familien, die ihre Hilfe brauchen?

*1. Besonders auf dem Land und in kleinen Städten sind viele Menschen bei der Freiwilligen Feuerwehr aktiv.*

**b** Was würden Sie gern tun und warum? Schreiben Sie Begründungen. Verwenden Sie die Ausdrücke aus dem Kursbuch, Aufgabe 3c.

1. vielen Menschen helfen – bei der Tafel mitarbeiten
2. mit Kindern lernen – als Pate/Patin tätig sein
3. im Notfall helfen – Geld an die Feuerwehr spenden
4. Kinder individuell unterstützen – mitmachen wollen bei einer Hilfsorganisation
5. in einem Verein tätig sein – sich engagieren für andere

*1. Ich würde gern vielen Menschen helfen, darum möchte ich bei der Tafel mitarbeiten.*

**c** Wo finden Sie im Supermarkt welche Lebensmittel? Ordnen Sie zu. Nutzen Sie auch ein Wörterbuch.

die Aprikose \_\_\_\_  die Butter/die Margarine \_\_\_\_  die Zwetschge / die Pflaume \_\_\_\_

die Vollmilch \_\_\_\_  das Gewürz \_\_\_\_  der Quark \_\_\_\_  der/das Ketchup \_\_\_\_

die Orange / die Apfelsine \_\_\_\_  die Konfitüre / die Marmelade \_\_\_\_  der Pudding \_\_\_\_

das Hühnchen \_\_\_\_  das Hörnchen / das Croissant \_\_\_\_

die Schlagsahne \_\_\_\_  die Soße \_\_\_\_  das Hackfleisch \_\_\_\_

1. Fisch und Fleisch
2. Milchprodukte
3. Süßes
4. Obst und Gemüse
5. Gebäck
6. Würzen & Co.

**d** Welche Lebensmittel würden Sie zu einem günstigeren Preis kaufen, wenn sie bereits seit zwei Tagen abgelaufen sind oder nicht mehr frisch aussehen? Markieren Sie in 3c und vergleichen Sie in Gruppen.

Vorgänge beschreiben

# 10

## 4 a Bilden Sie die Partizipien der Verben und erstellen Sie eine Tabelle.

liefern | bestellen | einladen | essen | informieren | kaufen | wegwerfen | sammeln | spenden | mitnehmen | empfangen | kontrollieren

| regelmäßig | unregelmäßig |
|---|---|
|  |  |

> **!**
>
> **Partizip II**
> **regelmäßig: (e)t**
> ohne Präfix: arbeiten – **ge**arbeite**t**
> trennbar: mitarbeiten – mit**ge**arbeite**t**
> untrennbar: bearbeiten – bearbeite**t**
> -ieren: reparieren – reparier**t**
>
> **unregelmäßig: en**
> ohne Präfix: kommen – **ge**komm**en**
> trennbar: mitkommen – mit**ge**komm**en**
> untrennbar: bekommen – bekomm**en**

## b Der Weg der Tomate. Ordnen Sie die Bilder den Sätzen zu.

A ☐  B ☐  C ☐  D ☐  E ☐

1. Das Gemüse wird bestellt.
2. Dann wird das Gemüse in den Supermarkt gebracht.
3. Im Supermarkt wird das meiste Gemüse gekauft.
4. Lebensmittel, die niemand gekauft hat, werden der *Tafel* gespendet.
5. Die Lebensmittel werden von der *Tafel* verteilt.

## c Lesen Sie die Sätze im Aktiv und notieren Sie darunter den entsprechenden Passivsatz aus 4b. Markieren Sie dann die gleichen Elemente in jeweils einer Farbe.

1. Der Verkaufsleiter bestellt das Gemüse.
   *Das Gemüse wird bestellt.*

2. Ein Lkw bringt dann das Gemüse in den Supermarkt.
   _____

3. Die Kunden kaufen das meiste Gemüse im Supermarkt.
   _____

4. Der Supermarkt spendet der *Tafel* Lebensmittel, die niemand gekauft hat.
   _____

5. Die *Tafel* verteilt die Lebensmittel.
   _____

einhundertsiebzehn 117

## 10 Vorgänge beschreiben, über Veränderungen sprechen

**d** Bei der Feuerwehr. Ergänzen Sie die Verben im Passiv.

alarmieren | ausbilden | feiern | ~~kontrollieren~~ | reinigen | üben

> **Immer im Einsatz**
>
> Bei der Feuerwehr gibt es immer viel zu tun. Die Feuerwehrautos (1) _werden_ regelmäßig _kontrolliert_, denn alles muss funktionieren. Damit die Feuerwehrleute wissen, was sie tun, (2) _____ jedes Mitglied gut _____ und die Einsätze (3) _____ mit dem Team immer wieder _____. Wenn es dann einen Notruf gibt, (4) _____ die Feuerwehrleute blitzschnell _____. Nach den Einsätzen (5) _____ die Uniformen für den nächsten Einsatz _____. Aber das Leben der Feuerwehrleute besteht nicht nur aus Üben und Helfen, oft (6) _____ auch Feste _____.

**e** „Tag der offenen Tür" bei der Feuerwehr. Was wird gemacht? Formulieren Sie Sätze im Passiv.

1. Programm planen
2. Helfer/innen informieren
3. Plakate drucken und aufhängen
4. Informationen posten
5. Bürgermeisterin einladen
6. Spiele für Kinder vorbereiten
7. Feuerwehrautos putzen
8. Vorführungen üben
9. Gäste empfangen und herumführen

*1. Zuerst wird das Programm geplant.*

**5 a** Passiv in der Vergangenheit. Welche Form ist richtig? Markieren Sie.

> Unser Verein „Nachbarschaftshilfe" (1) wird/wurde/wurden 2009 gegründet. Seitdem sind verschiedene Projekte umgesetzt (2) werden/wurden/worden, wie zum Beispiel der Tauschclub. 2013 (3) werden/wurde/wurden mit Ihren Spenden der Kinderspielplatz an der Bahnhofsstraße gebaut und 2017 (4) wird/wurde/wurden fünfzig Bäume im Park gepflanzt. Auf dem Weihnachtsmarkt im letzten Jahr (5) werden/wurde/wurden Geld für eine Kletterwand gesammelt. Damit es so weitergeht, brauchen wir auch weiterhin Ihre Unterstützung – machen Sie mit!

**b** Feierabend im Verein „Nachbarschaftshilfe". Vergleichen Sie die beiden Bilder. Was wurde gemacht? Schreiben Sie sieben Sätze im Passiv Präteritum zu Bild B.

~~ausschalten~~ | gießen | abspülen | trinken | stellen | schließen | wegräumen | ziehen

*Der Computer wurde ausgeschaltet.*

# 10
eine Radiodiskussion verstehen, auf eine Anzeige antworten

**6 a** Sie hören nun eine Diskussion. Sie hören die Diskussion zweimal. Dazu lösen Sie acht Aufgaben. Ordnen Sie die Aussagen zu: Wer sagt was? Lesen Sie jetzt die Aussagen 1 bis 8. Dazu haben Sie 60 Sekunden Zeit.

*Die Moderatorin der Radiosendung „Diskussion aktuell" diskutiert mit dem Vorsitzenden des Vereins „Schülerpaten", Gregor Saalfeld, und der Patin Julia Hofer über die Bedeutung von ehrenamtlicher Hilfe für Schülerinnen und Schüler.*

|  | Moderatorin | Gregor Saalfeld | Julia Hofer |
|---|---|---|---|
| **Beispiel** 0 Der Verein „Schülerpaten" unterstützt Schüler/innen bei Schulproblemen. | a | ☒ | c |
| 1. Manche Schüler und Schülerinnen werden später selbst Schülerpate oder -patin. | a | b | c |
| 2. Alle Schülerpaten und -patinnen bekommen eine Einführung in die Arbeit. | a | b | c |
| 3. Die Patinnen und Paten organisieren die Termine für die Treffen. | a | b | c |
| 4. Paten/Patinnen unterstützen beim Lernen allgemein. | a | b | c |
| 5. Damit man jemanden gut unterstützen kann, sollte man ihn oder sie gut kennen. | a | b | c |
| 6. Bei Bedarf bereiten die Patinnen und Paten auch auf die Arbeitswelt vor. | a | b | c |
| 7. Oft hält der Kontakt auch noch, wenn die Schulzeit für beide vorbei ist. | a | b | c |
| 8. Die Hilfe ist kostenlos. | a | b | c |

**b** Ich kann helfen. Wählen Sie.

**A** Ergänzen Sie die Antwortmail.

> Älterer Herr sucht Einkaufshilfe, 1–2 Mal pro Woche.
> Mail: gerd.masch@inter.net

Sehr (1) _____ Herr Masch, ich habe Ihre

(2) _____ gelesen und kann Ihnen sehr gerne

(3) _____. Ich kann z. B. (4) _____

und donnerstags am (5) _____ für Sie einkaufen

gehen und Ihnen dann alles (6) _____.

Ich (7) _____ mich über eine Nachricht von

Ihnen. (8) _____ Sie mich gerne an, Telefon …

Mit (9) _____ Grüßen

**B** Antworten Sie auf die Anzeige.

**Pate/Patin gesucht**

Wir suchen für unseren 11-jährigen Sohn einen geduldigen Paten oder eine geduldige Patin, der/die ihm hilft, seine Hausaufgaben konzentriert zu erledigen, und der/die bei allen schulischen Fragen helfen kann, vor allem in Mathe und Englisch. Wir freuen uns über eine Nachricht an

fam_anger@maily.com

## Mini-München

**7 a** Rund um die Stadt. Markieren Sie sieben Nomen und schreiben Sie mit jedem Wort einen Satz.

MISO**RATHAUS**ERÄRXLBÜRGERMEISTERWALAPSTEUERSTASTRASSELPOL
VORHABENLASESAGEHALTARSGERICHTPARAL

1. *Das Rathaus ist ab 8 Uhr geöffnet.*

einhundertneunzehn **119**

# 10 über Institutionen und Projekte in einer Stadt sprechen, Vorgänge beschreiben

**b** Was gehört zusammen? Lesen Sie den Text zu Mini-München im Kursbuch, Aufgabe 7b noch einmal und ordnen Sie zu.

1. Die Stadt München finanziert ____
2. Weil das Projekt so beliebt ist, ____
3. Die Teilnehmenden lernen, ____
4. Für die Arbeit bekommen die Kinder Gehälter, ____
5. Das Gehalt wird in der Währung *MiMü* bezahlt ____
6. Es gibt auch eine politische Vertretung, ____

A von denen Steuern abgezogen werden.
B in den Ferien ein Programm für Kinder und Jugendliche von 7 bis 15 Jahren.
C die von den Bürgerinnen und Bürgern von Mini-München gewählt wird.
D wie eine Stadt organisiert wird.
E findet es alle zwei Jahre statt.
F und die Kinder bekommen das Geld bei der Bank.

**c** In welchen Aussagen wird eine Meinung ausgedrückt, in welchen ein Widerspruch? Markieren Sie die Redemittel und sortieren Sie sie in eine Tabelle.

1. ==Da kann ich dir nicht voll zustimmen==, weil du nur an die jungen Leute denkst.
2. Ich bin überzeugt, dass Sicherheit sehr wichtig ist, damit sich die Einwohner/innen wohlfühlen.
3. Meiner Meinung nach ist es notwendig, dass neue Schulen gebaut werden.
4. Das sehe ich völlig anders als du. Ich denke, dass eine Stadt gute Altenheime bieten muss.
5. Du betonst, dass Schulen so wichtig sind. Ich denke, dass du in diesem Punkt nicht recht hast.
6. Ich finde es auch sehr sinnvoll, dass die Stadt für gute öffentliche Verkehrsmittel sorgt.
7. Für mich zählt besonders, dass Straßen und öffentliche Plätze sauber sind.
8. Ich stehe auf dem Standpunkt, dass interessante Kulturangebote besonders wichtig sind.
9. Du findest es am wichtigsten, dass es überall in der Stadt sauber ist. Da bin ich nicht deiner Ansicht.
10. Du sagst, dass mehr Kulturangebote notwendig sind. Da muss ich dir leider widersprechen.
11. Findest du nicht auch, dass tolle Kulturangebote viel wichtiger sind als eine Sporthalle?

| Meinung | Widerspruch |
|---|---|
|  | 1, |

**8 a** Passiv mit Modalverb. Was muss in einer Stadt gemacht werden? Schreiben Sie die Sätze.

1. Der Bürgermeister und die Stadtvertretung _müssen gewählt werden._ (wählen)
2. Damit die Stadt Einnahmen hat, _____ (Steuern zahlen)
3. In den Ämtern der Stadt _____ (vieles organisieren)
4. Jede Woche _____ (den Müll entsorgen)
5. Für die Sicherheit _____ (Straßen kontrollieren)
6. In der Stadtvertretung _____
_____ (viele Entscheidungen treffen)

**b** Arbeitsbeginn im Bürgerbüro. Was muss alles gemacht werden?

1. den Computer hochfahren
2. Mails checken
3. Anträge genehmigen
4. Dokumente unterschreiben
5. den Termin mit der Kollegin verschieben
6. Formulare ausdrucken

*1. Der Computer muss hochgefahren werden.*

## 10 — Informationen über die EU verstehen, Rückmeldung geben

**9** Aussprache: Satzmelodie. Kontrastakzente in Fragen mit *oder*. Hören Sie die Sätze und ergänzen Sie die Wörter. Hören Sie dann zur Kontrolle und lesen Sie laut.

1. Arbeitest du heute am _____ oder am _____?
2. Liest du Mails lieber auf dem _____ oder auf dem _____?
3. Ist das ein _____ Projekt oder ein _____?
4. Soll ich den Kunden _____ oder ihm _____?

## Europa

**10** Die EU. Ergänzen Sie die Sätze.

Bürgerinnen und Bürger | Kritik | Land | Staaten | Vertrag | Währung

1. 1951 gründeten Politiker aus sechs _____ die Europäische Gemeinschaft.
2. 1992 entstand mit dem _____ von Maastricht die EU.
3. Heute können die _____ aus EU-Staaten in der Regel ohne Grenzkontrollen reisen.
4. Es ist auch problemlos möglich, in einem anderen _____ zu leben und zu studieren.
5. Seit 2002 verwenden viele Länder dieselbe _____, den Euro.
6. Die EU-Politik muss viele Kompromisse machen. Es gibt immer wieder Diskussionen und _____ an der EU und ihren Gesetzen.

**11** Aus der Geschichte der EU. Was gehört zusammen? Ordnen Sie die Verben zu.

benutzen | beschließen | führen | gründen | reisen | schützen | unterschreiben | zusammenleben

1. engere Zusammenarbeit _____
2. die Europäische Union _____
3. einen Vertrag _____
4. keine Kriege _____
5. in Frieden _____
6. die Menschenrechte _____
7. dieselbe Währung _____
8. ohne Grenzkontrollen _____

**12 a** Höflich Kritik üben. Was ist positiver? Kreuzen Sie an.

1. Die Präsentation hat
   - a mir gut gefallen, sie war sehr interessant.
   - b ein paar interessante Punkte gehabt.
2. Das ist ein spannendes Thema,
   - a aber ich habe viele Punkte schon gekannt.
   - b manche Informationen waren neu für mich.
3. Deine/Ihre Präsentation wäre noch besser,
   - a wenn man dich/Sie besser verstanden hätte.
   - b wenn du/Sie lauter gesprochen hättest/hätten.
4. In deiner/Ihrer Präsentation hast du / haben Sie
   - a passende Beispiele und Bilder ausgewählt.
   - b auch Bilder und Beispiele gezeigt.

**b** Fragen zu einer Präsentation einleiten. Schreiben Sie.

1. eine Frage / zu / Ihr Thema / haben / Ich / noch
2. Ein Punkt / interessiert mich / Ihrer Präsentation / besonders
3. ich / möchten / Zu Ihrem letzten Punkt / fragen / noch etwas
4. Ich / nicht wissen, / ob / ich / haben / richtig verstanden / das

*1. Ich habe noch …*

einhunderteinundzwanzig 121

## 10 eine kurze Präsentation halten, Rückmeldung geben

**c** Sie sollen Ihren Zuhörerinnen/Zuhörern ein aktuelles Thema präsentieren. Dazu finden Sie hier fünf Folien. Folgen Sie den Anweisungen links und schreiben Sie Ihre Notizen und Ideen rechts daneben.

> **!** In der Prüfung hat jede/r Kandidat/in **zwei Themen zur Auswahl**, z. B.:
> Thema A: „Politik lernen, aber wie?"
> **Politik als Schulfach?**
> Thema B: „Ich bin dann mal weg!"
> **Studienjahr im Ausland**

Arbeiten Sie zu zweit. Jede/r wählt **ein** Thema aus dem Kasten rechts.

Stellen Sie Ihr Thema vor. Erklären Sie den Inhalt und die Struktur Ihrer Präsentation.

*Folie 1:* „Politik lernen, aber wie?" / Politik als Schulfach?

Berichten Sie von Ihrer Situation oder einem Erlebnis im Zusammenhang mit dem Thema.

*Folie 2:* Politik als Schulfach? Meine persönlichen Erfahrungen

Berichten Sie von der Situation in Ihrem Heimatland und geben Sie Beispiele.

*Folie 3:* Politik als Schulfach? In meinem Heimatland

Nennen Sie die Vor- und Nachteile und sagen Sie dazu Ihre Meinung. Geben Sie auch Beispiele.

*Folie 4:* Politik als Schulfach? Vor- und Nachteile & Meine Meinung

Beenden Sie Ihre Präsentation und bedanken Sie sich bei den Zuhörern/Zuhörerinnen.

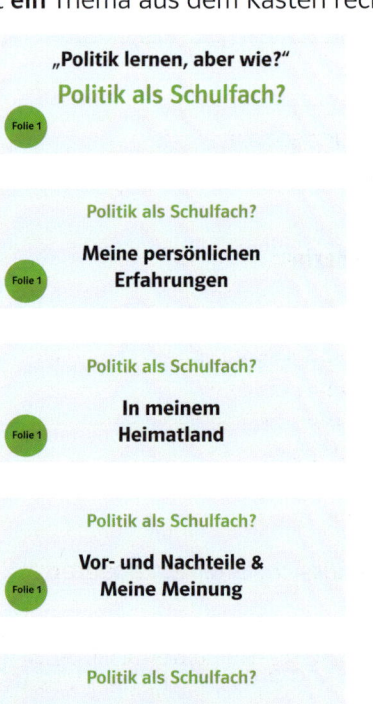

*Folie 5:* Politik als Schulfach? Abschluss & Dank

**d** Arbeiten Sie zu zweit. Beide halten ihre Präsentation, geben dem/der anderen Rückmeldung und stellen Fragen. Antworten Sie auf die Fragen Ihres Partners / Ihrer Partnerin.

> **!** In der Prüfung stellt Ihnen auch der/die Prüfer/in Fragen.

## Wortbildung – Adjektive mit -los und -bar

**A** Adjektive mit *-bar*. Lesen Sie die Sätze und ergänzen Sie die Adjektive in der richtigen Form.

erreichbar | haltbar | machbar | recycelbar

1. Das ist kein großes Problem, das ist gut _____ .
2. Viele Lebensmittel sind sehr lange _____ .
3. Mein Arbeitsplatz ist auch zu Fuß _____ .
4. Das Material ist zu 100 Prozent _____ .

> **W** Adjektive mit *-bar* kommen von einem Verb. Oft drücken sie aus, dass man etwas machen kann:
> *Diesen Pilz kann man essen.*
> *Dieser Pilz ist **essbar**.*

**B** Adjektive mit *-los*. Bilden Sie Adjektive aus den Nomen.

1. Es gab keine Hilfe, das arme Tier war völlig *hilflos* .
2. Sie haben keine Kosten, die Reparatur ist _____ .
3. Er hat schon lange keine Arbeit mehr, er ist _____ .
4. Das geht ohne Probleme, wir können das schnell und _____ reparieren.

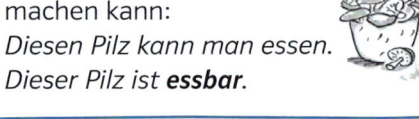

> **W** Adjektive mit *-los* kommen von einer Nomen. Sie drücken aus, dass es die Bedeutung des Nomens nicht gibt:
> *glücklos – ohne Glück*

122 einhundertzweiundzwanzig

Das kann ich nach Kapitel 10 **10**

**R1** Ehrenamtliche erzählen. Hören Sie die drei Berichte. Für welche Organisation engagieren sich die Personen? Warum? Notieren Sie.

2.19

           1. Carsten Weber      2. Anita Nowak      3. Michael Turk

Organisation? _____ _____ _____

Warum? _____ _____ _____

| | 😊😊 | 😊 | 😐 | ☹ | KB | ÜB |
|---|---|---|---|---|---|---|
| Ich kann Texte über soziales Engagement verstehen und darüber sprechen. | ☐ | ☐ | ☐ | ☐ | 3 | 3a |

**R2** Wo möchten Sie lieber mitarbeiten? Jede/r wählt ein Angebot und begründet seine/ihre Auswahl.

**Lernhilfe für Schülerinnen und Schüler**
- Eltern können Nachhilfe nicht bezahlen
- gratis Unterstützung beim Lernen
- Erfolg für die Schülerinnen und Schüler
- Motivation: bessere Berufsaussichten geben

**Umwelt reinigen**
- Müll in der Natur sammeln
- Abfälle richtig entsorgen/recyceln
- gemeinsam den Wohnort sauber machen
- Bewusstsein gegen Wegwerfen schaffen

| | 😊😊 | 😊 | 😐 | ☹ | KB | ÜB |
|---|---|---|---|---|---|---|
| Ich kann eine Auswahl treffen und begründen. | ☐ | ☐ | ☐ | ☐ | 3c | 3b |

**R3** Arbeiten Sie zu zweit. Sehen Sie die Bilder an. Beschreiben Sie abwechselnd, was sich verändert hat. Verwenden Sie das Passiv und kontrollieren Sie sich gegenseitig.

A           B

| | 😊😊 | 😊 | 😐 | ☹ | KB | ÜB |
|---|---|---|---|---|---|---|
| Ich kann Vorgänge beschreiben und über Veränderungen sprechen. | ☐ | ☐ | ☐ | ☐ | 4, 5, 8 | 4, 5, 8 |

| **Außerdem kann ich …** | 😊😊 | 😊 | 😐 | ☹ | KB | ÜB |
|---|---|---|---|---|---|---|
| … über die Gesellschaft sprechen. | ☐ | ☐ | ☐ | ☐ | 1, 2 | 1 |
| … eine private E-Mail verstehen. | ☐ | ☐ | ☐ | ☐ | | 2 |
| … über ein soziales Projekt schreiben. | ☐ | ☐ | ☐ | ☐ | 6 | |
| … eine Radiodiskussion verstehen. | ☐ | ☐ | ☐ | ☐ | | 6a |
| … auf eine Anzeige antworten. | ☐ | ☐ | ☐ | ☐ | | 6b |
| … über Institutionen und Projekte in einer Stadt sprechen. | ☐ | ☐ | ☐ | ☐ | 7a, e | 7 |
| … einen Artikel über ein Projekt verstehen. | ☐ | ☐ | ☐ | ☐ | 7b–c | |
| … Informationen über die EU verstehen. | ☐ | ☐ | ☐ | ☐ | 10, 11a–b | 10, 11 |
| … eine kurze Präsentation halten. | ☐ | ☐ | ☐ | ☐ | 11c, 12 | 12c–d |
| … Rückmeldung zu einer Präsentation geben. | ☐ | ☐ | ☐ | ☐ | | 12a–b, d |

einhundertdreiundzwanzig **123**

# 10 Lernwortschatz

## Miteinander

die Gemeinschaft, -en
die Gesellschaft, -en
das Zusammenleben (Sg.)
der Wert, -e
der Respekt (Sg.)
die Meinungsfreiheit (Sg.)
die Gleichberechtigung (Sg.)
die Würde (Sg.)
die Solidarität (Sg.)
die Gerechtigkeit (Sg.)
die Ehrlichkeit (Sg.)
die Fairness (Sg.)
die Zivilcourage (Sg.)
die Sicherheit (Sg.)
die Erziehung (Sg.)
das Recht, -e
regeln
die Minderheit, -en
das Vorurteil, -e
die Toleranz (Sg.)

## Engagement

ehrenamtlich
die Hilfsbereitschaft (Sg.)
die Nachhilfe (Sg.)
bewältigen (eine Aufgabe bewältigen)
die Mühe, -n
das Vorhaben, -
der Pate, -n
die Patin, -nen
die Patenschaft (Sg.)
die Not, ⸚e (in der Not helfen)
bedürftig
die Berufsfeuerwehr, -en
die Erste Hilfe (Sg.)
spenden

## Behörden und Arbeitswelt

das Amt, ⸚er
der Anspruch, ⸚e (Sie haben Anspruch auf 30 Tage Urlaub.)
die Vorschrift, -en
ab|melden
zu|lassen, er lässt zu, ließ zu, hat zugelassen
verantwortlich (für + A.)
zuverlässig
eine Entscheidung treffen
das Arbeitsamt, ⸚er
die Arbeitsstelle, -n
ein|nehmen, er nimmt ein, nahm ein, hat eingenommen (Geld einnehmen)
finanzieren
die Dienstleistung, -en

## Politik

die Demokratie, -n
ab|stimmen
der Bundestag (Sg.)
der/die Abgeordnete, -n
die Regierung, -en
der Bundeskanzler, -
die Bundeskanzlerin, -nen
der Minister, -
die Ministerin, -nen
der Kandidat, -en
die Kandidatin, -nen
die Bürgerversammlung, -en
die EU / Europäische Union (Sg.)
der Mitgliedsstaat, -en
die Organisation, -en
die Vertretung, -en
der Sitz, -e (Die politische Vertretung hat ihren Sitz im Rathaus.)

## Lernwortschatz 10

erfüllen *(eine wichtige Funktion erfüllen)* _____

schließen, er schließt, schloss, hat geschlossen *(einen Vertrag schließen)* _____

unterzeichnen _____

national _____

### Migration und Flucht

die Flucht, -en _____
der Krieg, -e *(Krieg führen)* _____
die Aufnahme (Sg.) _____
die Integration (Sg.) _____
der Migrant, -en _____
die Migrantin, -nen _____

### Lebensmittel

die Apfelsine, -n _____
die Orange, -n _____
die Aprikose, -n _____
die Pflaume, -n _____
die Zwetschge/Zwetschke, -n _____
die Konfitüre, -n _____
die Semmel, -n *(Süddeutsch)* _____
das Hörnchen, - _____
das Croissant, -s _____
die Margarine, -n _____
das Milchprodukt, -e _____
die Vollmilch (Sg.) _____
der Quark (Sg.) _____
die Schlagsahne (Sg.) _____
der Pudding, -e/-s _____

das Hackfleisch (Sg.) _____
das Hühnchen, - _____
der/das Ketchup, -s _____
die Soße, -n _____
das Gewürz, -e _____
würzen _____
die Lieferung, -en _____

### andere wichtige Wörter und Wendungen

zunächst _____
im Lauf (+ G.) *(im Lauf der Zeit)* _____
übrig _____
das Ding, -e *(Das ist voll mein Ding.)* _____
verlassen, er verlässt, verließ, hat verlassen _____
der Vortrag, ¨e _____
sichern *(Bildung sichert die Zukunft.)* _____
heraus|finden, er findet heraus, fand heraus, hat herausgefunden _____
körperlich _____
blind _____
der Humor (Sg.) _____
die Auswahl (Sg.) *(eine Auswahl treffen)* _____
endgültig _____
entsorgen _____
erscheinen, er erscheint, erschien, ist erschienen _____
werden *(Er wird in Erste Hilfe ausgebildet.)* _____
die Zone, -n _____

### Wichtig für mich:

_____
_____

---

**Was ist wichtig für eine Gemeinschaft? Ergänzen Sie je ein passendes Wort aus der Wortfamilie.**

ehrlich _____        gerecht _____        aufnehmen _____

tolerant _____       fair _____           organisieren _____

# 11 über das Leben in der Stadt sprechen

# Stadt, Land, Fluss

**1  In der Stadt. Wählen Sie.**

**A** Ergänzen Sie. Die Wörter unten helfen. Wie heißt die Lösung?

**B** Ergänzen Sie die Wörter. Wie heißt die Lösung?

1. In unserer Stadt sind viele verschiedene … unterwegs: Autos, Busse, Fahrräder, U-Bahnen, …
2. Hier ist es viel zu laut. Bei diesem … kann ich mich nicht entspannen.
3. Ich mag die … Dort gibt es viele Geschäfte und keine Autos.
4. Ich wohne direkt an einer großen Straße. Die Luft ist schlecht, weil es so viel … gibt.
5. Mit welcher … darf man in der Stadt fahren? 50 km/h, oder?
6. Die Viertel einer Stadt sind sehr verschieden. Jeder … sieht anders aus.
7. Alle Geschäfte waren geschlossen. Ich konnte mir nur die … ansehen.
8. Diese Straße ist aber schmutzig! Und wer macht den … weg?
9. Ich wohne in einem Hochhaus, im 12. Stock. Die … ist super.
10. Frau Dinkel von nebenan ist sehr hilfsbereit. Sie ist eine tolle …
11. So schön, direkt am Park! Die … der Wohnung ist echt toll.
12. Mein Arbeitsplatz ist mitten in der Stadt. In unserem … gibt es 1.000 Mitarbeiter.

Das braucht man auch in einer Stadt:

___ ___ ___ ___ ___ ___ ___ ___ ___ ___ ___ ___ ___ ___
 1   2   3   4   5   6   7   8   9  10  11  12  13  14

Aussicht | Dreck | Fahrzeuge | Fußgängerzone | Geschwindigkeit | Lage | Lärm | Nachbarin | Schaufenster | Stadtteil | Unternehmen | Verkehr

**2 a  Was passt zusammen? Ordnen Sie zu.**

finden | ~~kennen~~ | machen | renovieren | suchen | ziehen

1. alle Ecken der Stadt _kennen_
2. alte Häuser _____
3. dringend eine neue Wohnung _____
4. endlich einen Parkplatz _____
5. mit dem Motorrad Touren _____
6. durch ein paar Kneipen _____

126 einhundertsechsundzwanzig

## 11 Übersichtstafeln verstehen

**b** Stadtleben – Was bedeutet das für Sie? Ergänzen Sie passende Wörter und vergleichen Sie mit einem Partner / einer Partnerin.

```
S T A D T L E B E N
T
R
E
S
S
```

**3** Sie sind im Rathaus Ihrer Stadt. Lesen Sie die Aufgaben 1 bis 5 und den Wegweiser. In welches Zimmer (a, b oder c) gehen Sie? Kreuzen Sie an.

**Beispiel:** Sie haben ein Auto und brauchen einen Anwohnerparkausweis.
- [a] Zimmer 202
- [x] Zimmer 203
- [c] anderes Zimmer

**1** Sie haben gestern Ihre Jacke an der Bushaltestelle vergessen.
- [a] Zimmer 201
- [b] Zimmer 204
- [c] anderes Zimmer

**2** Sie möchten wieder arbeiten und brauchen eine Betreuung für Ihr Kind.
- [a] Zimmer 113
- [b] Zimmer 114
- [c] anderes Zimmer

**3** Sie haben geheiratet und wollen den Nachnamen Ihrer Frau annehmen.
- [a] Zimmer 111
- [b] Zimmer 112
- [c] anderes Zimmer

**4** Sie sind wegen Ihrer neuen Stelle umgezogen und haben eine neue Adresse.
- [a] Zimmer 110
- [b] Zimmer 114
- [c] anderes Zimmer

**5** Sie haben aus dem Tierheim einen Hund geholt und möchten ihn jetzt anmelden.
- [a] Zimmer 112
- [b] Zimmer 202
- [c] anderes Zimmer

| Zimmer | Mitarbeiter/in | Zuständigkeiten |
|---|---|---|
| 110 | Sybille Kollmann | Gesundheitsberatung – Impfungen – Prävention – Untersuchungen für Kinder – meldepflichtige Krankheiten |
| 111 | Erkan Sahin | Geburten – Eheschließungen – Lebenspartnerschaften – Namensänderungen – Sterbebüro – Kirchenaustritte – Beglaubigungen |
| 112 | Celine Swerlowa | An-, Ab-, und Ummeldung einer Wohnung – Personalausweise – Reisepässe – Führerscheine – Kinderreisepässe – Meldebescheinigungen |
| 113 | Kevin Ebert | Schulen – Kinderkrippen – Kindergärten – Horte – Ferienprogramme – Elterngeld – Frauenbüro – Vereine – Veranstaltungen |
| 114 | Simona Misik | Einbürgerungen – Aufenthaltsgenehmigungen – Arbeitserlaubnis – Visumserteilung – Familiennachzug |
| 201 | Ralf Bönisch | Büchereien – Bibliotheken – Leseförderung – Städtepartnerschaften – Austauschprogramme – Befreiungen für öffentliche Verkehrsmittel |
| 202 | Hannah Diaz | Baugenehmigungen – Gartenbauamt – Hundesteuer – Parkanlagen – Stadtplanung – Denkmalschutz – Verkehrsplanung |
| 203 | Benjamin Krail | Kfz-Zulassungsstelle – Parkausweise – verkehrsberuhigte Zonen – Spielstraßen – Parkverbote |
| 204 | Susan Plath | Fundbüro – Behindertenparkplätze – Parkstrafen – Sicherheitsangelegenheiten |

# 11 über bereits Genanntes sprechen

## Bist du ein Stadtmensch?

**4 a** Artikelwörter als Pronomen. Mein neues Leben auf dem Land. Was ist richtig? Kreuzen Sie an.

> Simon — 23.03. | 15:33 Uhr
>
> Seid ihr Stadtmenschen? Ich bin (1) ☐ keine ☐ keiner. Ich fühle mich auf dem Land wohler. Schon immer wollte ich einen Garten haben. Jetzt habe ich endlich (2) ☐ eins ☐ einen. Ich habe ein Haus gekauft. Es ist sehr klein, aber es ist (3) ☐ meins ☐ meine! Hier auf dem Land braucht man eigentlich ein Auto. Aber ich habe noch (4) ☐ keiner ☐ keins. Freunde fragen mich, ob es in dem Dorf auch Geschäfte gibt. Ja, zum Glück gibt es (5) ☐ welche ☐ welchen. Ich kenne schon ein paar Familien in der Nachbarschaft. Neben mir wohnt (6) ☐ einer ☐ eine, die drei Hunde hat. Wenn ihr mich besuchen kommt, dann gehen wir in ein schönes Gasthaus. Es gibt da (7) ☐ einer ☐ eins gleich in der Nähe.

**b** Welche Artikelwörter als Pronomen haben Sie in 4a angekreuzt? Markieren Sie in der Tabelle.

|      | der | das | die | die (Pl.) |
|------|-----|-----|-----|-----------|
| Nom. | einer/**keiner**/meiner | eins/keins/meins | eine/keine/meine | welche/keine/meine |
| Akk. | einen/keinen/meinen | eins/keins/meins | eine/keine/meine | welche/keine/meine |

**c** Was passt wo? Ergänzen Sie die Sätze.

eine | einen | einer | keine | keiner | keins | welche

1. ○ Wo sind die anderen Studenten? Warum ist noch _keiner_ da?  ● Na ja, wir sind zu früh.
2. ○ Morgen kaufe ich einen neuen Computer.  ● Was? Du hast doch erst _einen_ gekauft.
3. ○ Entschuldigung, wo finde ich weiße T-Shirts?  ● Da hinten auf dem Tisch liegen _einer_.
4. ○ Jetzt brauche ich nur noch einen Parkplatz.  ● Schau mal da links, da ist _einer_!
5. ○ Ich suche eine Bäckerei. Gibt es _eine_ in der Nähe?  ● Nein, hier ist _keine_.
6. ○ Haben Sie ein Buch über Zürich? Im Regal sehe ich _einen_.  ● Kommen Sie mit, bitte.

**d** Wir räumen auf! Ergänzen Sie die Possessivpronomen.

1. ○ Wem gehört denn dieser Schlüssel? Ist das _deiner_, David?  ● Nein, mir gehört der nicht.
2. ○ Hast du vielleicht meine Jacke gesehen?  ● Ist das da hinten auf dem Stuhl nicht _deins_?
3. ○ Ist das hier der Rucksack von Ben?  ● Ja, das ist _seins_.
4. ○ Sarah und David, wem gehören denn diese ganzen Sachen hier? Sind das _eures_?
   ● Nee, das sind nicht _unseren_. Frag mal Ben.
5. ○ Oh, schau mal, der Kalender gehört doch Mama, oder?  ● Ja, das ist _ihrs_.
6. ○ Du, Papa, mein Handy ist kaputt. Kann ich mal kurz _deine_ benutzen?
   ● Tut mir leid, ich habe _meine_ im Büro vergessen.
7. ○ Ben, leg bitte deinen Pullover in den Schrank.
   ● Das ist nicht _meins_. Der gehört David.

über das Leben in der Stadt sprechen  **11**

**5** Philipp ist neu in der Stadt und macht eine Party. Ergänzen Sie die passende Form von *irgendein/irgendeine/irgendwelche*.

**Maja**

Ich möchte eine Party machen. Kennt ihr (1) _____ coole Location? Habt ihr (2) _____ Tipps?   Philipp

Bevor du (3) _____ teure Bar buchst: Du kannst gern in unserer Garage feiern.   Maja

**Philipps Party**

Wir sollten Philipp nicht einfach (4) _____ Geschenk kaufen. Hat jemand eine gute Idee?   Maja

Wie wäre es mit Gutscheinen: Jede/r macht mit ihm eine Tour durch (5) _____ Viertel.   Matteo

Super Idee. Und dann suchen wir jeweils (6) _____ Kneipe aus. Und wer Zeit hat, kommt auch hin.   Sinan

Cool! Ich nehme gern Vorschläge entgegen und mache den Gutschein.   Maja

## Wenn die Stadt erwacht

**6 a** Morgens um fünf. Ergänzen Sie die Endungen.

Ferdy ist (1) Angestellt_____ im Allgemeinen Krankenhaus und arbeitet deshalb oft nachts. Auch die vier (2) Angestellt_____ der Bäckerei sind schon früh auf den Beinen. Zu den Aufgaben der (3) Bäckereiangestellt_____ Vera gehört es, das Brot zu den großen Kunden zu bringen. Auch für Max, den (4) Angestellt_____ des Bauhofs, beginnt der Arbeitstag meistens sehr früh. Mit einem anderen (5) Angestellt_____ fährt er schon um fünf Uhr morgens mit den Reinigungsfahrzeugen los.

**!** **Adjektive als Nomen** Achten Sie bei der Deklination dieser Nomen auf den Kasus.

**b** Ergänzen Sie die Nomen und achten Sie auf die Endungen.

der/die Angehörige | der/die Arbeitslose | der/die Bekannte | der/die Erwachsene | der/die Jugendliche | der/die Kranke

Für die Patienten im Krankenhaus sind die Tage oft lang. Deshalb freut sich jeder (1) _Kranke_, wenn er Besuch von Freunden oder guten (2) _Bekannten_ bekommt. Gestern war ich bei meiner Freundin, sie liegt schon seit fünf Wochen im Krankenhaus. Ich wollte unbedingt mit dem Arzt sprechen, aber nur (3) _Angehörige_ bekommen Informationen über die Patienten.

Viele (4) _Erwachsene_ sind gestresst und träumen von einem ruhigen Leben auf dem Land. Aber (5) _Jugendliche_ zwischen 14 und 17 langweilen sich oft schnell. Sie wollen lieber in der Stadt leben, wo es mehr Freizeitmöglichkeiten gibt. Auch die beruflichen Möglichkeiten sind in einer großen Stadt besser, (6) _Arbeitslosen_ finden schneller eine neue Stelle als auf dem Land.

# 11 Ansagen verstehen, über das Leben in der Stadt schreiben, etwas näher beschreiben

**7** Sie hören nun fünf kurze Texte. Dazu sollen Sie fünf Aufgaben lösen. Sie hören jeden Text zweimal. Entscheiden Sie beim Hören, ob die Aussagen 1 bis 5 richtig oder falsch sind.

1. Der Film „Leben in der Stadt" beginnt um 17 Uhr. R F
2. Das Rathaus befindet sich in der Karlsstraße. R F
3. Das Bürgerbüro ist am Dienstagnachmittag geöffnet. R F
4. Der Zug nach Leipzig fährt von Gleis 3 ab. R F
5. Das Geschäft befindet sich am Schillerplatz. R F

> ! Im ZDÖ lesen Sie zu jeder Aussage eine Situationsbeschreibung, z. B.: *Sie hören eine Radioansage zu einem Filmfestival.*

## Lebenswerte Städte

**8 a** Was bedeutet das? Markieren Sie sechs Wörter und ergänzen Sie sie im Text.

BARCARBEITSZEITVANCARBEITSBEGINNELOCOUURLAUBSTAGEVERN
ABILDUNGSANGEBOTSTOLGESUNDHEITSSYSTEMCKHNKINDERBETREUUNGKIO

### Marcos Blog – So gelingt der Start in D-A-CH!

– Wie viele (1) _____ gibt es?
  In Österreich haben Arbeiter/innen und Angestellte mindestens 25 Arbeitstage pro Jahr frei, in der Schweiz nur 20, in Deutschland mindestens zwischen 20 und 24 Arbeitstage.

– Durchschnittlicher (2) _____
  In München fangen Angestellte im Durchschnitt um 8:46 Uhr an zu arbeiten, in Berlin um 9:53 Uhr.

– Infos zur (3) _____
  Vollzeit-Angestellte arbeiten in Österreich zwischen 38,5 und 40 Stunden pro Woche, in der Schweiz zwischen 38,5 und 42,5 Stunden, in Deutschland zwischen 35 und 42 Stunden.

+ Infos zur (4) _____: Zu welchen Zeiten und ab welchem Alter können Kinder in die Kita und den Kindergarten gebracht werden? [mehr ...]

+ Infos zum (5) _____: Welche Schultypen gibt es? Was sind die Voraussetzungen für ein Studium? Wie hoch sind die Kosten? [mehr ...]

+ Infos zum (6) _____: Haben alle Personen eine Krankenversicherung, die bei Krankheit die Kosten von Ärzten oder im Krankenhaus übernimmt? [mehr ...]

**b** Wie lebenswert ist Ihre Stadt? Beantworten Sie die Fragen in einem kurzen Text.

- Wie viele Grünflächen gibt es?
- Wie groß ist das Kulturangebot?
- Was kann man in der Freizeit machen?
- Ist es schwer oder leicht, eine Wohnung zu finden?
- Gibt es viel Verkehr?
- Wie gut funktionieren die öffentlichen Verkehrsmittel?
- Kann man sich überall sicher bewegen?

**9 a** Streichen Sie das falsche Relativpronomen durch.

Städterankings interessieren mich nicht. Für mich sind die Menschen wichtig. Da gibt es z. B. meinen Nachbarn, (1) der / den im Urlaub meine Blumen gießt. Oder die Verkäuferin beim Bäcker, (2) für die / mit der ich jeden Morgen kurz spreche. Auch Herrn Korkmaz, (3) den / dem ich täglich an der Haltestelle sehe, würde ich vermissen. Wenn ich spazieren gehe, treffe ich oft Frau Jannis, (4) der / die mit ihrem Hund unterwegs ist. Jeden zweiten Tag gehe ich mit Moritz, (5) der / den ich schon lange kenne, zum Joggen. Donnerstags spiele ich Fußball mit Freunden, (6) mit denen / von denen ich viel Spaß habe. Und am Wochenende treffe ich Leon, (7) der / dem eine Kneipe gleich um die Ecke gehört. Es gibt natürlich noch mehr Menschen, (8) die / denen in meinem Leben wichtig sind.

**11** etwas näher beschreiben, in einer Diskussion vermitteln

**b** *was* oder *wo*. Ergänzen Sie das richtige Relativpronomen.

> *Die Stadt, **in der** ich wohne.*
> *= Die Stadt, **wo** ich wohne.*

1. In Berlin kann man viel unternehmen, _____ super ist.
2. Alles, _____ man zum Leben braucht, gibt es hier.
3. Aber ich suche noch eine tolle Wohnung, _____ ich für ein paar Jahre bleiben kann.
4. Ich fand auch die Stadt gut, _____ meine Freunde und ich am Wochenende waren.
5. Für meine Freunde gab es dort aber fast nichts, _____ ihnen gefallen hat.
6. Das, _____ ich ihnen gezeigt habe, fanden sie langweilig.
7. Am Abend haben wir dann ein paar Clubs gefunden und gefeiert, _____ sie super fanden.
8. Den nächsten Ort, _____ wir ein Wochenende verbringen, sollen meine Freunde aussuchen.

**c** Genauer gesagt ... Schreiben Sie passende Relativsätze mit *wo*.

1. Der Park, *wo ich immer jogge* _____, ist nicht sehr groß.
2. Das Café, _____, ist im Zentrum.
3. Das Fitness-Studio, _____, ist sehr teuer.
4. Der Stadtteil, _____, ist sehr beliebt.
5. In der Straße, _____, gibt es viele Baustellen.

**d** Schreiben Sie zu zweit fünf Quiz-Fragen mit *wo*. Stellen Sie dann einem anderen Paar Ihre Fragen.

> *Wie heißt die Stadt, wo der Eiffelturm steht?*

> *Wie heißt der Ort, wo Mozart geboren ist?*

**10 a** Auf Standpunkte eingehen. Was gehört zusammen? Ordnen Sie zu.

1. Was Sie hier gesagt haben, ____
2. Das ist bestimmt wichtig für Sie. Sie vergessen aber, ____
3. Das sind zwar interessante Punkte, aber ____
4. Das ist ein wichtiger Aspekt, ja. Wir dürfen aber nicht außer Acht lassen, ____
5. Das ist ein Problem. Aber haben Sie auch daran gedacht, ____

A dass für viele Leute etwas anderes viel wichtiger ist.
B wie viele Leute ganz andere und größere Probleme haben?
C dass es noch zwei andere Aspekte gibt.
D ein wichtiger Punkt fehlt noch.
E das stimmt meiner Meinung nach nicht.

**b** In Diskussionen vermitteln. Ergänzen Sie die Ausdrücke. Achten Sie auf die Verbformen.

ausreden | haben | recht haben | sagen | sehen | vorschlagen

1. Ich glaube, du _____ nur eine Seite.
2. Wichtig ist doch auch, was Eva gerade _____.
3. Hast du eine Idee? Welche Lösung _____ du _____?
4. Ich denke, dass ihr beide zum Teil _____.
5. Bitte, lass doch Felice auch mal _____.
6. Das verstehe ich noch nicht. _____ du dafür auch ein konkretes Beispiel?

## 11 ein Programm für einen Stadtbesuch erstellen

**11 a** Aussprache: Texte vorlesen – Satzzeichen helfen. Hören Sie die Sätze. Wo sind die Pausen? Ergänzen Sie die Kommas.
2.25

1. Mir gefällt Köln besonders gut weil die Leute so nett sind.
2. Mein Freund studiert in Köln deshalb bin ich oft dort.
3. Viele Menschen sagen dass der Karneval in Köln toll ist.
4. Es gibt viele Sehenswürdigkeiten wie den Rhein die Altstadt einige Kunstmuseen das Schokoladenmuseum und natürlich den Dom. Der ist am bekanntesten.

> **Kommas zeigen, wo es beim Lesen eine Pause gibt.** Sie stehen bei Aufzählungen und vor Konnektoren (nicht vor *und*, *oder* und *sowie*):
> Hier gibt es Kinos, Geschäfte und Museen.
> Ich glaube, dass Köln eine gute Stadt zum Leben ist.

**b** Lesen Sie den Text. Ergänzen Sie Kommas und Punkte und korrigieren Sie die Satzanfänge. Hören Sie dann zur Kontrolle.
2.26

Es gibt viele Städte wie Augsburg Ulm Freiburg oder Wiesbaden in denen man gut leben kann diese und viele andere Städte kommen aber nie in Städterankings vor weil sie einfach zu klein sind in so einer Stadt lebe ich seit ich mit dem Studium begonnen habe hier in Tübingen gibt es nicht so viele Sehenswürdigkeiten aber das Leben ist angenehm die Stadt ist gemütlich die Leute sind ziemlich entspannt und es ist viel los weil es so viele Studierende gibt.

## In Zürich

**12 a** Was man am Wochenende in einer Stadt machen kann. Ordnen Sie die Verben zu.

1. ein Fahrrad ____
2. im Fluss ____
3. auf den See ____
4. auf einen Turm ____

A steigen
B mieten
C schwimmen
D schauen

5. auf einen Berg ____
6. einen guten Ausblick ____
7. in einem Park ____
8. mit dem Boot ____

E haben
F entspannen
G fahren
H wandern

**b** Ein Wochenende in Zürich planen. Was machen Sie wann? Wählen Sie vier Aktivitäten pro Tag. Verwenden Sie auch Ausdrücke aus 12a.

ein Denkmal anschauen | sich amüsieren | in den Zürichsee springen
an einer Rundfahrt teilnehmen | ein Museum besuchen | eine Kirche besichtigen | wandern
in die Oper gehen | einen Stadtbummel machen | in der Fußgängerzone shoppen | …

Fr 14.9. Vormittag / Nachmittag 12 Grad
Sa 15.9. Vormittag / Nachmittag 22 Grad
So 16.9. Vormittag / Nachmittag 18 Grad

| Freitag | Samstag | Sonntag |
| --- | --- | --- |
|  |  |  |

kurze Nachrichten verstehen **11**

2.27–32
P
Z B1

**c** Sie hören nun fünf kurze Texte. Sie hören jeden Text zweimal. Zu jedem Text lösen Sie zwei Aufgaben. Wählen Sie bei jeder Aufgabe die richtige Lösung. Lesen Sie zuerst das Beispiel. Dazu haben Sie 10 Sekunden Zeit.

**Beispiel**
01  Aylin und Marie wollen einen Ausflug nach Zürich machen.   [X] Richtig   [ ] Falsch
02  Wo möchte Aylin am liebsten übernachten?
   [a] im Hotel
   [X] bei einer alten Freundin
   [c] in der Jugendherberge

**Text 1**
1  Kamal ist krank geworden.   [ ] Richtig   [ ] Falsch
2  Annabell möchte am liebsten …
   [a] in eine Ausstellung gehen.
   [b] einen anderen Kurs machen.
   [c] zu Hause bleiben.

**Text 2**
3  Sie hören Informationen über ein Kinderfest.   [ ] Richtig   [ ] Falsch
4  Man soll zu dem Fest …
   [a] zu Fuß kommen.
   [b] mit dem Auto kommen.
   [c] mit dem Bus kommen.

**Text 3**
5  Das Wetter wird zum Wochenanfang wärmer.   [ ] Richtig   [ ] Falsch
6  Vorausgesagt werden sonnige Tage im …
   [a] Westen.
   [b] Norden.
   [c] Süden.

**Text 4**
7  Sie hören Informationen zu einer Veranstaltung.   [ ] Richtig   [ ] Falsch
8  Im Stadtzentrum Köln gibt es Stau wegen …
   [a] eines Unfalls.
   [b] einer Baustelle.
   [c] des Berufsverkehrs.

**Text 5**
9  Wegen des Wetters gibt es Flugänderungen.   [ ] Richtig   [ ] Falsch
10 Der Flug nach Genf …
   [a] ist pünktlich.
   [b] hat Verspätung.
   [c] fällt aus.

# Meine Stadt

**13 a** Mit welchen Adjektiven kann man eine Stadt beschreiben? Ergänzen Sie die Buchstaben.

1. h __ k t __ s __ h
2. m __ d __ __ n
3. i n t __ r __ __ s a __ t
4. s a __ b __ __
5. r __ __ s __ g
6. t e __ __ r
7. l __ __ t
8. a t __ r __ __ t i v

**b** Suchen Sie für die Adjektive in 13a jeweils ein Gegenteil. Notieren Sie.

1. *hektisch – gemütlich, …*

einhundertdreiunddreißig **133**

## 11 eine formelle E-Mail schreiben

**c** E-Mail an eine/n Geschäftspartner/in. Welche Formulierungen passen wo? Ergänzen Sie.

Danach würden wir gerne | Gerne zeigen | Hoffentlich haben Sie Lust bekommen |
Mit freundlichen Grüßen | Sehr geehrte | Wir freuen uns darauf, | wäre sehr schön.

---

(1) _____ Frau Lundin,

bald findet unser großes Jahrestreffen statt. (2) _____, Sie und Ihr Team kennenzulernen. Der erste Nachmittag des Treffens ist frei. (3) _____ meine Kollegen und Kolleginnen und ich Ihnen dann die wichtigsten Sehenswürdigkeiten. Wir könnten zuerst einen Stadtrundgang machen und anschließend eine Führung durch das Museum Ludwig. Auch ein Spaziergang am Rhein (4) _____.

(5) _____ mit Ihrem Team ein traditionelles Restaurant besuchen, um dort gemeinsam lokale Spezialitäten zu genießen. (6) _____, unsere Stadt kennenzulernen.

(7) _____

Lars Thoeme

---

# Wortbildung – Adverbien mit *-einander*

**A** Was ist richtig? Kreuzen Sie das passende Wort an.

1. Mara und ihre Eltern sehen sich selten, aber sie denken oft — [a] übereinander [b] aneinander.
2. Meine Freundin und ich lachen oft, wir haben viel Spaß — [a] voneinander [b] miteinander.
3. Unser Team ist super, alle haben gute Ideen. Wir lernen viel — [a] voneinander [b] beieinander.
4. Meine Großeltern führen eine gute Beziehung. Sie sind — [a] untereinander [b] füreinander da.
5. Meine Freundin und ich sehen uns oft, wir wohnen nicht weit — [a] auseinander [b] ineinander.

**B** Ergänzen Sie die passende Form von *-einander*.

1. Die Teller stehen _____.

2. Er stellt die Teller _____.

3. Die Schuhe liegen _____ auf dem Boden.

4. Die Kinder spielen nicht allein, sondern _____.

5. In der Altstadt sehen die Häuser eng _____.

> **einander** wird meistens mit einer Präposition gebraucht:
> *Der Stuhl steht **neben** dem Tisch.*
> → *Stuhl und Tisch stehen **neben**einander.*
> *Ich rede **mit** Diego.*
> → *Wir reden **mit**einander.*

# Das kann ich nach Kapitel 11

**R1** **Arbeiten Sie zu zweit und sprechen Sie über die folgenden Fragen.**

1. Was sind die Vorteile vom Stadtleben?
2. Was ist auf dem Land besser als in der Stadt?
3. Was gefällt Ihnen an Ihrem Kursort gut, was überhaupt nicht?
4. Wo würden Sie später gern leben?

| | 😊😊 😊 😐 ☹ | KB | ÜB |
|---|---|---|---|
| Ich kann über das Leben in der Stadt sprechen und schreiben. | ☐ ☐ ☐ ☐ | 1, 3, 4a–b | 1, 2, 5, 6, 8 |

**R2** **Ergänzen Sie die Sätze.**

1. Ich finde alles langweilig, was …
2. Ich möchte an einem Ort leben, wo …
3. Man findet immer etwas, was …
4. Mir gefallen Städte, wo …

| | 😊😊 😊 😐 ☹ | KB | ÜB |
|---|---|---|---|
| Ich kann etwas näher beschreiben. | ☐ ☐ ☐ ☐ | 9b–c | 9 |

**R3** **Wählen Sie eine E-Mail und schreiben Sie eine Antwort.**

**A** Liebe/r …,
jetzt haben wir uns so lange nicht gesehen und ich freue mich sehr, dass ich dich nächstes Wochenende endlich mal besuchen kann. Ich bin schon ganz gespannt, was du mir alles zeigen wirst. Hast du schon etwas geplant? Und holst du mich eigentlich vom Bahnhof ab oder treffen wir uns in der Stadt?
Herzliche Grüße
Andy

**B** Sehr geehrte/r …,
mein Team und ich freuen uns, dass wir nächste Woche zu dem Treffen in Ihre Firma kommen können. Wir werden zwei Tage bleiben und würden uns freuen, wenn Sie uns nach dem Seminar Ihre Stadt zeigen würden. Könnten Sie ein Programm für uns zusammenstellen?
Mit freundlichen Grüßen
Luisa Friedrichsen

| | 😊😊 😊 😐 ☹ | KB | ÜB |
|---|---|---|---|
| Ich kann unterschiedlichen Empfängern schreiben. | ☐ ☐ ☐ ☐ | 13b–c | 13c |

**Außerdem kann ich …**

| | 😊😊 😊 😐 ☹ | KB | ÜB |
|---|---|---|---|
| … Übersichtstafeln verstehen. | ☐ ☐ ☐ ☐ | | 3 |
| … über bereits Genanntes sprechen. | ☐ ☐ ☐ ☐ | 4c–d | 4 |
| … einen Magazintext verstehen. | ☐ ☐ ☐ ☐ | 6 | |
| … einen Bericht schreiben. | ☐ ☐ ☐ ☐ | 7 | |
| … Ansagen verstehen. | ☐ ☐ ☐ ☐ | | 7 |
| … über lebenswerte Städte diskutieren. | ☐ ☐ ☐ ☐ | 8, 9a, 10 | |
| … in einer Diskussion vermitteln. | ☐ ☐ ☐ ☐ | 10 | 10 |
| … einen Blog über Zürich verstehen. | ☐ ☐ ☐ ☐ | 12 | |
| … ein Programm für einen Stadtbesuch erstellen. | ☐ ☐ ☐ ☐ | 13a, c | 12a–b |
| … kurze Nachrichten verstehen. | ☐ ☐ ☐ ☐ | | 12c |

einhundertfünfunddreißig **135**

# 11 Lernwortschatz

## in der Stadt

der Fußgänger, - _____

der Stadtbummel, - _____

das Schaufenster, - _____

an|schauen _____

das Bürogebäude, - _____

das Reinigungsfahrzeug, -e _____

ab|biegen, er biegt ab, bog ab, ist abgebogen _____

das Tempo, Tempi _____

der Schmutz (Sg.) _____

der Dreck (Sg.) _____

der Stadtmensch, -en _____

der Landmensch, -en _____

der/die Obdachlose, -n _____

das Freizeitangebot, -e _____

der Rand, ⸚er _____

städtisch _____

das Garagentor, -e _____

herunter|fahren, er fährt herunter, fuhr herunter, ist heruntergefahren _____

## im Krankenhaus

der Dienst, -e _____

der Nachtdienst, -e _____

die Schicht, -en _____

die Frühschicht, -en _____

die Übergabe, -n _____

unruhig _____

schwer *(Es gab einen schweren Unfall.)* _____

ein|liefern _____

der/die Verletzte, -n _____

## in der Bäckerei

die Backstube, -n _____

der Korb, ⸚e *(ein Korb mit frischem Brot)* _____

laden, er lädt, lud, hat geladen _____

konzentriert _____

## Städte-Ranking

das Ranking, -s _____

die Fachleute (Pl.) _____

im Vordergrund stehen _____

der Mittelpunkt, -e *(im Mittelpunkt stehen)* _____

ab|hängen (von + D.), er hängt ab, hing ab, hat abgehangen *(Das Ergebnis hängt von vielen Faktoren ab.)* _____

berücksichtigen _____

werten *(Das Wetter wird nicht gewertet.)* _____

betreffen, er betrifft, betraf, hat betroffen _____

## Lebensqualität einer Stadt

die Work-Life-Balance (Sg.) _____

gesellschaftlich *(Welche gesellschaftlichen Werte gibt es?)* _____

die Gender-Gerechtigkeit (Sg.) _____

die Diversität (Sg.) _____

das Gesundheitssystem, -e _____

die Kinderbetreuung (Sg.) _____

die Elternzeit (Sg.) _____

die Intensität, -en *(die Intensität der Arbeit)* _____

die Arbeitslosigkeit (Sg.) _____

die Hochschule, -n _____

der Zugang, ⸚e _____

fest|legen *(Gesetze legen den Anspruch auf Urlaub fest.)* _____

rechtlich _____

## Projekte für die Stadt

die Stadträtin, -nen _____

das Budget, -s _____

der Wohnbau (Sg.) _____

der Umbau, -ten _____

die Renovierung, -en _____

# Lernwortschatz 11

die Initiative, -n  
die Kita, -s  

## eine Diskussion führen

die Diskussion, -en  
ein|gehen (auf + A.), er geht ein, ging ein, ist eingegangen  
recht geben  
außer Acht lassen  
vermitteln  
unterbrechen, er unterbricht, unterbrach, hat unterbrochen  
aus|reden *(Lassen Sie mich bitte ausreden.)*  
fort|setzen  

## eine Stadt kennenlernen

der Tourismus (Sg.)  
die Rundfahrt, -en  
rum|fahren, er fährt rum, fuhr rum, ist rumgefahren  
das Wahrzeichen, -  
das Denkmal, ¨-er  
die Fassade, -n  
die Gasse, -n  
schmal  
mittendrin  
fern  
um … herum *(Um die Altstadt herum gibt es …)*  
fließen, er fließt, floss, ist geflossen  

springen, er springt, sprang, ist gesprungen  
steigen, er steigt, stieg, ist gestiegen *(auf einen Turm steigen)*  
rauf|fahren, er fährt rauf, fuhr rauf, ist raufgefahren  
rollen *(mit dem Fahrrad durch die Stadt rollen)*  
der/die Einheimische, -n  
der Dialekt, -e  
das Billett, -s *(Schweizerdeutsch)*  
das Velo, -s *(Schweizerdeutsch)*  

## andere wichtige Wörter und Wendungen

sich auf den Weg machen  
hinein|gehen, er geht hinein, ging hinein, ist hineingegangen  
hindern (an + D.) *(Niemand hindert ihn daran.)*  
der Sozialarbeiter, -  
der Flüchtling, -e  
an|gehen, er geht an, ging an, ist angegangen *(Das geht keinen etwas an.)*  
irgendein, irgendeine, irgendwelche *(Kennst du irgendein nettes Café?)*  
anscheinend  
eindeutig  

## Wichtig für mich:

---

**Ergänzen Sie möglichst viele Wörter, die *Arbeit* enthalten.**

Arbeit — arbeitslos

# 12 über Kosten und Geld sprechen und schreiben

## Geld regiert die Welt?

**1 a** Wie kann man noch sagen? Formulieren Sie die Sätze neu. Achten Sie auf die Tempus-Formen und den Kasus.

sich lohnen | Geld ausgeben | auf vieles verzichten müssen | richtig abschalten | gute Laune haben | ansteckend sein | zu Hause | ~~Zeit verbringen~~

> Hallo Selina,
> wie war dein Wochenende? Meins war super! (1) Ich habe mich mal ganz woanders aufgehalten: Ich war zwei Tage in einem Naturcamp im Wald. Das hat so gutgetan, (2) mal nicht in der Wohnung zu sitzen! (3) Natürlich hatten wir nur wenige Sachen dabei, (4) aber das war es absolut wert: (5) Ich konnte allen Stress und Ärger vergessen. Wir waren fünf Personen und allen hat es gut gefallen. Am Anfang war ich kurz genervt, weil ich immer etwas gesucht habe. (6) Aber die andern waren immer gut drauf (7) und das war ich dann auch. Wenn du Lust hast, können wir das mal zusammen machen. (8) Man muss dafür auch nicht viel bezahlen.
> Viele Grüße
> Helena

*1. Ich habe mal ganz woanders Zeit verbracht.*

**b** Rund ums Geld. Wählen Sie eine Aussage und kommentieren Sie sie in 3 bis 5 Sätzen.

> Es stimmt, dass Geld nicht glücklich macht. Allerdings meint man damit das Geld der anderen.
> 
> 1  *George Bernhard Shaw*

> Ein Bankmanager ist ein Mensch, der seinen Schirm verleiht, wenn die Sonne scheint, und ihn sofort zurückhaben will, wenn es zu regnen beginnt.
>
> 2  *Mark Twain*

> Wie kommt es, dass am Ende des Geldes noch so viel Monat übrig ist?
>
> *unbekannt*
> 3

*Mir gefällt die erste Aussage, denn, wenn man kein Geld hat, ...*

**2** Redewendungen rund ums Geld. Welche Bedeutung passt? Ordnen Sie zu.

1. „Im Moment bin ich leider knapp bei Kasse." _____
2. „Der wirft das Geld mit beiden Händen zum Fenster raus." _____
3. „Er hat richtig Kohle gemacht!" _____
4. „Das geht ganz schön ins Geld." _____
5. „Das kostet ja nicht die Welt." _____

A Etwas ist nicht besonders teuer.
B Jemand hat sehr viel Geld verdient.
C Dafür muss man viel ausgeben, das ist recht teuer.
D Die Person gibt sehr viel Geld aus, oft für ziemlich nutzlose Dinge.
E Die Person hat derzeit nicht viel Geld zur Verfügung, sie muss sparen.

## Bankgeschäfte

**3 a** Wortpaare bilden. Ergänzen Sie das passende Verb oder Nomen mit Artikel. Wählen Sie.

**A** Ordnen Sie die Wörter unten zu.

1. eröffnen – _die Eröffnung_
2. _beantragen_ – der Antrag
3. einzahlen – _die Einzahlung_
4. _verdienen_ – der Verdienst

**B** Ergänzen Sie frei.

5. _überziehen_ – die Überziehung
6. überweisen – _die Überweisung_
7. _wechseln_ – der Wechsel
8. _sperren_ – die Sperrung

beantragen | die Einzahlung | die Eröffnung | die Überweisung | überziehen | sperren | verdienen | wechseln

**b** Ergänzen Sie die Wörter in der richtigen Form.

die Ausgaben | die BIC | die Einnahmen | die Mahnung | versäumt | die IBAN | die Schulden | die Zahlung | die Zinsen | die Münzen | die Scheine

1. Wenn man sich Geld leiht, dann hat man _Schulden_.
2. Für einen Kredit muss man _Zinsen_ bezahlen.
3. Das Geld, das eine Person oder Firma bekommt: _Einnahmen_
4. Das Geld, das eine Person oder Firma bezahlt: _Ausgaben_
5. Ich bezahle die Miete monatlich, am ersten ist die _Zahlung_ fällig.
6. Wenn man die fristgerechte Zahlung _versäumt_, muss man Strafe zahlen.
7. Bitte überweisen Sie den Betrag. Die _IBAN_ ist DE8050 0700 4000 0691 9202.
8. Vergessen Sie nicht, bei der Überweisung ins Ausland die _BIC_ anzugeben.
9. Wenn man eine Rechnung nicht rechtzeitig bezahlt, bekommt man eine _Mahnung_.
10. An manchen Automaten können Sie sowohl _Münzen_ als auch _Scheine_ verwenden.

**c** Bilden Sie die Komparativ-Formen.

1. groß _größer_
2. früh _früher_
3. lang _länger_
4. hoch _höher_
5. wenig _weniger_
6. cool _cooler_
7. viel _mehr_
8. teuer _teurer_
9. sparsam _sparsamer_

**d** Ergänzen Sie passende Komparative aus 3c.

1. ○ Sind die Zinsen immer gleich hoch? ● Nein, je _höher_ ein Kredit ist, desto _höher_ sind die Zinsen.
2. ○ Coole Jacke, war sie teuer? ● Na ja … Je _cooler_ die Sachen, desto _teurer_ sind sie leider oft.
3. ○ Warum bestellst du die Sachen nicht einfach online? ● Ich will nicht online einkaufen, denn je _mehr_ Leute das machen, desto _weniger_ Geschäfte wird es in Zukunft geben.
4. ○ Kommst du mit zum Essen? ● Nein, das ist mir zu teuer. Je _sparsamer_ ich bin, desto _länger_ reicht mein Geld.

## 12 Bankgespräche verstehen und führen

**e** So ist es in der Wirtschaft! Schreiben Sie Sätze mit *je …, desto/umso …*

1. das Einkommen ist hoch – man muss viel Steuern zahlen
   *Je höher das Einkommen ist, umso …*

2. jemand ist lang arbeitslos – er findet schwer eine neue Stelle

3. die Arbeitszeiten sind flexibel – die Mitarbeiter/innen sind zufrieden

4. die Arbeit ist langweilig – die Zeit vergeht langsam

5. eine Firma ist groß – sie bekommt von der Bank leicht einen Kredit

6. der Gewinn einer Firma ist gut – die Gehälter der Manager/innen sind hoch

### 4 Wählen Sie.

2.33–34

**A** Hören Sie die Gespräche in der Bank und ergänzen Sie.

**B** Ergänzen Sie die Gespräche in der Bank. Hören Sie dann zur Kontrolle.

1. ○ Guten Tag. Was kann ich für Sie (1) _tun_?
   ● Guten Tag, mein Name ist Hildebrand. Ich möchte ein Konto (2) _eröffnen_.
   ○ Gerne, Herr Hildebrand.
   ● Also, ich habe noch Fragen zu den (3) _Konditionen_. Wie hoch sind denn die (4) _Gebühren_ für das Konto?
   ○ Ja, da (5) _empfehlen_ wir Ihnen Online-Banking. Dann ist das Konto (6) _kostenlos_.
   ● Ah, das klingt gut. Und wie bekomme ich dann einen (7) _Kontoauszug_?
   ○ Die Auszüge können Sie bequem (8) _online_ an Ihrem Computer ansehen.
   ● Gut, dann machen wir das so.

2. ○ Guten Tag, ich möchte gerne einen Kredit (1) _aufnehmen_.
   ● Guten Tag. (2) _Wie hoch_ soll der Kredit denn sein?
   ○ Ich habe an 4.000 Euro gedacht. Wie hoch sind denn da die (3) ____?
   ● Wie schnell möchten Sie denn den Kredit (4) _zurückzahlen_?
   ○ Hm, ich weiß nicht … Ich könnte (5) _monatlich_ 200 Euro zurückzahlen.
   ● Okay, dann würde das knapp zwei Jahre dauern.
   ○ Und wie und wann bekomme ich dann (6) _das Geld_?
   ● Das Geld können wir Ihnen innerhalb von zwei Tagen auf Ihr Konto überweisen.

## 12 Hinweise in einer Informationsbroschüre verstehen, Hinweise geben

**5 a** Lesen Sie den Text. Entscheiden Sie, ob die Aussagen 1 bis 3 richtig oder falsch sind.

### Sicherheitstipps
*Sicher bargeldlos zahlen und Bargeld abheben mit Ihrer neuen Karte*

**Ihre Hausbank**

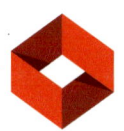

Ihre neue EC-Karte ist da. Beachten Sie bitte folgende Sicherheitshinweise.

**Nutzung der neuen EC-Karte**
Unterschreiben Sie Ihre neue Karte jetzt gleich mit einem Kugelschreiber auf dem Unterschriftsfeld auf der Rückseite Ihrer Karte. Mit dieser Karte können Sie die Serviceautomaten in unseren Filialen und in den Filialen unserer Partnerbanken kostenlos nutzen. Wenn Sie die neue Karte zum ersten Mal verwendet haben, ist Ihre alte Karte automatisch nicht mehr gültig. Beachten Sie, dass Sie dann nicht mehr mit Ihrer alten Karte bezahlen können. Bitte zerschneiden Sie die alte Karte und achten Sie darauf, dass der Chip dabei zerstört wird.

**Ihre neue Geheimnummer**
Ihre neue Geheimnummer wird Ihnen in einem zweiten Schreiben per Post zugeschickt. Bitte kontrollieren Sie den Umschlag und lassen Sie die Karte sofort sperren, sollte der Umschlag beschädigt sein. Die Geheimnummer ist nur für Sie persönlich bestimmt. Wenn Sie die Geheimnummer für sich notieren, dann bewahren Sie diesen Zettel aus Sicherheitsgründen nie zusammen mit der Karte auf. Geben Sie diese nie an andere weiter, auch nicht an Ihre Familie oder Freunde. Und achten Sie darauf, dass Ihnen am Geldautomaten niemand über die Schulter sieht.

**Kartensperrung**
In folgenden Fällen lassen Sie Ihre Karte sofort sperren:
→ Wenn Sie Ihre Karte verloren haben oder wenn sie Ihnen gestohlen wurde.
→ Wenn Ihre Karte nicht mehr aus dem Geldautomaten herausgekommen ist.
→ Wenn nur Ihre Karte aus dem Geldautomaten herauskommt, aber kein Geld.

**Im Notfall:** Bewahren Sie einen kühlen Kopf! Auf der beiliegenden Notfallkarte finden Sie alle wichtigen Angaben, um rasch und richtig reagieren zu können.

1. Die neue Geldkarte kann man mit der alten PIN verwenden. ☐ Richtig ☐ Falsch
2. Man darf seine Geheimnummer nicht aufschreiben, das ist zu gefährlich. ☐ Richtig ☐ Falsch
3. Wenn die Karte ohne erkennbaren Grund im Geldautomaten bleibt, sollte man die Karte sofort sperren lassen. ☐ Richtig ☐ Falsch

**b** Ergänzen Sie das Partizip II.

angegebene | ausgefüllten | gefundene | verschlossener | gewählte

1. Achtung, wir können nur Ihren vollständig _ausgefüllten_ Antrag bearbeiten.

2. Die _gewählte_ Rufnummer ist im Moment leider nicht erreichbar.

3. Überweisen Sie den Betrag innerhalb von 14 Tagen auf das unten _angegebene_ Konto.

4. Wir haben eine gute Nachricht. Sie können die _gefundene_ Geldbörse bei uns abholen.

5. Wegen Renovierungsarbeiten kann es sein, dass Sie vor _verschlossener_ Tür stehen. Nutzen Sie

einhunderteinundvierzig **141**

# 12 eine Umfrage über Globalisierung verstehen

**c** Markieren Sie das Partizip II im jeweils ersten Satz. Ergänzen Sie es dann im nächsten Satz in der richtigen Form.

1. ○ Wir haben Ihnen die EC-Karte **zugeschickt**. Haben Sie noch Fragen?
   ● Ja, kann ich die _zugeschickte_ EC-Karte mit der alten Geheimzahl verwenden?

2. ○ Ich habe mein Konto überzogen und brauche Bargeld.
   ● Sie können leider kein Geld von einem _überzogenen_ Konto abheben.

3. ○ Meine Kreditkarte wurde gestohlen. Was soll ich machen?
   ● Bleiben Sie ganz ruhig. Wir werden als Erstes Ihre _gestohlene_ Karte sperren.

4. ○ Sie haben bei uns bestellt. Wie zufrieden sind Sie?
   ● Leider habe ich die _bestellte_ Ware noch nicht erhalten.

5. ○ Ich habe die beiden Rechnungen schon bezahlt.
   ● Dann schicken Sie mir doch bitte einen Beleg über die _bezahlten_ Rechnungen.

6. ○ Stimmt es, dass in dem neuen Imbiss das Essen frisch zubereitet wird?
   ● Ja, so lecker! Du musst die frisch _zubereiteten_ Speisen unbedingt probieren.

7. ○ Hast du den Wasserkocher schon reparieren lassen?
   ● Ja, das ist schon das _reparierte_ Gerät, aber es funktioniert immer noch nicht!

## Total global

**6 a** Notieren Sie zehn Wörter zum Thema Globalisierung. Ergänzen Sie bei Nomen den Artikel.

REWELTMARKTTMKASVERNETZUNGTNGEPARBEITSPLATZIT
XOVERBRAUCHERONDIANGEBOTUMBALEGLOBALONTFLEXIBILITÄTINE
RSNÜTZENMIRZFORTSCHRITTLICHEOPROFITIEREN

**b** Stichwort Globalisierung. Hören Sie die Umfrage. Zu wem passt welche Aussage? Kreuzen Sie an.

2.35

| | Marco | Linn | Fr. Bucht |
|---|---|---|---|
| 1. Die Globalisierung bringt auch gesundheitliche Risiken mit sich. | ☐ | ☐ | ☐ |
| 2. Auslandsaufenthalte sind eine wichtige Erfahrung im Leben. | ☐ | ☒ | ☐ |
| 3. Durch die Globalisierung sind viele Produkte günstiger geworden. | ☒ | ☐ | ☐ |
| 4. Es ist gut, dass die Produktentwicklung schnell ist. | ☐ | ☐ | ☒ |
| 5. Wegen der Globalisierung haben viele Menschen ihre Arbeit verloren. | ☒ | ☐ | ☐ |
| 6. Die Globalisierung hat die Menschen flexibler gemacht. | ☐ | ☒ | ☐ |
| 7. Manche Nachteile der Globalisierung hat man lange Zeit nicht bedacht. | ☐ | ☐ | ☒ |

über Globalisierung sprechen, Argumente äußern  **12**

**c** **Gespräch über ein Thema. Sprechen Sie mit Ihrem Partner / Ihrer Partnerin.**

Sie haben in einer Zeitschrift etwas zum Thema „Arbeitswelt: mobil und flexibel" gelesen. Berichten Sie Ihrer Partnerin / Ihrem Partner darüber. Ihre Partnerin bzw. Ihr Partner hat eine andere Meinung dazu gelesen und berichtet Ihnen auch darüber. Unterhalten Sie sich danach über das Thema. Sagen Sie Ihre Meinung und erzählen Sie von persönlichen Erfahrungen, stellen Sie Fragen und reagieren Sie auf die Fragen Ihrer Partnerin bzw. Ihres Partners.

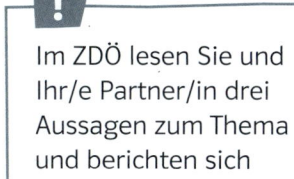

> Im ZDÖ lesen Sie und Ihr/e Partner/in drei Aussagen zum Thema und berichten sich gegenseitig darüber.

**A**

**Marina Klasnić** (36 Jahre, Grafikerin)

Mobilität und Flexibilität hört sich erst mal toll an, aber so einfach ist es nicht. Ich finde es sehr anstrengend, wenn man beruflich viel unterwegs ist und durch die Reisen geht viel (Lebens-)Zeit verloren. Und mit Familie ist es auch nicht so einfach umzuziehen. Die Kinder tun mir leid, wenn sie ihre Freunde verlieren und neue suchen müssen.

**B**

**Tiago Weber-Lobo** (31 Jahre, Arzt)

Mein Zuhause ist die Welt. Ich bin in Portugal zur Schule gegangen, habe in Madrid studiert und arbeite jetzt in Deutschland. Mal sehen, wo ich in ein paar Jahren bin. Ich mag die Flexibilität, mein Leben ist nie langweilig und ich lerne immer wieder viele interessante Leute kennen.

**7 a** Thema Globalisierung. Zu welcher Wortfamilie passen die Wörter aus dem Silbenrätsel? Schreiben Sie. Zweimal passen zwei Wörter.

BLE | DEN | ~~DU~~ | DUK | FOR | FOR | IN | KON | KRI | KRI | MA | MENT | MIE | POR | PRO | PRO | ~~PRO~~ | ~~REN~~ | REN | REN | SCHEI | SCHEN | SU | TRANS | TER | TIE | TIK | TION | TISCH | TISCH | UN | ~~ZIE~~

das Produkt, _produzieren_          der Unterschied, _____

konsumieren, _____            das Problem, _____

die Forschung, _____          kritisieren, _____

die Information, _____        der Transport, _____

**b** Argumente formulieren. Welcher Ausdruck passt? Markieren Sie. Die Texte im Kursbuch, Aufgabe 7a helfen.

1. Ich sehe / halte … eher kritisch.
2. Ein weiterer Pluspunkt findet / ist auch, dass …
3. Man muss auch denken / bedenken, dass …
4. Das ist doch ein großer Vorteil / Argument.
5. Ich sehe / finde es gut, dass …
6. Positiv / Nachteil ist auch, dass …
7. Es ist wirklich Problem / problematisch, dass …

einhundertdreiundvierzig **143**

# 12 Personen, Dinge und Situationen genauer beschreiben

**8 a** Wie heißt der markierte Ausdruck in Ihrer Sprache oder in anderen Sprachen? Notieren und vergleichen Sie.

Meine Sprache, andere Sprachen

1. a Die **steigenden Mietkosten** sind ein Problem. — rising rental costs
   b Viele sind unzufrieden mit den **gestiegenen Mieten**. — increased rents
2. a Aber die **sinkenden Stromkosten** helfen. — falling electricity costs
   b Die **gesunkenen Stromkosten** bleiben stabil. — sunk electricity costs

**b** In der regionalen Bäckerei. Ergänzen Sie die Verben im Partizip I oder II.

1. Die Bäckerei kauft nur Produkte aus der Umgebung, alle _verwendeten_ (verwenden) Zutaten sind regional.
2. Die _arbeitenden_ (arbeiten) Angestellten sind schon seit 2 Uhr morgens in der Backstube.
3. Am Morgen werden die _gebackenen_ (backen) Brote und Brötchen noch warm in den Verkaufsraum gebracht.
4. Danach kommen die frisch _zubereiteten_ (zubereiten) Kuchen und Torten.
5. Die Bäckerei ist beliebt, oft sieht man _wartenden_ (warten) Kunden davor.
6. Viele kaufen einen lecker _riechenden_ (riechen) Kaffee und ein Stück Kuchen.

**c** Im Homeoffice! Schreiben Sie Sätze. Verwenden Sie das markierte Verb als Partizip I.

1. die Eltern – **arbeiten**, an Laptops sitzen
   *Die arbeitenden Eltern sitzen an Laptops.*
2. Kinder – **schreien**, im Wohnzimmer spielen
   *Die schreienden Kinder spielen im Wohnzimmer.*
3. der Hund – **bellen**, spazieren gehen wollen
   *Der bellende Hund wollen spazieren gehen.*
4. das Handy – **klingeln**, alle nerven
   *Das klingende Handy nerven alle.*
5. die Musik vom Nachbarn – **stören**, immer wieder an sein
   *Die verstörende Musik vom Nachbarn ist immer wieder an.*
6. die Nudeln – **kochen**, ausgeschaltet werden müssen
   *Die gekochten Nudeln müssen ausgeschaltet werden.*

**9 a** 🔊 2.36 Aussprache: Wortakzent. Hören Sie und markieren Sie den Wortakzent.

1. schr**ei**ben – beschr**ei**ben – die Beschr**ei**bung
2. gleich – vergleichen – der Vergleich
3. finden – erfinden – die Erfindung
4. arbeiten – mitarbeiten – der Mitarbeiter
5. zahlen – bezahlen – die Bezahlung
6. packen – verpacken – die Verpackung

> ❗ Bei trennbaren Verben und davon abgeleiteten Wörtern ist die Betonung auf dem Präfix, z. B. **za**hlen – **ein**zahlen – die **Ein**zahlung

**b** Hören Sie noch einmal und sprechen Sie nach.

144 einhundertvierundvierzig

eine Geschichte schreiben und kommentieren  **12**

**c** Aussprache: Wortakzent bei Komposita. Hören Sie und markieren Sie den Wortakzent.

2.37

1. das **A**ngebot – der **A**ngebotstermin – das Prod**u**ktangebot
2. die Forschung – die Wirtschaftsforschung – das Forschungsgebiet
3. der Preis – das Preisschild – der Warenpreis
4. das Konto – die Kontogebühr – das Bankkonto
5. die Zeit – der Zeitraum – die Arbeitszeit
6. der Vertrag – der Vertragsabschluss – der Kaufvertrag

**d** Hören Sie noch einmal und sprechen Sie nach.

# Mit gutem Gewissen

**10 a** Sehen Sie die Bilder an. Was denken die Personen? Schreiben Sie eine Geschichte und überlegen Sie sich auch einen Schluss. Verwenden Sie die Ausdrücke.

die Geldbörse verlieren | fragen, ob … | nichts merken | weitergehen | überlegen | den Inhalt ansehen | zum Fundbüro gehen | die Geldbörse (nicht) zurückbekommen

*An einem schönen Tag im Mai …*

**b** So geht die Geschichte weiter – drei Möglichkeiten. Schreiben Sie zu jedem Ende (1–3) einen Satz und Ihre Meinung. Wählen Sie passende Ausdrücke.

Ich finde es (nicht) in Ordnung, wenn/dass … | Für mich ist es okay, … | Ich habe ein/kein Problem damit, dass … | Man muss das akzeptieren, wenn/dass … | Ich finde es wirklich (nicht) gut, wenn … | So ein Verhalten lehne ich ab, weil … | Ich finde es schlimm/falsch, wenn … | …

einhundertfünfundvierzig **145**

# 12 einen informativen Text verstehen

## Gutes tun mit Geld

**11** Lesen Sie die beiden Texte. Zu jedem Text gibt es zwei Aufgaben. Entscheiden Sie bei jedem Text, ob die Aussage richtig oder falsch ist und welche Antwort (a, b oder c) am besten passt.

> In der Prüfung lösen Sie zu drei Texten jeweils zwei Aufgaben wie diese.

### Hilfsprojekt braucht Hilfe

Das nach Ute Bock benannte Hilfsprojekt hilft Flüchtlingen und Personen, die in Österreich Asyl gesucht haben. Wie jedes Jahr wird auch heuer wieder auf dem Wiener Weihnachtsmarkt um Geld oder Spenden gebeten. Am Stand des Vereins können Sie selbstgemachten Punsch trinken – und Sie bezahlen, so viel Sie wollen! Mit Ihrer frei gewählten Spende tun Sie etwas für andere, die Ihre Hilfe brauchen.
Gerne können Sie uns unterstützen und selbst Punsch und Tee servieren. Wir sind auch dankbar, wenn Sie Kuchen oder Kekse vorbeibringen.
Eröffnung ist am 18. November. Sie finden den Stand auf der Mariahilfer Straße.

1. Auf dem Weihnachtsmarkt verkaufen Flüchtlinge Getränke. ☐ Richtig ☐ Falsch

2. Das Hilfsprojekt sucht Menschen, die
   - a) für den Weihnachtsmarkt Werbung machen.
   - b) auf dem Weihnachtsmarkt mitarbeiten.
   - c) auf dem Markt Kuchen und Kekse backen.

### Hilfe für vier Pfoten

Die Münchner Tiertafel ist eine soziale Organisation. Sie hilft Hundebesitzern, die sich nicht mehr um ihre Tiere kümmern können, weil sie in finanzielle Schwierigkeiten geraten sind. Besonders in Notlagen sind die vierbeinigen Freunde eine große Hilfe und schenken ihren Besitzern nicht nur Trost, sondern oft auch Kraft für einen Neuanfang. Deshalb sollten Geldsorgen kein Grund sein, für das Haustier einen neuen Besitzer zu suchen. Die Tiertafel hilft mit Futter und Sachspenden und übernimmt außerdem einen Teil der Kosten für den Besuch beim Tierarzt. Helfen Sie mit! Die Münchner Tiertafel freut sich über Geld- oder Sachspenden.

3. Die Münchner Tiertafel kümmert sich um alle Haustiere von Menschen in sozialer Not. ☐ Richtig ☐ Falsch

4. Die Tiertafel freut sich über Leute, die
   - a) mit den Tieren zum Tierarzt geht.
   - b) den Tieren ein neues Zuhause geben.
   - c) finanziell oder mit nützlichen Dingen helfen.

## Wortbildung – Verben mit *her-* und *hin-*

**A** Wer sagt das? Notieren Sie F für die Frau oder M für den Mann.

1. \_\_\_\_ Komm **her**auf, dann müssen wir nicht so laut reden.
2. \_\_\_\_ Ich kann nicht **hin**aufkommen, die Tür ist zu.
3. \_\_\_\_ Willst du nicht **her**unterkommen?
4. \_\_\_\_ Ich kann nicht **hin**unterkommen, ich arbeite gerade.
5. \_\_\_\_ Machst du bitte die Tür auf? Ich kann nicht ins Haus **hin**ein.
6. \_\_\_\_ Einen Moment bitte, ich lasse dich gleich **her**ein.

> **W**
> Die Präfixe *hin-* und *her-* zeigen die Richtung an. Oft kommt noch eine Präposition dazu: **her**auf, **hin**unter.
>
> Oft sagt man nur *rauf, runter, rein …*

## 12 Das kann ich nach Kapitel 12

**R1** Welches Wort passt nicht? Streichen Sie es durch.

1. leihen — ausgeben — einzahlen — sperren
2. gratis — günstig — kostenlos — umsonst
3. das Gehalt — die Mahnung — das Einkommen — die Einnahmen
4. der Arbeitgeber — der Beleg — das Formular — der Antrag

Ich kann Ausdrücke zum Thema Geld, Wirtschaft und Banken verstehen. — KB 3a — ÜB 3

**R2** Ergänzen Sie das Partizip in der richtigen Form.

1. Bewahren Sie Ihre _____ EC-Karte sicher auf. (unterschreiben)
2. Sie finden wichtige Hinweise auf der _____ Notfallkarte. (beiliegen)
3. Achten Sie darauf, dass hinter Ihnen _____ Personen die Geheimzahl nicht sehen. (stehen)
4. Rufen Sie sofort an, damit wir die _____ EC-Karte sperren können. (verlieren)

Ich kann Informationen auf einer Webseite und Hinweise in einer Informationsbroschüre verstehen und Hinweise geben. — KB 5a–c — ÜB 5

**R3** 2.38 Günstige T-Shirts: pro oder contra? Hören Sie und notieren Sie je zwei positive und negative Argumente.

| pro | contra |
|---|---|
|  |  |
|  |  |

Ich kann Argumente verstehen und äußern. — KB 6, 7 — ÜB 7b

**Außerdem kann ich …**

| | KB | ÜB |
|---|---|---|
| … über Kosten und Geld sprechen und schreiben. | | 1, 2 |
| … Bankgespräche verstehen und führen. | 3b–c, 4a | 4 |
| … nach Tätigkeiten fragen. | 5d | |
| … eine Umfrage über Globalisierung verstehen. | | 6a |
| … über Globalisierung sprechen. | | 6b, 7a |
| … Personen, Dinge und Situationen genauer beschreiben. | 8 | 8 |
| … über Verhalten diskutieren und schreiben. | 10c, e | 10b |
| … eine schwierige Situation beschreiben und eine Geschichte schreiben und kommentieren. | 10d | 10 |
| … einen informativen Text verstehen. | 11b–d | 11 |
| … über etwas berichten. | 11e | |

# 12 Lernwortschatz

**Geld und Finanzen**

die Ausgabe, -n
die Einnahme, -n
die Zahlung, -en
die Schulden (Pl.)
das Bargeld (Sg.)
der Schein, -e
die Münze, -n
das Kleingeld (Sg.)
der Geldbetrag, ¨-e
der Beleg, -e
gering *(Es fallen nur geringe Kosten an.)*
pauschal
monatlich *(die monatlichen Kosten)*
fällig *(Die Rechnung ist sofort fällig.)*
die Rate, -n
versäumen
regieren *(Geld regiert die Welt?)*

**Bankgeschäfte**

das Bankgeschäft, -e
der/die Bankangestellte, -n
die BIC, -s
die IBAN, -s
die Kontoeröffnung, -en
die Kontodaten (Pl.)
die Kontoführungs-gebühr, -en
der Kontoauszug, ¨-e
der Dauerauftrag, ¨-e
der Kredit, -e
auf|nehmen, er nimmt auf, nahm auf, hat aufgenommen *(einen Kredit aufnehmen)*
fristgerecht
abhängig *(Die Zinsen sind von der Höhe des Kredits abhängig.)*

an|fallen, er fällt an, fiel an, ist angefallen *(Es fallen Gebühren an.)*
an|geben, er gibt an, gab an, hat angegeben *(Bitte geben Sie Ihren Namen an.)*
ein|tragen, er trägt ein, trug ein, hat eingetragen
ein|zahlen
gut|schreiben, er schreibt gut, schrieb gut, hat gutgeschrieben *(einen Betrag gutschreiben)*
überziehen, er überzieht, überzog, hat überzogen *(ein Konto überziehen)*
der Zins, -en
der Verlust, -e *(Melden Sie den Verlust Ihrer Bankkarte sofort.)*
die Kopie, -n

**Online-Banking**

das Online-Banking (Sg.)
der Benutzername, -n
sich ein|loggen
der Log-in, -s
die Fotoüberweisung, -en
die Ansicht, -en *(Die Ansicht können Sie auf der Webseite ändern.)*
das Menü, -s *(Klicken Sie im Menü auf „Start".)*

**Globalisierung**

die Globalisierung (Sg.)
global
fortschrittlich
der Konsument, -en
die Konsumentin, -nen
der Verbraucher, -
die Verbraucherin, -nen
der Weltmarkt, ¨-e
das Produktangebot, -e

## Lernwortschatz

verlegen *(die Produktion ins Ausland verlegen)* ___
der Wohlstand (Sg.) ___
die Forschung, -en ___
die Wissenschaft, -en ___
nützen *(Nützt die Globalisierung allen?)* ___
profitieren (von + D.) ___
problematisch ___
pro ___
contra *(Bist du pro oder contra Globalisierung?)* ___
der Pluspunkt, -e ___

### Gewissensfragen

das Gewissen, - ___
befürworten ___
tolerieren ___
merken *(Er merkte, dass er nicht alles bezahlt hatte.)* ___
bedenken, er bedenkt, bedachte, hat bedacht ___
betrügen, er betrügt, betrog, hat betrogen ___
die Sicht, -en *(aus meiner Sicht)* ___
der Vorwurf, ⸚e ___

die Schuld (Sg.) ___
geraten *(Sie ist ohne Schuld in finanzielle Not geraten.)* ___
das Versprechen, - ___
wünschenswert ___
der Zustand, ⸚e ___

### andere wichtige Wörter und Wendungen

aus|ziehen, er zieht aus, zog aus, ist ausgezogen ___
fort *(Er wohnt mehr als 400 km weit fort.)* ___
drin sein *(Im Portemonnaie ist nichts drin.)* ___
zu Wort kommen ___
stammen (aus + D.) ___
überleben ___
irgendwo ___
nirgendwo ___
je …, desto/umso … ___
der Kasten, ⸚ ___
der Staub (Sg.) ___
teilweise ___
zusätzlich ___
beten ___

### Wichtig für mich:
___
___
___

**Was kann man mit Geld alles machen? Wofür würden Sie Geld sparen? Notieren Sie zehn Dinge.**

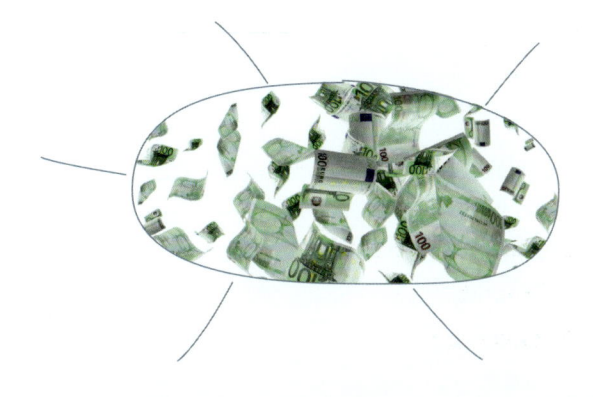

# Sätze

### Aussagesätze: Position im Satz
A1 K1, K4, K5, K6, K10

| Position 1 | Position 2 | | Satzende |
|---|---|---|---|
| Niklas | wohnt | in Hamburg. | |
| Wir | können | nicht ins Kino | gehen. |
| Wir | holen | Sofia | ab. |
| Gestern | hat | er sechs Stunden | gelernt. |

Im Aussagesatz steht das konjugierte Verb auf Position 2. Am Satzende stehen Infinitiv, Partizip II oder Präfix. Das Subjekt steht vor oder nach dem konjugierten Verb.

### W-Fragen
A1 K1, K5, K6, K10, K12   A2 K11   B1 K2

| Position 1 | Position 2 | | Satzende | |
|---|---|---|---|---|
| Wie | heißen | Sie? | | – Ich heiße Oliver Hansen. |
| Wen | hast | du zur Party | eingeladen? | – Meine Freunde. |
| Wann | kannst | du | kommen? | – Um acht. |
| Was | bringst | du | mit? | – Einen Kuchen. |
| Worüber | habt | ihr | gesprochen? | – Über das Studium. |
| Wessen Auto | steht | vor der Tür? | | – Ich glaube, das ist Olafs. |

In der W-Frage steht das W-Wort auf Position 1. Das konjugierte Verb steht auf Position 2. Am Satzende stehen Infinitiv, Partizip II oder Präfix. Das Subjekt steht nach dem Verb.

### Ja-/Nein-Fragen
A1 K2, K5, K6, K7, K10

| Position 1 | Position 2 | | Satzende | |
|---|---|---|---|---|
| Gehen | wir | ins Kino? | | – Ja. |
| Haben | Sie | Frau Petrović | angerufen? | – Nein, leider nicht. |
| Musst | du | heute nicht | arbeiten? | – Doch. |
| Kommt | ihr | am Samstag | mit? | – Ja, gern. |

In der Ja-/Nein-Frage steht das konjugierte Verb auf Position 1. Am Satzende stehen Infinitiv, Partizip II oder Präfix. Das Subjekt steht auf Position 2.

### Imperativsätze
A1 K3, K8

| Position 1 | | | Satzende |
|---|---|---|---|
| Trinken | Sie | viel Wasser! | |
| Geh | | früh ins Bett! | |
| Steht | | bitte | auf! |

Im Imperativsatz steht das konjugierte Verb auf Position 1.

**150** einhundertfünfzig

**Stellung von *nicht* im Satz**  B1 K9

1. a  Wenn *nicht* den ganzen Satz verneint,
     steht es möglichst am Ende des Satzes: *Das Bild gefällt mir **nicht**.*
   Aber: In der Satzverneinung steht *nicht* …
   b  vor dem zweiten Verbteil: *Wir konnten **nicht** kommen.*
   c  vor Adjektiven und Adverbien: *Das Bild war **nicht** teuer.*
   d  vor Präpositionalergänzungen: *Sie interessiert sich **nicht** für Kunst.*
   e  vor Ortsangaben: *Sie waren **nicht** dort.*
2. Wenn *nicht* nur ein Wort verneint, steht
   es direkt vor diesem Wort: *Ich war **nicht** heute im Museum.*

Wenn ein Satz oder Satzteil mit *nicht* oder *kein* verneint ist, setzt man den folgenden Satz mit *sondern* fort: *Ich war **nicht** heute im Museum, **sondern** gestern.*

# Sätze verbinden

**Hauptsatz und Hauptsatz: *und, oder, aber, denn***  A1 K7, K12

| Hauptsatz 1 | | | | Hauptsatz 2 | | |
|---|---|---|---|---|---|---|
| Ich | bin | | in Köln | **und** | (ich) | mache | ein Praktikum. |
| Ich | telefoniere | | | **oder** | (ich) | arbeite | am Computer. |
| Die Firma | ist | | klein, | **aber** | sie | hat | viele Kunden. |
| Die Stadt | ist | | toll, | **denn** | man | kann | viel machen. |

**Hauptsatz und Hauptsatz: *deshalb/deswegen/darum/daher, trotzdem***  A2 K9  B1 K2

| Hauptsatz | | Hauptsatz | | | |
|---|---|---|---|---|---|
| Alle spielen schlecht. | → | **Sie** | | haben | verloren. |
| | | **deshalb** | | | |
| | | **deswegen** | | | |
| Alle spielen schlecht, | | **darum** | | haben | sie | verloren. |
| | | **daher** | | | |
| | | **Folge/Konsequenz: Konsekutivsatz** | | | |
| Alle spielen schlecht. | ↔ | **Sie** | | haben | gewonnen. |
| Alle spielen schlecht, | | **trotzdem** | | haben | sie | gewonnen. |
| | | **Widerspruch/Kontrast: Konzessivsatz** | | | |

## Hauptsatz und Nebensatz

A2 K1, K3, K4, K7, K10  B1 K1, K2, K5, K7

| Hauptsatz | | | Nebensatz | | | |
|---|---|---|---|---|---|---|
| Ben | lädt | die Freunde ein, | **weil** | er | im Urlaub | war. |
| Melina | gefällt | der Urlaub, | **da** | die Strände | schön | sind. |
| Er | findet | gut, | **dass** | ich | Fotos | gepostet habe. |
| Es | hat | immer geregnet, | **sodass** | alles | nass | wurde. |
| Das Zelt | war | **so** nass, | **dass** | wir | nicht | schlafen konnten. |
| Ich | bin | glücklich, | **wenn** | ich | Freunde zu mir | einlade. |
| Die Tasche | hat | einen Akku, | **damit** | man | das Handy | aufladen kann. |
| Der Urlaub | war | schön, | **obwohl** | das Wetter | schlecht | war. |
| Melly | hat | gern Musik gehört, | **als** | sie | 14 Jahre alt | war. |
| Wir | warten, | | **bis** | du | | zurückkommst. |
| Julia | trinkt | Kaffee, | **bevor** | sie | mit Samu | telefoniert. |
| Du | bist | immer müde, | **seit/seitdem** | du | so viel | arbeitest. |
| Ich | räume | auf, | **während** | ich | Musik | höre. |
| Es | gefällt | ihr hier, | **nachdem** | sie | neue Freunde | gefunden hat. |
| | Verb | | Konnektor | Subjekt | | Verb: Satzende |

Der Nebensatz beginnt mit dem Konnektor, dann folgt das Subjekt. Das konjugierte Verb steht ganz am Ende. Trennbare Verben sind im Nebensatz nicht getrennt.

Nebensätze mit **so … dass**: Wenn im Hauptsatz ein Adjektiv oder Adverb steht, steht *so* meistens direkt davor.

Nebensätze mit **als** gibt es nur in der Vergangenheit. Man verwendet sie für einmalige Ereignisse. Die Dauer kann auch länger sein: *Als Melly 14 Jahre alt war, …*
Für mehrmalige Ereignisse in der Vergangenheit verwendet man **wenn**: In diesen Sätzen stehen oft Wörter wie *oft, meistens, immer …*: *(Immer) Wenn Melly traurig war, hat sie französische Musik gehört.*
Im Präsens verwendet man immer *wenn*.

In Nebensätzen mit **nachdem** verwendet man ein anderes Tempus als im Hauptsatz:
im Hauptsatz Präsens → im Nebensatz Perfekt
im Hauptsatz Präteritum → im Nebensatz Plusquamperfekt
In der gesprochenen Sprache kann man auch verwenden:
im Hauptsatz Perfekt → im Nebensatz Plusquamperfekt

### Nebensatz vor Hauptsatz

| Nebensatz | | | | Hauptsatz | | |
|---|---|---|---|---|---|---|
| **Da** | Köln | sehr bekannt | ist, | gibt | es | viele Touristen. |
| **(Immer) Wenn** | ich | mit Feunden | feiern kann, | (dann) bin | ich | glücklich. |
| **Als** | Melly | 14 Jahre alt | war, | hat | sie | gern Musik gehört. |
| **Nachdem** | sie | | umgezogen war, | fühlte | sie | sich oft einsam. |
| Konnektor | Subjekt | | Verb: Satzende | Verb | | |

Wenn der Nebensatz am Anfang des Satzes steht, beginnt der Hauptsatz mit dem konjugierten Verb.

## indirekte Fragesätze

**W-Fragen**

| direkte Frage | Hauptsatz | Nebensatz: indirekte Frage |
|---|---|---|
| „Warum **fährt** der Zug nicht **weiter**?" | Der Mann fragt, | **warum** der Zug nicht **weiterfährt**. |
| „Wohin **kann** ich den Koffer **stellen**?" | Die Frau weiß nicht, | **wohin** sie den Koffer **stellen kann**. |

**Ja-/Nein-Fragen mit *ob***

| direkte Frage | Hauptsatz | Nebensatz: indirekte Frage |
|---|---|---|
| „**Gibt** es einen bestimmten Parkplatz?" | Bine möchte wissen, | **ob** es einen bestimmten Parkplatz **gibt**. |
| „**Kann** ich das Auto überall **abstellen**?" | Sie fragt, | **ob** sie das Auto überall **abstellen kann**. |

**Verwendung**

Redewiedergabe    Der Mann fragt, warum der Zug steht.
                       Der Mann fragt, ob der Zug bald weiterfährt.
Höflichkeit             Könnten Sie mir sagen, warum der Zug steht?
                       Könnten Sie mir sagen, ob der Zug bald weiterfährt?

## Relativsätze

| Nominativ | 2050 gibt es sehr viele Menschen, **die** in Städten **leben**. |
|---|---|
| Akkusativ | Der Strom, **den** die Hausbewohner **brauchen**, entsteht durch Solarzellen. |
| Dativ | Zu Menschen, **denen** man oft **begegnet**, hat man eine engere Beziehung. |
| Präposition + Akkusativ | Alle Dinge, **auf die** man im Alltag nicht **verzichten kann**, findet man in der Nähe. |
| Präposition + Dativ | Man trifft andere Bewohner, **mit denen** man sich **unterhalten kann**. |

Die Relativpronomen im Nominativ, Akkusativ und Dativ haben die gleichen Formen wie die bestimmten Artikel: *der/den/dem, das/das/dem, die/die/der, die*    ! Dativ Plural: *denen*
Die Präposition steht vor dem Relativpronomen und bestimmt den Kasus.

**Eingeschobene Relativsätze**

Menschen, **die** man oft **trifft**, werden manchmal gute Freunde.

Der Relativsatz steht meistens direkt hinter dem Bezugswort und kann auch mitten im Satz stehen. Manchmal ist der Relativsatz nur nahe beim Bezugswort: *Ich habe **das Bild** gekauft, **das** hier hängt.*

## Relativsätze mit *was* und *wo*

| *was* bezieht sich auf ganze Sätze oder auf Pronomen wie *alles, etwas, nichts* oder *das*. | Hier gibt es viele Parks, **was** ich toll finde.<br>Viel Kultur ist etwas, **was** eine Stadt attraktiv macht.<br>Das Wetter ist nichts, **was** für Rankings wichtig ist.<br>Die Stadt hat alles, **was** ich mag.<br>Ist es das, **was** du gesucht hast? |
|---|---|
| *wo* bezieht sich auf Ortsangaben. | Hamburg ist eine Stadt, **wo** ich gerne wohnen würde. |

## Grammatikübersicht

### Infinitiv mit *zu* — B1 K1

| nach bestimmten Verben | anfangen, aufhören, sich entscheiden, planen, vergessen, versuchen, vorhaben, vorschlagen … | Ich habe vergessen, dich **an**zu**rufen**. |
|---|---|---|
| nach Adjektiven + *sein/finden* | anstrengend, gut, interessant, langweilig, schön, spannend, wichtig … sein/finden | Es ist langweilig, den ganzen Tag am Strand **zu sein**. |
| nach Nomen + *haben/machen* | (keine) Lust haben, (keine) Zeit haben, (keinen) Spaß machen … | Ich habe keine Zeit, ins Reisebüro **zu gehen**. |

Bei trennbaren Verben steht *zu* zwischen Präfix und Verbstamm: *anzurufen, einzuladen* …

### Nebensätze mit *damit* oder *um … zu*: Finalsatz — B1 K5

| Aktion: Hauptsatz | Ziel: Nebensatz |
|---|---|
| Die Taschen haben einen Akku, | **damit** man das Handy immer **aufladen kann**. |
| Viele Kunden kaufen die Taschen mit Solarzellen, | **damit** sie in der Natur Strom **haben**. |
| Viele Kunden kaufen die Taschen mit Solarzellen, | **um** in der Natur Strom **zu haben**. |

*damit* und *um … zu* haben die gleiche Bedeutung.
Man verwendet **immer** *damit*, wenn die **Subjekte** in Haupt- und Nebensatz **nicht gleich** sind.
Man verwendet *damit* **oder** *um … zu*, wenn die **Subjekte** in Haupt- und Nebensatz **gleich** sind.
In Sätzen mit *um … zu* entfällt das Subjekt. Das Verb steht im Infinitiv.

### Nebensätze mit *bevor, bis, nachdem, seit/seitdem, während*: Temporalsatz — B1 K7

| bevor | Julia trinkt Kaffee, **bevor** sie **telefoniert**. |
|---|---|
| bis | Wir warten, **bis** du **zurückkommst**. |
| nachdem | **Nachdem** Matilda **umgezogen** war, **fühlte** sie sich oft einsam. |
| | Es **gefällt** ihr in Freiburg gut, **nachdem** sie neue Freunde **gefunden hat**. |
| seit/seitdem | **Seit** du wieder **arbeitest**, bist du gestresst. |
| | **Seitdem** du den Job **gewechselt hast**, bist du ständig erschöpft. |
| während | **Während** ich **aufräume**, kochst du für uns. |

In Nebensätzen mit *nachdem* verwendet man ein anderes Tempus als im Hauptsatz:
im Hauptsatz Präsens → im Nebensatz Perfekt
im Hauptsatz Präteritum → im Nebensatz Plusquamperfekt
In der gesprochenen Sprache kann man auch verwenden:
im Hauptsatz Perfekt → im Nebensatz Plusquamperfekt

### Zweiteilige Konnektoren — B1 K8

| sowohl … als auch … / nicht nur …, sondern auch … | das eine **und** das andere | Ich höre **sowohl** Klassik **als auch** Pop. Ich höre **nicht nur** Klassik, **sondern auch** Pop. |
|---|---|---|
| entweder … oder … | das eine **oder** das andere | Er hört **entweder** Rock **oder** Heavy Metal. |
| weder … noch … | das eine **nicht** und das andere auch **nicht** | Sie hört **weder** Pop **noch** Jazz. |
| zwar …, aber … | das eine mit **Einschränkungen** | Ich höre **zwar** gern Radio, **aber** manchmal nerven die Sprecher/innen. |
| einerseits …, andererseits … | Gegensatz; eine Sache hat **zwei Seiten** | **Einerseits** höre ich gern laute Musik, **andererseits** stört sie mich manchmal auch. |

Zweiteilige Konnektoren können Satzteile oder ganze Sätze verbinden:
*Ella spielt **nicht nur** Flöte, **sondern auch** Klavier.*
*Brian spielt **nicht nur** Gitarre, **sondern** er singt **auch** gut.*

## Grammatikübersicht

### Sätze mit *je ..., desto/umso ...*     B1 K12

| Nebensatz | | | Hauptsatz | | | |
|---|---|---|---|---|---|---|
| **Je öfter** | man Online-Banking | **macht**, | **desto/umso leichter** | **wird** | es. | |
| **Je größer** | der Kredit | **ist**, | **desto/umso günstiger** | **sind** | die Zinsen. | |
| *je* + Komparativ | | Verb: Satzende | *desto/umso* + Komparativ | Verb | | |

### irreale Bedingungssätze mit Konjunktiv II     B1 K4

| Ich **würde** noch einen Kaffee **trinken**, | **wenn** ich noch Zeit **hätte**. |
|---|---|
| **Wenn** Boris nicht so gestresst **wäre**, | **könnten** wir länger Pause **machen**. |

Irreale Bedingungssätze drücken etwas aus, was nicht Realität ist. Sie bestehen aus einem Hauptsatz und einem Nebensatz mit *wenn*. In beiden Satzteilen stehen die Verben im Konjunktiv II.

## Verb

### Präsens: Konjugation     A1 K1, K2, K6

| | **wohnen** | **arbeiten** | **heißen** | **ab\|holen** | **sprechen** | **fahren** | **Endung** |
|---|---|---|---|---|---|---|---|
| ich | wohn**e** | arbeit**e** | heiß**e** | hol**e** ab | sprech**e** | fahr**e** | **-e** |
| du | wohn**st** | arbeit**est** | heiß**t** | hol**st** ab | spr**i**ch**st** | f**ä**hr**st** | **-(e)st** |
| er/es/sie | wohn**t** | arbeit**et** | heiß**t** | hol**t** ab | spr**i**ch**t** | f**ä**hr**t** | **-(e)t** |
| wir | wohn**en** | arbeit**en** | heiß**en** | hol**en** ab | sprech**en** | fahr**en** | **-en** |
| ihr | wohn**t** | arbeit**et** | heiß**t** | hol**t** ab | sprech**t** | fahr**t** | **-(e)t** |
| sie/Sie | wohn**en** | arbeit**en** | heiß**en** | hol**en** ab | sprech**en** | fahr**en** | **-en** |

#### unregelmäßige Verben

| e → i | **sprechen** (du spr**i**chst, er/es/sie spr**i**cht) |
|---|---|
| | **lesen** (du l**ie**st, er/es/sie l**ie**st) |
| | *ebenso:* an\|sehen, essen, geben, helfen, sehen, treffen ... |
| | **! nehmen** (du n**imm**st, er/es/sie n**imm**t) |
| a → ä | **fahren** (du f**ä**hrst, er/es/sie f**ä**hrt) |
| | **laufen** (du l**äu**fst, er/es/sie l**äu**ft) |
| | *ebenso:* an\|fangen, ein\|fallen, ein\|laden, raten, schlafen, waschen ... |

| **! wissen** | |
|---|---|
| ich | **weiß** |
| du | **weißt** |
| er/es/sie | **weiß** |
| wir | wiss**en** |
| ihr | wiss**t** |
| sie/Sie | wiss**en** |

### *sein* und *haben*     A1 K1, K2, K6

| | **sein** | | **haben** | |
|---|---|---|---|---|
| | Präsens | Präteritum | Präsens | Präteritum |
| ich | **bin** | **war** | hab**e** | ha**tte** |
| du | **bist** | **warst** | **hast** | ha**ttest** |
| er/es/sie | **ist** | **war** | **hat** | ha**tte** |
| wir | **sind** | **waren** | hab**en** | ha**tten** |
| ihr | **seid** | **wart** | hab**t** | ha**ttet** |
| sie/Sie | **sind** | **waren** | hab**en** | ha**tten** |

einhundertfünfundfünfzig **155**

## Grammatikübersicht

*werden*  A2 K6

|  | Präsens | Präteritum | Perfekt | Verwendung |
|---|---|---|---|---|
| ich | werde | wurde | bin geworden | *werden* + Nomen: |
| du | wirst | wurdest | bist geworden | Er wird Fernfahrer. |
| er/es/sie | wird | wurde | ist geworden | *werden* + Adjektiv: |
| wir | werden | wurden | sind geworden | Sie wird arbeitslos. |
| ihr | werdet | wurdet | seid geworden | *werden* + Altersangabe: |
| sie/Sie | werden | wurden | sind geworden | Sie wird 45 (Jahre alt). |

### Imperativ  A1 K3, K8

|  | du | ihr | Sie |
|---|---|---|---|
| kommen | Komm! | Kommt! | Kommen Sie! |
| aufstehen | Steh auf! | Steht auf! | Stehen Sie auf! |
| anfangen | Fang an! | Fangt an! | Fangen Sie an! |
| sein | Sei aktiv! | Seid aktiv! | Seien Sie aktiv! |

~~du~~ läufst → Lauf!
~~ihr~~ macht → Macht!

Verben mit *-ten* haben im Imperativ oft die Endung *-e*: Warte! Arbeite nicht so viel!

### Modalverben  A1 K5, K6, K8  A2 K2

|  | müssen Präsens | Präteritum | können Präsens | Präteritum | wollen Präsens | Präteritum |
|---|---|---|---|---|---|---|
| ich | muss | musste | kann | konnte | will | wollte |
| du | musst | musstest | kannst | konntest | willst | wolltest |
| er/es/sie | muss | musste | kann | konnte | will | wollte |
| wir | müssen | mussten | können | konnten | wollen | wollten |
| ihr | müsst | musstet | könnt | konntet | wollt | wolltet |
| sie/Sie | müssen | mussten | können | konnten | wollen | wollten |

|  | dürfen Präsens | Präteritum | sollen Präsens | Präteritum |
|---|---|---|---|---|
| ich | darf | durfte | soll | sollte |
| du | darfst | durftest | sollst | solltest |
| er/es/sie | darf | durfte | soll | sollte |
| wir | dürfen | durften | sollen | sollten |
| ihr | dürft | durftet | sollt | solltet |
| sie/Sie | dürfen | durften | sollen | sollten |

*weitere Modalverben:*
**möchten**: ich möchte, du möchtest, er/es/sie möchte, wir möchten, ihr möchtet, sie/Sie möchten
**mögen**: ich mag, du magst, er/es/sie mag, wir mögen, ihr mögt, sie/Sie mögen

### *nicht/kein* oder *nur* + *brauchen* + *zu* + Infinitiv  B1 K8

| *nicht/kein* + *brauchen* + *zu* | Das **brauchst** du **nicht zu** machen. = Das musst du nicht machen. |
|---|---|
|  | Er **braucht kein** Fieber **zu** messen. = Er muss kein Fieber messen. |
| *nur* + *brauchen* + *zu* | Sie **brauchen** mich **nur zu** rufen. = Sie müssen mich nur rufen. |

### *lassen*  B1 K2

| ich | lasse |
|---|---|
| du | lässt |
| er/es/sie | lässt |
| wir | lassen |
| ihr | lasst |
| sie/Sie | lassen |

| Sie | **lässt** | ihr Handy | **reparieren**. |
|---|---|---|---|
| Sie | **hat** | ihr Handy | **reparieren lassen**. |

Sie repariert ihr Handy. = Sie macht es selbst.
Sie lässt ihr Handy reparieren. = Sie macht es nicht selbst.

## Grammatikübersicht

### reflexive Verben  A2 K4  B1 K8

|        | sich freuen  | sich anziehen        |
|--------|--------------|----------------------|
| ich    | freue **mich**   | ziehe **mir** den Pulli an |
| du     | freust **dich**  | ziehst **dir** den Pulli an |
| er/es/sie | freut **sich** | zieht **sich** den Pulli an |
| wir    | freuen **uns**   | ziehen **uns** die Pullis an |
| ihr    | freut **euch**   | zieht **euch** die Pullis an |
| sie/Sie | freuen **sich** | ziehen **sich** die Pullis an |

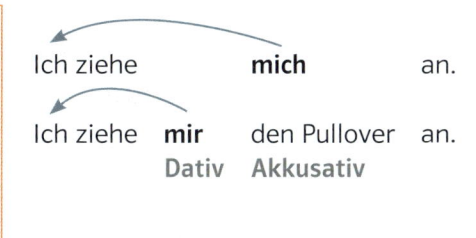

Ich ziehe **mich** an.

Ich ziehe **mir** den Pullover an.
         Dativ    Akkusativ

Wenn es bei reflexiven Verben ein Reflexivpronomen <u>und</u> ein Akkusativobjekt gibt, steht das Reflexivpronomen im Dativ.

*weitere reflexive Verben:* sich ärgern, sich ausruhen, sich bedanken, sich beeilen, sich duschen, sich entscheiden, sich entschuldigen, sich erinnern, sich gewöhnen, sich informieren, sich kämmen, sich konzentrieren, sich kümmern, sich langweilen, sich streiten, sich treffen, sich umsehen, sich unterhalten, sich verabschieden, sich vorstellen, sich waschen, sich wohlfühlen …

### Perfekt  A1 K10, K11  A2 K1

| *haben* + Partizip II | Daniel | **hat** | sechs Stunden | **gelernt**. |
| *sein* + Partizip II  | Er     | **ist** | nach Hause    | **gefahren**. |

Perfekt mit *sein* bei Verben der Ortsveränderung A → 🏃 → B:
fahren – ist gefahren, gehen – ist gegangen, kommen – ist gekommen …
**!** bleiben – ist geblieben, passieren – ist passiert

**Partizip II**

| regelmäßige Verben: ge…(e)t |              | unregelmäßige Verben: ge…en |            |
|-----------------------------|--------------|-----------------------------|------------|
| machen                      | **ge**mach**t**  | fahren  | **ge**fahr**en**  |
| arbeiten                    | **ge**arbeit**et** | bleiben | **ge**bl**ie**b**en** |
| **Verben auf -ieren: …t**   |              | finden  | **ge**f**u**nd**en** |
| studieren                   | studier**t** | gehen   | **ge**g**a**ng**en** |
| telefonieren                | telefonier**t** | nehmen | **ge**n**o**mm**en** |

Eine Liste mit unregelmäßigen Verben finden Sie im Anhang.

**!** denken – **ge**dach**t**, wissen – **ge**wuss**t**

| trennbare Verben: Präfix + ge…t/en |                  | nicht trennbare Verben: Präfix + …t/en |              |
|------------------------------------|------------------|----------------------------------------|--------------|
| an\|kommen                         | ist an**ge**komm**en** | bekommen  | hat bekomm**en** |
| um\|tauschen                       | hat um**ge**tausch**t** | gefallen  | hat gefall**en** |
| an\|ziehen                         | hat an**ge**zog**en** | empfehlen | hat empf**o**hl**en** |
|                                    |                  | erzählen  | hat erzähl**t** |
| trennbare Präfixe: *ab-, an-, auf-, aus-, ein-, mit-, zu-, zurück-* … | | nicht trennbare Präfixe: *be-, emp(f)-, ent-, er-, ge-, ver-, zer-* | |

**Perfekt von *sein* und *haben***
Die Perfektformen *ich bin gewesen, ich habe gehabt* verwendet man nur selten.
Man verwendet *ich **war**, ich **hatte***.

einhundertsiebenundfünfzig **157**

## Präteritum

B1 K3

|  | regelmäßige Verben: -(e)t- + Endung | | | unregelmäßige Verben: Vokaländerung | | |
|---|---|---|---|---|---|---|
|  | arbeiten | ausprobieren |  | sehen | gefallen |  |
| ich | arbeit**et**e | probier**t**e aus | -e | s**a**h | gef**ie**l | – |
| du | arbeit**et**est | probier**t**est aus | -est | s**a**hst | gef**ie**lst | -st |
| er/es/sie | arbeit**et**e | probier**t**e aus | -e | s**a**h | gef**ie**l | – |
| wir | arbeit**et**en | probier**t**en aus | -en | s**a**hen | gef**ie**len | -en |
| ihr | arbeit**et**et | probier**t**et aus | -et | s**a**ht | gef**ie**lt | -t |
| sie/Sie | arbeit**et**en | probier**t**en aus | -en | s**a**hen | gef**ie**len | -en |
|  | Verben, die mit *d* oder *t* enden, bilden das Präteritum mit *-et* + Endung. | | | Bei *ich* und *er/es/sie* gibt es keine Endung. | | |

**!** denken – er d**acht**e; wissen – er w**usst**e; bringen – er br**acht**e; mögen – er m**ocht**e; kennen – er k**annt**e; nennen – er n**annt**e

**über Vergangenes berichten: Perfekt und Präteritum**

1. Beim Sprechen oder in persönlichen Texten wie E-Mails verwendet man meistens das **Perfekt**.

2. In offiziellen Texten wie Zeitungsartikeln, Berichten und literarischen Texten verwendet man häufig das **Präteritum**.

3. Einige Verben verwendet man fast immer im Präteritum: *sein*, *haben* und die Modalverben.

*Ich **bin** gestern ins Kino **gegangen**.*
*Ich **habe** einen lustigen Film **gesehen**.*

Sebastian Hilpert **war** zwölf Jahre lang Berufssoldat, aber dann **fühlte** er sich nicht mehr glücklich und

*Ich **war** im Kino. Ich **hatte** zuerst keine Lust, aber dann **wollte** ich den Film doch sehen.*

## Plusquamperfekt

B1 K7

| jetzt | Wir **fahren** gemeinsam an die Ostsee. | | Gegenwart → Präsens |
|---|---|---|---|
| früher | Wir **verloren** uns aus den Augen. | | Vergangenheit → Präteritum, Perfekt |
|  | Wir **haben beschlossen**, etwas zu ändern. | |  |
| **noch früher** | Wir **hatten** uns fast jeden Tag **getroffen**. | | Vorvergangenheit → Plusquamperfekt |
|  | Wir **waren** viel zusammen **gereist**. | |  |
|  | *haben/sein* im Präteritum | Partizip II |  |

## Futur I

B1 K6

| Ich | **werde** | oft in der Bibliothek | **sein**. |
|---|---|---|---|
| Angelo | **wird** | einen Spaziergang | **machen**. |
|  | *werden* |  | *Infinitiv* |

**So kann man auch Zukunft ausdrücken**

| Zeitangabe + Verb im Präsens | **Morgen bringe** ich meiner Tochter etwas Süßes **mit**. |
|---|---|
| Modalverb *wollen* oder *möchten* | Ich **will** nicht mehr alles im letzten Moment **machen**. |
| Verben wie *vorhaben*, *anfangen* … | Ich **habe vor**, die Ruhe zu genießen. |

# Grammatikübersicht

## Konjunktiv II
**Formen**

A2 K5, K8, K11  B1 K4

|  | sein | haben | Modalverben |  |  |  |  | andere Verben: *würde* + Infinitiv |
|---|---|---|---|---|---|---|---|---|
|  |  |  | können | müssen | dürfen | wollen | sollen | werden |
| ich | wäre | hätte | könnte | müsste | dürfte | wollte | sollte | würde lesen |
| du | wärst | hättest | könntest | müsstest | dürftest | wolltest | solltest | würdest fahren |
| er/es/sie | wäre | hätte | könnte | müsste | dürfte | wollte | sollte | würde besuchen |
| wir | wären | hätten | könnten | müssten | dürften | wollten | sollten | würden reisen |
| ihr | wärt | hättet | könntet | müsstet | dürftet | wolltet | solltet | würdet denken |
| sie/Sie | wären | hätten | könnten | müssten | dürften | wollten | sollten | würden machen |

**Verwendung**

| | |
|---|---|
| höfliche Bitte | **Könntest** du mir (bitte) **helfen**? |
| | **Würdest** du mir bitte das Buch **geben**? |
| Wunsch | Ich **hätte gern** mehr Zeit. |
| | Ich **würde** dich **gern** öfter **besuchen**. |
| Ratschlag | An deiner Stelle **wäre** ich pünktlicher. |
| | Du **solltest** mit der U-Bahn **fahren**. |
| irreale Bedingung | Ich **würde** noch einen Kaffee **trinken**, **wenn** ich Zeit **hätte**. |
| | **Wenn** Boris nicht so gestresst **wäre**, **könnten** wir länger Pause machen. |

## Passiv

B1 K10

| Aktiv → **Wer** tut etwas? | Die *Tafel* verteilt | **die Lebensmittel**. |
|---|---|---|
|  |  | Akkusativ |
| Passiv → **Was** passiert? | **Die Lebensmittel werden** (von der *Tafel*) | **verteilt**. |
|  | Nominativ *werden* | Partizip II |

Im Passivsatz kann man mit *von* + Dativ ausdrücken, **wer** etwas tut.

**Bildung**

| | | |
|---|---|---|
| **Präsens** | *werden* + Partizip II | Die Feuerwehr **wird alarmiert**. |
| **Präteritum** | *wurde* + Partizip II | Die Feuerwehr **wurde alarmiert**. |
| **Perfekt** | *sein* + Partizip II + *worden* | Die Feuerwehr **ist alarmiert worden**. |

Für das Passiv in der Vergangenheit verwendet man meistens das Präteritum.

**Passiv mit Modalverb**

| Das Geld | **kann** | in der Bank | **abgeholt** | **werden**. |
|---|---|---|---|---|
| In einer Stadt | **müssen** | viele Dinge | **erledigt** | **werden**. |
|  | Modalverb |  | Partizip II | *werden* im Infinitiv |

## Verben mit Präposition

A2 K11  B1 K4

| | |
|---|---|
| sich freuen auf + Akk. | Wir **freuen** uns **auf dich**. |
| sich erinnern an + Akk. | Er **erinnert** sich **an den** Ausflug. |
| sprechen mit + Dat. | Sie **spricht mit mir**. |

*weitere Verben mit Präposition:* sich ärgern über + Akk., berichten über + Akk., denken an + Akk., sich entscheiden für/gegen + Akk., sich erkundigen nach + Dat., erzählen von + Dat., sich freuen über + Akk., sich interessieren für + Akk., sich kümmern um + Akk., teilnehmen an + Dat., träumen von + Dat., verbringen mit + Dat., verzichten auf + Akk., sich vorbereiten auf + Akk., warten auf + Akk. …

# Grammatikübersicht

## Verben mit Dativ und Akkusativ

A2 K9

**Dativ vor Akkusativ**

| Nominativ: Wer? | Verb | Dativ: Wem? | Akkusativ: Was? |
|---|---|---|---|
| Wir | erklären | den Gästen | die Regeln. |
| Wir | leihen | euch | Helme. |
|  |  | Person | Sache |

**Akkusativ = Pronomen → Akkusativ vor Dativ**

|  | Nominativ: Wer? | Verb | Akkusativ: Was? | Dativ: Wem? |
|---|---|---|---|---|
| Die Regeln? | Wir | erklären | sie | den Gästen. |
| Die Helme? | Wir | leihen | sie | euch. |
|  |  |  | Sache | Person |

**!** Der Akkusativ muss nicht immer eine Sache sein: *Ich stelle dir meine Freunde vor.*
*weitere Verben:* einer Person etwas bringen, empfehlen, geben, schenken, schicken, vorlesen, vorschlagen, vorstellen, wünschen, zeigen …

# Nomen

## bestimmter Artikel

A1 K2

| maskulin | **der** Stift |
| neutrum | **das** Buch |
| feminin | **die** Tablette |
| Plural | **die** Stifte, Bücher, Tabletten |

## Singular und Plural

A1 K2

| Endungen | Singular | Plural | *ebenso:* |
|---|---|---|---|
| (¨)- | der Kuchen | die Kuchen | der Kilometer, der Schlüssel |
|  | der Apfel | die **Ä**pfel | der Vater, der Bruder |
| -(e)n | die Stunde | die Stunde**n** | die Farbe, die Gruppe |
|  | die Person | die Perso**n**e**n** | die Zahl, die Nachricht |
| (¨)-e | der Tag | die Tag**e** | der Film, der Kurs |
|  | der Arzt | die **Ä**rzt**e** | die Nacht, der Fluss |
| (¨)-er | das Bild | die Bild**er** | das Kind, das Ei |
|  | das Buch | die B**ü**ch**er** | das Fahrrad, der Mann |
| -s | das Auto | die Auto**s** | der Chef, der Test |

## Kasus

A1 K2, K4, K7  B1 K2

|  | maskulin | neutrum | feminin | Plural |
|---|---|---|---|---|
| Nominativ | **der** Raum | **das** Zimmer | **die** Familie | **die** Gäste |
| Akkusativ | **den** Raum | **das** Zimmer | **die** Familie | **die** Gäste |
| Dativ | **dem** Raum | **dem** Zimmer | **der** Familie | **den** Gäste**n** |
| Genitiv | **des** Raum**es** | **des** Zimmer**s** | **der** Familie | **der** Gäste |

Maskuline und neutrale Nomen mit nur einer Silbe haben im Genitiv Singular die Endung *-es*: *des Raumes, des Hauses.*
Im Dativ Plural ist die Endung *-n*.

**160** einhundertsechzig

## Grammatikübersicht

### Genitiv von Namen: -s
A2 K1

die Schwester von Julia → Julia**s** Schwester
die Freunde von Lilly → Lilly**s** Freunde
! die Freundin von Jonas → Jonas**'** Freundin
! *auch nach -ß, -x, -z*: Frau Weiß**'** Kollegin, Max**'** Bruder, Liz**'** Freund

### n-Deklination: maskuline Nomen
B1 K6

| | |
|---|---|
| mit Endung -e | der Kollege, der Junge, der Kunde, der Experte, der Name, der Löwe, der Affe … |
| viele Bezeichnungen für Personen, Berufe und Tiere | der Mensch, der Herr, der Nachbar, der Architekt, der Bauer, der Bär, der Elefant, der Planet … |
| Internationalismen mit Endung -and, -ant, -at, -ent, -graf, -ist und -oge | der Doktorand, der Praktikant, der Automat, der Student, der Fotograf, der Journalist, der Pädagoge … |

Die Endung ist außer im Nominativ Singular immer *-(e)n*:
*Siehst du den Elefanten? Das ist das Auto meines Nachbarn.*
Die meisten Nomen der n-Deklination bezeichnen Menschen und Tiere.

### Adjektive als Nomen
B1 K11

der **O**bdachlos**e** Mann       ein **O**bdachlos**er** Mann
die **A**ngestellt**e** Bäckerin   eine **A**ngestellt**e** Bäckerin
die **V**erletzt**en** Menschen    – **V**erletzt**e** Menschen

Adjektive als Nomen haben die gleiche Endung wie Adjektive vor Nomen.
In Wörterbüchern haben sie die Angabe *der/die*: *der/die Bekannte*

*weitere Adjektive als Nomen:* der/die Angehörige, der/die Arbeitslose, der/die Auszubildende, der/die Bekannte, der/die Deutsche, der/die Erwachsene, der/die Jugendliche, der/die Kranke, der/die Verwandte …

# Artikelwörter

### bestimmter, unbestimmter Artikel und Negationsartikel
A1 K2, K3, K4, K7, K11  B1 K2

| | Nominativ | Akkusativ | Dativ | Genitiv |
|---|---|---|---|---|
| maskulin | **der/ein/kein** Mann | **den/einen/keinen** Mann | **dem/einem/keinem** Mann | **des/eines/keines** Mann**es** |
| neutrum | **das/ein/kein** Kind | **das/ein/kein** Kind | **dem/einem/keinem** Kind | **des/eines/keines** Kind**es** |
| feminin | **die/eine/keine** Frau | **die/eine/keine** Frau | **der/einer/keiner** Frau | **der/einer/keiner** Frau |
| Plural | **die/–/keine** Kinder | **die/–/keine** Kinder | **den/–/keinen** Kinder**n** | **der/[ ]\*/keiner** Kinder |

\* Beim unbestimmten Artikel im Genitiv gibt es keinen Plural. Man verwendet die Präposition *von* + Dativ: *Sie bekommt Nachrichten von Gästen.*

# G Grammatikübersicht

## Possessivartikel       A1 K5

|  | maskulin | neutrum | feminin | Plural |
|---|---|---|---|---|
| ich | **mein** Sohn | **mein** Kind | **meine** Tochter | **meine** Eltern |
| du | **dein** Sohn | **dein** Kind | **deine** Tochter | **deine** Eltern |
| er | **sein** Sohn | **sein** Kind | **seine** Tochter | **seine** Eltern |
| es | **sein** Sohn | **sein** Kind | **seine** Tochter | **seine** Eltern |
| sie | **ihr** Sohn | **ihr** Kind | **ihre** Tochter | **ihre** Eltern |
| wir | **unser** Sohn | **unser** Kind | **unsere** Tochter | **unsere** Eltern |
| ihr | **euer** Sohn | **euer** Kind | eu**re** Tochter | eu**re** Eltern |
| sie | **ihr** Sohn | **ihr** Kind | **ihre** Tochter | **ihre** Eltern |
| Sie | **Ihr** Sohn | **Ihr** Kind | **Ihre** Tochter | **Ihre** Eltern |

## Possessivartikel: Kasus       A1 K5  A2 K2  B1 K2

|  |  | Nominativ |  | Akkusativ |  | Dativ |  | Genitiv |
|---|---|---|---|---|---|---|---|---|
| der | kein | mein Hund | kein**en** | mein**en** Hund | kein**em** | mein**em** Hund | kein**es** | mein**es** Hund**es** |
| das | kein | mein Kind | kein | mein Kind | kein**em** | mein**em** Kind | kein**es** | mein**es** Kind**es** |
| die | keine | meine Mutter | keine | meine Mutter | kein**er** | mein**er** Mutter | kein**er** | mein**er** Mutter |
| die | keine | meine Eltern | keine | meine Eltern | kein**en** | mein**en** Eltern | kein**er** | mein**er** Eltern |

## Interrogativartikel       A1 K11
*Welcher? Welches? Welche?*

|  | Nominativ | Akkusativ | Dativ |
|---|---|---|---|
| der Mantel | Welch**er** Mantel? | Welch**en** Mantel? | Mit welch**em** Mantel? |
| das Kleid | Welch**es** Kleid? | Welch**es** Kleid? | Mit welch**em** Kleid? |
| die Jacke | Welch**e** Jacke? | Welch**e** Jacke? | Mit welch**er** Jacke? |
| die Schuhe | Welch**e** Schuhe? | Welch**e** Schuhe? | Mit welch**en** Schuh**en**? |

*Was für ein/e?*       A2 K8

|  | Nominativ | Akkusativ | Dativ |
|---|---|---|---|
| der Mantel | Was für **ein** Mantel? | Was für **einen** Mantel? | Mit was für **einem** Mantel? |
| das Kleid | Was für **ein** Kleid? | Was für **ein** Kleid? | Mit was für **einem** Kleid? |
| die Jacke | Was für **eine** Jacke? | Was für **eine** Jacke? | Mit was für **einer** Jacke? |
| die Schuhe | Was für – Schuhe? | Was für – Schuhe? | Mit was für – Schuh**en**? |

Die Antwort auf Fragen mit *Was für ein/e* hat meistens den unbestimmten Artikel:
○ Was für ein Filmprojekt möchten Sie gern mal übersetzen?
● Am liebsten **eine** romantische Komödie mit Bradley Cooper.

## Demonstrativartikel       A1 K11  B1 K2
*dieser, dieses, diese*

|  | Nominativ | Akkusativ | Dativ | Genitiv |
|---|---|---|---|---|
| der Mantel | dies**er** Mantel | dies**en** Mantel | mit dies**em** Mantel | dies**es** Mantel**s** |
| das Kleid | dies**es** Kleid | dies**es** Kleid | mit dies**em** Kleid | dies**es** Kleid**es** |
| die Jacke | dies**e** Jacke | dies**e** Jacke | mit dies**er** Jacke | dies**er** Jacke |
| die Schuhe | dies**e** Schuhe | dies**e** Schuhe | mit dies**en** Schuhe**n** | dies**er** Schuhe |

**162** einhundertzweiundsechzig

## Grammatikübersicht

### *irgendein/-eine/-welche*  B1 K11

**als Artikelwort**
→ Singularformen wie *ein/eine*: Wir finden **irgendein** Café.
→ Pluralformen mit *welche*: Gibt es hier **irgendwelche** Cafés?

**als Pronomen**
→ Formen wie *ein/eine* als Pronomen: Café? Wir finden **irgendeins**.

# Adjektive

### *sein* + Adjektiv  A1 K3, K9

Die Wohnung **ist teuer**.
Die Wohnung **ist nicht billig**.
Die Wohnung **ist sehr teuer**.
Die Wohnung **ist zu teuer**.

### Komparativ und Superlativ

|  | Komparativ | Superlativ |
|---|---|---|
| billig | billig**er** | **am** billig**sten** |
| leicht | leicht**er** | **am** leicht**esten** |
| groß | gr**ö**ß**er** | **am** gr**ö**ß**ten** |
| kurz | k**ü**rz**er** | **am** k**ü**rz**esten** |
| teuer | teu**r**er | **am** teuer**sten** |
| nah | n**ä**h**er** | **am** n**ä**ch**sten** |
| gut | **besser** | **am besten** |
| gern | **lieber** | **am liebsten** |
| viel | **mehr** | **am meisten** |

### Vergleiche mit *als* und *wie*  A2 K3

Das Tablet ist **praktischer als** der Laptop.
Der Laptop ist **(genau)so praktisch wie** das Tablet.
Der Laptop ist **nicht so leicht wie** das Tablet.

Viele kurze Adjektive haben im Komparativ und Superlativ einen Umlaut.
Viele Adjektive mit der Endung *d, t, s/ss/ß* oder *z* bilden den Superlativ mit *-esten*.

### Adjektive nach dem bestimmten Artikel  A2 K5 B1 K2

|  | der | das | die | die |
|---|---|---|---|---|
| Nom | der schwarz**e** Rock | das weiß**e** T-Shirt | die weiß**e** Bluse | die bequem**en** Schuhe |
| Akk | den schwarz**en** Rock | das weiß**e** T-Shirt | die weiß**e** Bluse | die bequem**en** Schuhe |
| Dat | dem schwarz**en** Rock | dem weiß**en** T-Shirt | der weiß**en** Bluse | den bequem**en** Schuhe**n** |
| Gen | des schwarz**en** Rock**es** | des weiß**en** T-Shirt**s** | der weiß**en** Bluse | der bequem**en** Schuhe |

### Adjektive nach dem unbestimmten Artikel  A2 K6 B1 K2

|  | de**r** | da**s** | di**e** | di**e** |
|---|---|---|---|---|
| Nom | ein schön**er** Abend | ein aktuell**es** Thema | eine groß**e** Sängerin | günstig**e** Preise |
| Akk | einen schön**en** Abend | ein aktuell**es** Thema | eine groß**e** Sängerin | günstig**e** Preise |
| Dat | einem schön**en** Abend | einem aktuell**en** Thema | einer groß**en** Sängerin | günstig**en** Preise**n** |
| Gen | eines schön**en** Abend**s** | eines aktuell**en** Thema**s** | einer groß**en** Sängerin | günstig**er** Preise |

### *kein-* und *mein-, dein-, ...*

Im Singular wie nach dem unbestimmten Artikel: *Das ist ein/kein/sein schön**es** Restaurant.*
Die Pluralendung ist nach einem Artikelwort immer *-en*: *Das sind die/keine/unsere günstig**en** Preise.*

# Grammatikübersicht

## Adjektive ohne Artikel
B1 K9

|  | der | das | die | die |
|---|---|---|---|---|
| **Nominativ** | der Spaß | das Projekt | die Person | die Stifte |
|  | groß**er** Spaß | klein**es** Projekt | nett**e** Person | bunt**e** Stifte |
| **Akkusativ** | den Spaß | das Projekt | die Person | die Stifte |
|  | groß**en** Spaß | klein**es** Projekt | nett**e** Person | bunt**e** Stifte |
| **Dativ** | dem Spaß | dem Projekt | der Person | den Stiften |
|  | groß**em** Spaß | klein**em** Projekt | nett**er** Person | bunt**en** Stifte**n** |
| **Genitiv** | des Spaßes | des Projekts | der Person | der Stifte |
|  | groß**en** Spaß**es** | klein**en** Projekt**s** | nett**er** Person | bunt**er** Stifte |

Adjektive ohne Artikel haben die gleiche Endung wie der bestimmte Artikel:

de**r** große Spaß → groß**er** Spaß; da**s** neue Stück → neu**es** Stück

**!** Genitiv Singular maskulin und neutrum: *wegen schlechten Wetters, trotz langen Wartens*
Den Genitiv ohne Artikelwort verwendet man fast nur mit Präpositionen wie *wegen* oder *trotz*.

## Komparativ und Superlativ vor Nomen
B1 K5

| **Komparativ** | Der Geschirrspüler ist **besser**. | Das Handy ist **moderner**. |
|---|---|---|
|  | Der Geschirrspüler ist die **bessere** Wahl. | Ich hätte gern ein **moderneres** Handy. |
| **Superlativ** | Mehrwegflaschen sind **am besten**. | Der Saft ist **am teuersten**. |
|  | Mehrwegflaschen sind die **beste** Alternative. | Das ist der **teuerste** Saft. |

Komparative und Superlative, die vor Nomen stehen, muss man deklinieren. Sie haben die gleichen Endungen wie die Grundform der Adjektive.
**!** keine Endung bei *mehr* und *weniger*: *Ich hätte gern* **mehr** *Zeit.*
*Der Geschirrspüler verbraucht* **weniger** *Wasser.*

## Partizip als Adjektiv
B1 K12

Viele Partizipien können als Adjektiv verwendet werden. Sie werden wie Adjektive dekliniert.

### Partizip II

| die gespeichert**e** PIN | → die PIN, die gespeichert wurde |
|---|---|
| ein ausgefüllt**es** Formular | → ein Formular, das ausgefüllt wurde |
| die übernommen**en** Daten | → die Daten, die übernommen wurden |

### Partizip I: Infinitiv + d

| steigen**de** Preise | → Preise, die steigen |
|---|---|
| auf dem wachsen**den** Weltmarkt | → auf dem Weltmarkt, der wächst |
| ein überzeugen**des** Argument | → ein Argument, das überzeugt |

# Pronomen

## Personalpronomen

A1 K1, K2, K6, K11

| Nominativ | Akkusativ | Dativ |
|---|---|---|
| ich | mich | mir |
| du | dich | dir |
| er | ihn | ihm |
| es | es | ihm |
| sie | sie | ihr |
| wir | uns | uns |
| ihr | euch | euch |
| sie | sie | ihnen |
| Sie | Sie | Ihnen |

Nominativ: Wo ist Tino? Da ist **er**.
Akkusativ: Der Salat ist für **ihn**.
Dativ: Ich spreche mit **ihm**.

## Reflexivpronomen

A2 K4  B1 K8

|  | ich | du | er/es/sie | wir | ihr | sie/Sie |
|---|---|---|---|---|---|---|
| **Akkusativ** | mich | dich | sich | uns | euch | sich |
| **Dativ** | mir | dir | | | | |

| Ich ziehe | | **mich** | | an. |
|---|---|---|---|---|
| Ich ziehe | **mir** | **den** Pullover | | an. |
| | Dativ | Akkusativ | | |

Wenn es bei reflexiven Verben ein Reflexivpronomen <u>und</u> ein Akkusativobjekt gibt, steht das Reflexivpronomen im Dativ.
*weitere reflexive Verben:* sich ärgern, sich ausruhen, sich bedanken, sich beeilen, sich duschen, sich entscheiden, sich entschuldigen, sich erinnern, sich gewöhnen, sich informieren, sich kämmen, sich konzentrieren, sich kümmern, sich langweilen, sich streiten, sich treffen, sich umsehen, sich unterhalten, sich verabschieden, sich vorstellen, sich waschen, sich wohlfühlen …

## Indefinitpronomen

A1 K12  A2 K12

Die Pronomen **man**, **jemand** und **niemand** stehen für Personen. Man verwendet sie immer im Singular.
**niemand/jemand** ist mit und ohne Endung richtig.

*Kann **man** hier Getränke kaufen?*
*Hast du **jemand(en)** gefunden?*
*Ich habe mit **niemand(em)** gesprochen.*

Die Pronomen **alles**, **etwas/was**, **nichts** stehen für Sachen.

*Hast du **alles**?*
*Willst du **etwas/was** essen?*
*Auf den Karten steht **nichts**.*

## Relativpronomen

A2 K12  B1 K6

| | | Nominativ | Akkusativ | Dativ |
|---|---|---|---|---|
| der | Das ist der Mann, | **der** das Bild kauft. | **den** ich kenne. | **dem** ich oft helfe. |
| das | Das ist das Tier, | **das** ganz klein ist. | **das** ich füttere. | **dem** ich Wasser gebe. |
| die | Das ist die Sängerin, | **die** krank war. | **die** wir gern mögen. | **der** ich gern zuhöre. |
| die | Das sind die Bands, | **die** bekannt sind. | **die** wir sehen wollen. | **denen** wir im Netz folgen. |

Die Relativpronomen haben die gleichen Formen wie die bestimmten Artikel, nur der Dativ Plural ist anders: ~~den~~ – **denen**.

## Artikelwörter als Pronomen

B1 K11

| | der | das | die | die |
|---|---|---|---|---|
| **Nom** | ein**er**/kein**er**/mein**er** | ein**s**/kein**s**/mein**s** | eine/keine/meine | **welche**/keine/meine |
| **Akk** | einen/keinen/meinen | ein**s**/kein**s**/mein**s** | eine/keine/meine | **welche**/keine/meine |
| **Dat** | einem/keinem/meinem | einem/keinem/meinem | einer/keiner/meiner | **welchen**/keinen/meinen |

○ Ist das **dein** Haus?   ● Ja, das ist **meins**.   Interessante Leute? Hier trifft man immer **welche**.

### Pronomen und Pronominaladverbien     B1 K4

**Personen: Präposition + Pronomen**
Rufen Sie den Personalchef an. **Mit ihm** können Sie **sprechen**, wenn Sie Fragen haben.
**Dinge und Ereignisse: da(r) + Präposition**
Bei vielen Institutionen gibt es Bewerbungstrainings. **Daran** kann jeder **teilnehmen**.

Die Präposition beginnt mit einem Vokal: **dar-** (da**r**an, da**r**auf, da**r**über …)

### Verben mit Präposition und Nebensatz     B1 K4

**Worauf** wartet er?  Er wartet **auf** eine Antwort.
Er wartet **darauf**,  dass er eine Antwort bekommt.
Er wartet **darauf**,  eine Antwort zu bekommen.

# Präpositionen

A1 K6, K7  A2 K5  B1 K2

| *für* + Akkusativ | *mit* + Dativ | *wegen* + Genitiv |
|---|---|---|
| ○ **Für wen** ist das Wasser?<br>● Das Wasser ist **für den** Hund / **für ihn**.<br>*ohne* + Akkusativ<br>**Ohne Ihren** Pass / **Ohne ihn** können Sie nicht reisen. | ○ **Mit wem** fährt Laura?<br>● Sie fährt **mit einem** Freund und **einer** Freundin / **mit mir**. | ○ Warum hast du kein Auto?<br>● **Wegen der hohen** Kosten.<br>*trotz* + Genitiv<br>Deine Wohnung ist **trotz der** Technik gemütlich. |

### Zeitangaben     A1 K5, K6, K12  B1 K3

| Wochentage/Tageszeiten | Präpositionen mit Dativ | | Präpositionen mit Genitiv | |
|---|---|---|---|---|
| **am** Montag, **am** Vormittag,<br>**von** Montag **bis** Samstag,<br>**von** morgens **bis** abends<br>**Uhrzeit**<br>**um** halb drei, **um** 14:30 Uhr<br>**von** neun **bis** halb zwei,<br>**von** 9:00 Uhr **bis** 13:30 Uhr | ab<br>an<br>bis zu<br>in<br>nach<br>seit<br>vor | **ab dem** Moment<br>**am** Montag<br>**bis zum** Abend<br>**im** August<br>**nach dem** Urlaub<br>**seit einer** Woche<br>**vor der** Reise | außerhalb<br>innerhalb<br>während | **außerhalb des** Urlaub**s**<br>**innerhalb einer** Stunde<br>**während eines** Konzert**s** |

### Ortsangaben: Präpositionen mit Dativ     A1 K7  A2 K7

| Wohin? | zu | Sie geht **zur** Bank. |
|---|---|---|
|  | bis zu | Geh **bis zum** Kaufhaus und dann links. |
|  | an … vorbei | Sie geht **am** Kaufhaus vorbei. |
| Wo? | bei | Sie ist **beim** Chef. |
|  | gegenüber von | Das Haus ist **gegenüber vom** Park. |
| Woher? | aus | Er kommt **aus dem** Haus. |
|  | von | Sie kommt **von der** Chefin |

### Ortsangaben: Präpositionen mit Akkusativ     A2 K7

| Wohin? | durch | Sie geht **durch den** Park. |
|---|---|---|

**166** einhundertsechsundsechzig

## Grammatikübersicht

### Präpositionen: Zusammenfassung

A1 K5, K6, K7, K12  A2 K5, K7  B1 K2, K3

| mit Akkusativ | mit Dativ | mit Genitiv |
|---|---|---|
| bis, für, durch, gegen, ohne, um | ab, an … vorbei, aus, bei, bis zu, gegenüber von, mit, nach, seit, von, von … bis, zu | außerhalb, innerhalb, trotz, während, wegen |

**Kurzformen**

an + de**m** → a**m**     in + de**m** → i**m**     von + de**m** → vo**m**     zu + de**m** → zu**m**
bei + de**m** → bei**m**     in + da**s** → in**s**     zu + de**r** → zu**r**

### Wechselpräpositionen mit Akkusativ oder Dativ

A1 K7, K9  A2 K10

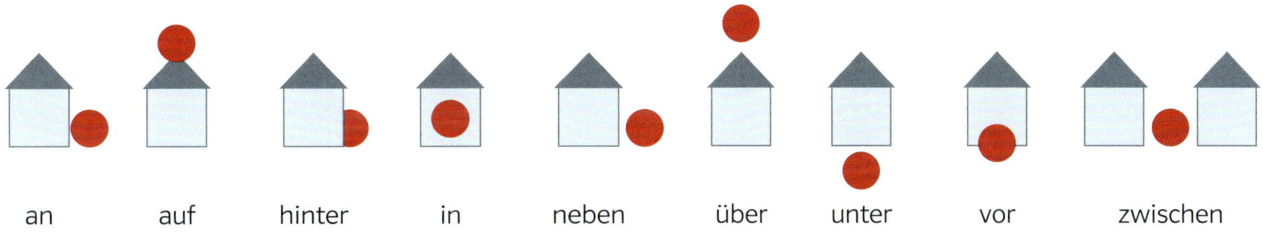

an     auf     hinter     in     neben     über     unter     vor     zwischen

| **Wo?** ⊙ Präposition + Dativ | **Wohin?** ↻ Präposition + Akkusativ |
|---|---|
| der Tisch → **unter dem** Tisch | der Tisch → **unter den** Tisch |
| das Haus → **im** Haus | das Haus → **ins** Haus |
| die Garage → **vor der** Garage | die Garage → **vor die** Garage |
| die Stühle → **zwischen den** Stühle**n** | die Stühle → **zwischen die** Stühle |

**Positionsverben: Wo?**
stehen     Der Müll **steht neben der** Garage.
liegen     Das Kissen **liegt unter dem** Stuhl.
hängen     Ein Poster **hängt am** Gartenhaus.

**Richtungsverben: Wohin?**
stellen     Sie **stellen** das Fahrrad **in die** Garage.
legen     Sie **legen** das Kissen **auf den** Stuhl.
hängen     Sie **hängen** die Lampions **in den** Baum.

# Fragewörter

### W-Fragen mit Präposition

A2 K11

| Mit *wo(r)* + **Präposition** fragt man nach Dingen und Ereignissen. | ○ **Worüber** ärgert sich Milan? | ● Über die Prüfung. |
|---|---|---|
|  | ○ **Worauf** freut sich Milan? | ● Auf den Ausflug. |
| Mit **Präposition + Fragewort** fragt man nach Personen. | ○ **Über wen** ärgert sich Milan? | ● Über einen Freund. |
|  | ○ **Mit wem** hat Mereth gesprochen? | ● Mit Ben. |

Wenn die Präposition mit Vokal beginnt, braucht man ein „r": *worüber, worauf …*

# Unregelmäßige Verben

ab|heben, er hebt ab, hob ab, hat abgehoben
an|fangen, er fängt an, fing an, hat angefangen
auf|heben, er hebt auf, hob auf, hat aufgehoben
auf|treten, er tritt auf, trat auf, ist aufgetreten
beißen, er beißt, biss, hat gebissen
bei|treten, er tritt bei, trat bei, ist beigetreten
betrügen, er betrügt, betrog, hat betrogen
beweisen, er beweist, bewies, hat bewiesen
bewerben, er bewirbt, bewarb, hat beworben
bieten, er bietet, bot, hat geboten
bitten, er bittet, bat, hat gebeten
bleiben, er bleibt, blieb, ist geblieben
brechen, er bricht, brach, hat/ist gebrochen
brennen, er brennt, brannte, hat gebrannt
bringen, er bringt, brachte, hat gebracht
denken, er denkt, dachte, hat gedacht
empfangen, er empfängt, empfing, hat empfangen
empfehlen, er empfiehlt, empfahl, hat empfohlen
entscheiden, er entscheidet, entschied, hat entschieden
ergreifen, er ergreift, ergriff, hat ergriffen
essen, er isst, aß, hat gegessen
fahren, er fährt, fuhr, ist gefahren
fallen, er fällt, fiel, ist gefallen
finden, er findet, fand, hat gefunden
fliegen, er fliegt, flog, ist geflogen
fließen, er fließt, floss, ist geflossen
fressen, er frisst, fraß, hat gefressen
geben, er gibt, gab, hat gegeben
gefallen, er gefällt, gefiel, hat gefallen
gehen, es geht, ging, ist gegangen
gelingen, es gelingt, gelang, ist gelungen
gelten, er gilt, galt, hat gegolten
genießen, er genießt, genoss, hat genossen
geschehen, es geschieht, geschah, ist geschehen
gewinnen, er gewinnt, gewann, hat gewonnen
gießen, er gießt, goss, hat gegossen
halten, er hält, hielt, hat gehalten
hängen, er hängt, hing, hat gehangen
heißen, er heißt, hieß, hat geheißen
helfen, er hilft, half, hat geholfen
hervor|heben, er hebt hervor, hob hervor, hat hervorgehoben
kennen, er kennt, kannte, hat gekannt
klingen, er klingt, klang, hat geklungen
kommen, er kommt, kam, ist gekommen
laden, er lädt, lud, hat geladen
lassen, er lässt, ließ, hat gelassen
laufen, er läuft, lief, ist gelaufen
leiden, er leidet, litt, hat gelitten
leihen, er leiht, lieh, hat geliehen
lesen, er liest, las, hat gelesen
liegen, er liegt, lag, hat/ist gelegen
lügen, er lügt, log, hat gelogen
messen, er misst, maß, hat gemessen
nehmen, er nimmt, nahm, hat genommen
nennen, er nennt, nannte, hat genannt
raten, er rät, riet, hat geraten
reiten, er reitet, ritt, ist geritten
rennen, er rennt, rannte, ist gerannt
riechen, er riecht, roch, hat gerochen
rufen, er ruft, rief, hat gerufen
scheinen, er scheint, schien, hat geschienen
schießen, er schießt, schoss, hat geschossen
schlafen, er schläft, schlief, hat geschlafen
schließen, er schließt, schloss, hat geschlossen
schneiden, er schneidet, schnitt, hat geschnitten
schreiben, er schreibt, schrieb, hat geschrieben
schreien, er schreit, schrie, hat geschrien
schweigen, er schweigt, schwieg, hat geschwiegen
schwimmen, er schwimmt, schwamm, ist geschwommen
sehen, er sieht, sah, hat gesehen
singen, er singt, sang, hat gesungen
sinken, er sinkt, sank, ist gesunken
sitzen, er sitzt, saß, hat/ist gesessen
sprechen, er spricht, sprach, hat gesprochen
springen, er springt, sprang, ist gesprungen
stehen, er steht, stand, hat/ist gestanden
stehlen, er stiehlt, stahl, hat gestohlen
steigen, er steigt, stieg, ist gestiegen
sterben, er stirbt, starb, ist gestorben
stinken, er stinkt, stank, hat gestunken
streichen, er streicht, strich, hat gestrichen
streiten, er streitet, stritt, hat gestritten
tragen, er trägt, trug, hat getragen
treffen, er trifft, traf, hat getroffen
trinken, er trinkt, trank, hat getrunken
tun, er tut, tat, hat getan
übertreiben, er übertreibt, übertrieb, hat übertrieben
überweisen, er überweist, überwies, hat überwiesen
unterscheiden, er unterscheidet, unterschied, hat unterschieden
verbinden, er verbindet, verband, hat verbunden
vergessen, er vergisst, vergaß, hat vergessen
vergleichen, er vergleicht, verglich, hat verglichen
verlieren, er verliert, verlor, hat verloren
vermeiden, er vermeidet, vermied, hat vermieden
verschieben, er verschiebt, verschob, hat verschoben
verschwinden, er verschwindet, verschwand, ist verschwunden
verzeihen, er verzeiht, verzieh, hat verziehen
vor|schlagen, er schlägt vor, schlug vor, hat vorgeschlagen
wachsen, er wächst, wuchs, ist gewachsen
waschen, er wäscht, wusch, hat gewaschen
werfen, er wirft, warf, hat geworfen
wiegen, er wiegt, wog, hat gewogen
wissen, er weiß, wusste, hat gewusst
zerreißen, er zerreißt, zerriss, hat zerrissen
ziehen, er zieht, zog, hat/ist gezogen
zusammen|stoßen, er stößt zusammen, stieß zusammen, ist zusammengestoßen
zwingen, er zwingt, zwang, hat gezwungen

### besondere Verben
haben, er hat, hatte, hat gehabt
sein, er ist, war, ist gewesen
werden, er wird, wurde, ist geworden

### Modalverben
dürfen, er darf, durfte, hat gedurft*
können, er kann, konnte, hat gekonnt*
müssen, er muss, musste, hat gemusst*
sollen, er soll, sollte, hat gesollt*
wollen, er will, wollte, hat gewollt*

möchten, er möchte, mochte, hat gemocht*
mögen, er mag, mochte, hat gemocht*

* Das Perfekt ist selten.

# Alphabetische Wortliste

**So geht's:**
Hier finden Sie alle Wörter aus den Kapiteln 7–12 von „Netzwerk neu" B1.
Die **fett** markierten Wörter sind besonders wichtig. Sie brauchen sie für die Prüfungen „Zertifikat Deutsch", „Zertifikat B1" oder „Deutsch-Test für Zuwanderer". Diese Wörter müssen Sie also gut lernen.
Ein Strich unter einem Vokal zeigt: Sie müssen den Vokal lang sprechen.
Ein Punkt bedeutet: Der Vokal ist kurz.
Hinter unregelmäßigen Verben finden Sie auch die 3. Person Singular, das Präteritum und das Perfekt.
Für manche Wörter gibt es auch Beispiele oder Beispielsätze.

In der Liste stehen keine Namen von Personen oder Städten.

**So sieht's aus:**

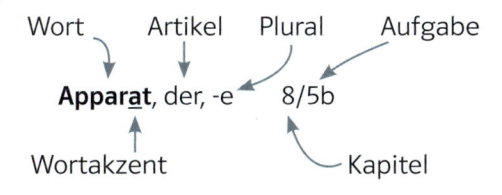

Wort — Artikel — Plural — Aufgabe
**Apparat**, der, -e   8/5b
Wortakzent — Kapitel

| | |
|---|---|
| **alltäglich** | 8/13a |
| **akzeptieren** | 7/8a |
| abhängig | 12/3c |
| **ab\|biegen**, er biegt ab, bog ab, ist abgebogen | 11/12b |
| **Anspruch**, der, ¨-e *(Die Angestellten haben Anspruch auf 30 Tage Urlaub.)* | 10/8b |

---

**ab\|biegen**, er biegt ab, bog ab, ist abgebogen   11/12b
Abgeordnete, der/die, -n   10/1c ÜB
**ab\|hängen** (von + D.), er hängt ab, hing ab, hat abgehangen   11/8b
abhängig   12/3c
**ab\|melden**   10/7a
ab\|räumen   10/8b
abschließend   10/12b
**ab\|stimmen**   10/7b
**ab\|ziehen**, er zieht ab, zog ab, hat abgezogen   10/7b
Adjektivendung, die, -en   9/7c
Akkusativobjekt, das, -e   8/4a
Aktiv, das (Sg.)   10/4a
**akzeptieren**   7/8a
alarmieren   10/3b
Alarmknopf, der, ¨-e   8/5b
**alltäglich**   8/13a
Altersgruppe, die, -n   8/13a
Alzheimer, der (Sg.)   8/6b
amerikanisch   8/6b
**Amt**, das, ¨-er *(Sie übernimmt das Amt einer Abgeordneten.)*   10/1c ÜB
**amüsieren** (sich) (über + A.)   7/11a ÜB
andererseits   8/6b
an\|fallen, er fällt an, fiel an, ist angefallen   12/5a
Anfrage, die, -n   10/4c
**an\|geben**, er gibt an, gab an, hat angegeben *(Bitte geben Sie Ihren Namen an.)*   12/3b ÜB
angeblich   7/11a ÜB
**an\|gehen**, er geht an, ging an, ist angegangen *(Was ich mache, das geht keinen was an.)*   11/4b
an\|regen (zu + D.)   9/1b

an\|schauen   11/12b ÜB
anscheinend   11/4b
**Ansicht**, die, -en *(Die Ansicht können Sie auf der Webseite ändern.)*   12/5a
**Anspruch**, der, ¨-e *(Die Angestellten haben Anspruch auf 30 Tage Urlaub.)*   10/8b
**an\|strengen** (sich)   8/1a
**an\|wenden**   9/7a ÜB
Apfelmus, das (Sg.)   8/1a
Apfelsine, die, -n   10/3c ÜB
**Apparat**, der, -e   8/5b
Aprikose, die, -n   10/3c ÜB
Aquarell, das, -e   9/7b
**Arbeitsamt**, das, ¨-er   10/7b
**Arbeitslosigkeit**, die (Sg.)   11/8b
**Arbeitsstelle**, die, -n   10/1c ÜB
**Arbeitssuche**, die (Sg.)   10/3b
Architekturbüro, das, -s   10/7b
**arm**, ärmer, am ärmsten   7/11b
Asien   12/7a
atmen   8/2a ÜB
Atomkraft, die (Sg.)   10/11a
auf\|bewahren   8/5b
**auf\|führen**   9/7a ÜB
**auf\|lösen**   8/2a ÜB
**Aufnahme**, die (Sg.) *(die Aufnahme in ein Team)*   10/1c ÜB
**auf\|nehmen**, er nimmt auf, nahm auf, hat aufgenommen *(Ich möchte gern einen Kredit aufnehmen.)*   12/4a
**auf\|regen** (sich) (über + A.)   7/9a
auf\|teilen   8/5b
**auf\|treten**, er tritt auf, trat auf, ist aufgetreten   9/7a ÜB
Auktion, die, -en   9/3b
Auktionsbesucher, der, -   9/3b
Auktionsbesucherin, die, -nen   9/3b

aus den Augen verlieren *(Meine Freunde aus der Kindheit habe ich leider aus den Augen verloren.)*   7/2b
aus\|bilden   10/3b
aus\|breiten (sich)   8/13a
aus\|denken (sich), er denkt aus, dachte aus, hat ausgedacht   8/12a
Ausflugstipp, der, -s   8/13a
**Ausgabe** (1), die, -n *(Lesen Sie den spannenden Artikel in der Juli-Ausgabe.)*   7/2b
**Ausgabe** (2), die, -n *(Ich habe jeden Monat viele Ausgaben und am Ende fast kein Geld mehr.)*   12/3b ÜB
Ausgabestelle, die, -n   10/3b
aus\|lösen   8/6b
aus\|reden *(jemanden ausreden lassen)*   11/10
**ausreichend**   8/1a
außer Acht lassen   11/10
Aussichtsturm, der, ¨-e   8/13a
Ausstieg, der, -e   10/10b
**Auswahl**, die (Sg.) *(eine Auswahl treffen)*   10/3c
Auswertung, die, -en   8/1b
**aus\|ziehen**, er zieht aus, zog aus, ist ausgezogen *(Wann zieht ihr aus der Wohnung aus?)*   12/11b
Autoverkauf, der, ¨-e   9/11a
Autowerkstatt, die, ¨-en   11/12b
**Backofen**, der, ¨-   9/11a
Backstube, die, -n   11/6b
Bademantel, der, ¨-   8/5b
**Bankangestellte**, der/die, -n   12/3e
Bankgeschäft, das, -e   12/3a
**Bargeld**, das (Sg.)   12/3e
barrierearm   8/13a
basieren (auf + D.)   12/10a
Bauhof, der, ¨-e   11/6b
bedenken, er bedenkt, bedachte, hat bedacht   12/7a

einhundertneunundsechzig **169**

# W — alphabetische Wortliste

**Bedienungsanleitung**, die, -en   8/5b
Bedürfnis, das, -se   10/1c ÜB
bedürftig   10/3b
Beerdigung, die, -en   8/6b
befürchten   10/10b
befürworten   12/10c
**begrenzt**   9/3b
**behandeln**   9/7a ÜB
**behaupten**   7/11a ÜB
Behauptung, die, -en   7/11a ÜB
Behördengang, der, ⸚e   10/3b
beim Alten bleiben (Früher dachte ich, dass immer alles beim Alten bleibt.)   7/2b
**beißen**, er beißt, biss, hat gebissen   7/12b
beitreten, er tritt bei, trat bei, ist beigetreten   10/10b
Bekämpfung, die (Sg.)   12/7a
**Beleg**, der, -e   12/3a
Belgien   10/11a
Benutzername, der, -n   12/5a
bereit sein (zu + D.)   7/8a
berücksichtigen   11/8b
Berufsfeuerwehr, die, -en   10/3b
berufstätig   7/2b
beruhigend   8/6b
beschädigen   9/3b
beschäftigt sein (mit + D.)   7/11a ÜB
beschildert   8/5b
**beschließen**, er beschließt, beschloss, hat beschlossen   7/2b
Besonderheit, die, -en   10/10b
**besprechen**, er bespricht, besprach, hat besprochen   9/7a ÜB
**bestehen** (aus + D.), er besteht, bestand, hat bestanden   9/7b
Besuchszeit, die, -en   8/5a
**beten**   12/11b
Betonwand, die, ⸚e   9/1b
**betragen**, er beträgt, betrug, hat betragen   8/5b
betreffen, er betrifft, betraf, hat betroffen   11/8b
**betrügen**, er betrügt, betrog, hat betrogen   12/10a
Beute, die (Sg.)   7/12b
**bevor**   7/6c
bewältigen   10/3b
**bewegen** (Die Musik bewegt mich, sie macht mich traurig.)   9/7b
**beweisen**, er beweist, bewies, hat bewiesen   7/11a ÜB
**BIC**, die, -s   12/3b ÜB
**Biene**, die, -n   9/10d
Bildung, die, -en (Wie ist die Bildung des Plusquamperfekts?)   7/3a
**Billett**, das, -s (Schweizerdeutsch)   11/12b
bisher   8/1b
**blass**   8/2a ÜB
Blickkontakt, der, -e   12/10c
**blind**   10/1c ÜB
Blinde, der/die, -n   10/1c ÜB
blutig   8/1a
Bootstour, die, -en   11/12b
Brand, der, ⸚e   8/5b
brasilianisch   9/7b
**brauchen** (Sie brauchen mich nur zu rufen, wenn ich Ihnen helfen soll.)   8/2c
Breze, die, -n   10/7b

**Briefmarke**, die, -n   9/10d
**Broschüre**, die, -n   9/7a ÜB
brüllen   7/12b
Brunnen, der, -   9/1b
**Brust**, die, ⸚e   8/2a ÜB
Budget, das, -s   11/10
**Büfett**, das, -s   9/7a ÜB
**Bundeskanzler**, der, -   10/1c ÜB
**Bundeskanzlerin**, die, -nen   10/1c ÜB
**Bundestag**, der (Sg.)   10/1c ÜB
bundesweit   10/5a
Bürgerversammlung, die, -en   10/7b
Bürogebäude, das, -   11/1b
chaotisch   9/8c
**Chipkarte**, die, -n   8/5b
clever   9/3b
Clique, die, -n   7/2b
contra   9/8c
**Couch**, die, -s   9/10d
Croissant, das, -s   10/3c ÜB
damalig   12/11b
dankbar   9/8a
**Darstellung**, die, -en   9/7a ÜB
Dauerauftrag, der, ⸚e   12/5a
davongehen, er geht davon, ging davon, ist davongegangen   7/12b
decken (den Tisch decken)   7/1a ÜB
**Demokratie**, die, -n   10/1a
**Denkmal**, das, ⸚er   11/12b ÜB
Detektiv, der, -e   9/10d
Detektivin, die, -nen   9/10d
**Dialekt**, der, -e   11/4b
**Diät-Assistent**, der, -en   8/5b
**Diät-Assistentin**, die, -nen   8/5b
diätisch (diätische Ernährung)   8/5b
**Dieb**, der, -e   9/10d
**Dienst**, der, -e   11/6b
Dienstleistung, die, -en   10/10b
**Ding**, das, -e (In der Not zu helfen ist mein Ding.)   10/3b
diplomatisch   7/8a
**Diskussion**, die, -en   11/10
Diversität, die (Sg.)   11/8b
dokumentieren   7/11c
**Dreck**, der (Sg.)   11/1b
drin sein   12/10a
**Drogerie**, die, -n   8/5b
Dur, das (Sg.)   8/6b
durcheinander   9/5c
durchführen   10/7b
**Ehegatte**, der, -n   7/11a ÜB
**Ehegattin**, die, -nen   7/11a ÜB
ehrenamtlich   10/3b
Ehrlichkeit, die (Sg.)   10/1a
**eigen**   7/11a ÜB
Eigenschaft, die, -en   9/7c
einbauen   8/1a
eincremen   8/1a
eindeutig   11/4b
eine Entscheidung treffen   10/10b
einerseits ..., andererseits ...   8/6b
**Einfluss**, der, ⸚e   7/11a ÜB
eingehen (auf + D.), er geht ein, ging ein, ist eingegangen (auf einen Standpunkt eingehen)   11/10
eingespannt sein (Meine Freunde und ich sind alle beruflich stark eingespannt.)   7/2b
Einheimische, der/die, -n   11/12b

**einigen** (sich) (auf + A.)   7/8a
einigermaßen   8/1b
einleiten   12/k&k
einliefern   11/6b
einloggen (sich)   12/5a
**Einnahme**, die, -n   12/3b ÜB
einnehmen (1), er nimmt ein, nahm ein, hat eingenommen (Medikamente einnehmen)   8/2a ÜB
einnehmen (2), er nimmt ein, nahm ein, hat eingenommen (Geld einnehmen)   10/7b
einschließlich   8/5b
Einschränkung, die, -en   8/7a
einsperren   9/13b
eintragen, er trägt ein, trug ein, hat eingetragen   12/5a
einwerfen, er wirft ein, warf ein, hat eingeworfen   12/10a
Einwohnermeldeamt, das, ⸚er   10/7a
einzahlen   12/3a
**Einzelheit**, die, -en   7/11a ÜB
einzig   9/12b
eiskalt   8/1a
**Elterncafé**, das, -s   10/7b
elternfrei   10/7b
Elternzeit, die (Sg.)   11/8b
empfinden, er empfindet, empfand, hat empfunden   8/6b
**endgültig**   10/10b
**Ente**, die, -n   7/12 ÜB
entgegen (+ G.)   7/2b
**Entlassung**, die, -en   8/5b
entsorgen   10/7b
entsprechend   11/4c
Entstehungszeit, die, -en   12/11b
**entweder ... oder ...**   8/6b
entzwei   9/13b
erarbeiten   9/7b
**erfinden**, er erfindet, erfand, hat erfunden   9/8d
**erfüllen** (eine wichtige Funktion erfüllen)   10/3b
erhalten sein (Die Briefe sind alt, aber gut erhalten.)   7/11c
**Erhöhung**, die, -en   7/1a ÜB
erleichtern   7/8a
**Eröffnung**, die, -en   9/7a ÜB
erraten, er errät, erriet, hat erraten   9/3b
**Ersatz**, der (Sg.)   7/11a ÜB
**erscheinen**, er erscheint, erschien, ist erschienen (Die Zeitschrift erscheint einmal im Monat.)   10/7b
**erschießen**, er erschießt, erschoss, hat erschossen   9/13b
erschöpft   7/6c
ersetzen   9/10a
Erste Hilfe, die (Sg.)   10/3b
erwachen   11/6a
Erwartung, die, -en   7/2b
**Erziehung**, die (Sg.)   10/1a
Espressokanne, die, -n   9/1b
essbar   8/13a
Ethnologe, der, -n   9/3b
Ethnologin, die, -nen   9/3b
**EU**, die (Sg.)   10/10a
**Europäische Union**, die (Sg.) (= EU)   10/10b
Ewigkeit, die, -en   7/2b
Fabel, die, -n   7/12b
**Fachleute**, die (Pl.)   11/8b

## W — alphabetische Wortliste

Faden, der, ⸚ *(den Faden verlieren)* 10/11b
Fahrschein, der, -e 11/12b
Fairness, die (Sg.) 10/1a
Fake News, die (Pl.) 7/11a ÜB
**fällig** 12/3b ÜB
familienfreundlich 8/13a
Familienleben, das (Sg.) 7/11a ÜB
fantasievoll 8/12a
Farbstift, der, -e 9/8a
Fassade, die, -n 11/12b
Favorit, der, -en 11/12b
Favoritin, die, -nen 11/12b
feierlich 8/6b
**Feind**, der, -e 7/12b
**Feindin**, die, -nen 7/12b
**fern** 11/12b
**Fernbedienung**, die, -en 8/5b
Ferne, die (Sg.) 8/13a
Fernsehgerät, das, -e 8/5b
Fernsehkrimiserie, die, -n 7/11b
**fest|legen** 11/8b
**Festnetz**, das (Sg.) 8/5b
**fest|stellen** 7/2b
Feuerwehrleute, die (Pl.) 10/3b
Filmbranche, die, -n 8/6b
**finanzieren** 10/7b
finster 9/13b
**Fliege**, die, -n 7/12 ÜB
**fließen**, er fließt, floss, ist geflossen 11/12b
**Flucht**, die (Sg.) 10/1c ÜB
**Flüchtling**, der, -e 11/12b
Flussbad, das, ⸚er 11/12b
**Flüssigkeit**, die, -en 8/1a
**Forderung**, die, -en 7/1a ÜB
formen 8/13a
Forscher, der, - 8/6b
Forscherin, die, -nen 8/6b
**Forschung**, die, -en 12/7a
**fort** 12/10d
fortschrittlich 12/11b
**fort|setzen** 11/9c
Forumsname, der, -n 11/4b
Fotoüberweisung, die, -en 12/5a
Freigelände, das, - 8/13a
Freizeitangebot, das, -e 11/2a
**fressen**, er frisst, fraß, hat gefressen 7/12c
Freundschaftsgeschichte, die, -n 7/2b
**Frieden**, der (Sg.) 9/7a ÜB
fristgerecht 12/3b ÜB
**Frisur**, die, -en 9/8a
Fruchtsaft, der, ⸚e 8/1a
Frühschicht, die, -en 11/6b
Fuchs, der, ⸚e 7/12a
**führen** *(Krieg führen)* 10/10b
Funktion, die, -en *(eine wichtige Funktion erfüllen)* 10/3b
**fürchten** 7/11a ÜB
**Fußgänger**, der, - 11/1b
**Fußgängerin**, die, -nen 11/1b
**Galerie**, die, -n 9/3b
Garagentor, das, -e 11/6b
Gasse, die, -n 11/12b
Gedächtnisleistung, die, -en 8/10a
**Gedanke**, der, -n *(Mach dir mal keine Gedanken.)* 9/13b
**geeignet** (für + A.) 8/13a
**Gegenwart**, die (Sg.) 7/3a
**geheim** 7/11a ÜB

Gehirn, das, -e 8/1a
**gehören** (zu + D.) 7/8a
Geist, der, -er 8/1a
Gelände, das, - 7/1a ÜB
gelangen 8/6b
Geldbetrag, der, ⸚e 12/9c
**Gelegenheit**, die, -en 7/1a ÜB
gell 10/7d
**Gemeinschaft**, die, -en *(die Europäische Gemeinschaft)* 10/10b
Gender-Gerechtigkeit, die (Sg.) 11/8b
geraten, er gerät, geriet, ist geraten 12/11b
Gerechtigkeit, die (Sg.) 10/1a
**Gericht**, das, -e *(vor Gericht gehen)* 7/11b
gering 12/3e
Geschäftspartner, der, - 11/13b
Geschäftspartnerin, die, -nen 11/13b
**Geschmack**, der (Sg.) 9/7a ÜB
gesellschaftlich 11/8b
gesetzlich 11/8b
**Gespräch**, das, -e *(ins Gespräch kommen mit + D.)* 7/2b
Gesundheitssystem, das, -e 11/8b
**Gewissen**, das, - 12/10a
Gewissensfrage, die, -n 12/10a
**Gewürz**, das, -e 10/3c ÜB
**Giraffe**, die, -n 7/12 ÜB
**glatt** 8/3c
**Gleichberechtigung**, die (Sg.) 10/1a
**global** 12/6a
Globalisierung, die (Sg.) 12/6a
Goldwaage, die, -n *(Leg doch nicht jedes Wort auf die Goldwaage!)* 7/8a
Graffito, das, Graffiti 9/1b
Grenzkontrolle, die, -n 10/10b
**Grill**, der, -s 7/1a ÜB
Großbritannien 10/10b
Gründer, der, - 9/10b
Gründerin, die, -nen 9/10b
Grundform, die, -en 12/3d
**grundsätzlich** 8/5b
Gummiwanne, die, -n 9/3b
**gut|schreiben**, er schreibt gut, schrieb gut, hat gutgeschrieben *(einen Betrag auf dem Konto gutschreiben)* 12/5c
**gut|tun**, er tut gut, tat gut, hat gutgetan 7/2b
**Gymnastik**, die (Sg.) 8/1a
**Hackfleisch**, das (Sg.) 10/3c ÜB
halbformell 11/k&k
**halten**, er hält, hielt, hat gehalten *(Unsere Freundschaft hält seit 20 Jahren.)* 7/2b
**handeln** (sich) (um + A.) 9/3b
Handyhersteller, der, - 12/7a
Harmonie, die (Sg.) 7/8a
**hassen** 7/1a ÜB
Haupteingang, der, ⸚e 8/5b
Hauptgrund, der, ⸚e 11/12b
Hauptmahlzeit, die, -en 8/5b
Hausschuh, der, -e 8/5b
Hauswand, die, ⸚e 9/1b
Heavy Metal (Sg.) (ohne Artikel) 8/6b
Heilung, die, -en 8/6c
**heimlich** 9/12b
her sein *(Es ist lange her, dass ich im Chor gesungen habe.)* 9/12b
heran|kommen (an + A.), er kommt heran, kam heran, ist herangekommen 9/3b

**heraus|finden**, er findet heraus, fand heraus, hat herausgefunden 10/7b
herum|springen, er springt herum, sprang herum, ist herumgesprungen 9/7a ÜB
**herunter|fahren**, er fährt herunter, fuhr herunter, ist heruntergefahren 11/6b
**hervor|heben**, er hebt hervor, hob hervor, hat hervorgehoben 7/2a
Hilfsbereitschaft, die (Sg.) 10/1a
hinauf 9/1b
**hindern** (an + D.) 11/6b
hinein|gehen, er geht hinein, ging hinein, ist hineingegangen 11/6b
hin|gehen, er geht hin, ging hin, ist hingegangen 10/7d
Hirsch, der, -e 7/12b
**Hochschule**, die, -n 11/8b
Hochwasser, das, - 10/3b
**Hörnchen**, das, - 10/3c ÜB
**Hühnchen**, das, - 10/3c ÜB
**Humor**, der (Sg.) *(Nimm die Situation mit Humor und mach einfach weiter.)* 10/11b
humorvoll 10/1c ÜB
IBAN, die, -s 12/3b ÜB
Ich-Aussage, die, -n 7/8a
im Lauf (+ G.) *(Im Lauf der Zeit hat sich viel geändert.)* 10/10b
Immobilie, die, -n 12/11b
Impro-Theater, das, - 9/10b
improvisieren 9/10a
Industrieviertel, das, - 11/12b
Infoblatt, das, ⸚er 8/5b
**Initiative**, die, -n *(eine soziale Initiative)* 11/12b
Inland, das (Sg.) 9/3b
ins Stocken kommen 10/11b
Inspiration, die, -en 7/11c
Installation, die, -en 9/1b
**Institut**, das, -e 7/1a ÜB
**Integration**, die (Sg.) 10/1c ÜB
Intensität, die, -en 11/8b
interaktiv 8/13a
**irgendein**, irgendeine, irgendwelche 11/4b
**irgendeins** 11/5
**irgendwo** 12/7a
Irrsinn, der (Sg.) 12/7a
Jagd, die, -en 7/12b
Jäger, der, - 9/13b
Jägerin, die, -nen 9/13b
Jahresmiete, die, -n 12/11b
**Jazz**, der (Sg.) 8/7b
**je ..., desto ...** 12/3c
**je ..., umso ...** 12/3c
jeweilig 11/8b
Jugendgruppe, die, -n 10/3b
**Kabine**, die, -n 7/1a ÜB
kämmen (sich) 8/4b
**Kandidat**, der, -en 10/1c ÜB
**Kandidatin**, die, -nen 10/1c ÜB
Käsekuchen, der, - 8/6b
**Kasten**, der, ⸚ 12/10a
katholisch 12/11b
**Käufer**, der, - 9/3b
**Käuferin**, die, -nen 9/3b
Kerker, der, - 9/13b
**Ketchup**, der/das, -s 10/3c ÜB
Kinderbetreuung, die (Sg.) 11/8b
**Kita**, die, -s 11/10

# W alphabetische Wortliste

Klang, der, ⸚e  8/13a
**klären**  7/1a ÜB
Klassik, die (Sg.)  8/6b
**klassisch**  8/7b
**kleben**  8/2a ÜB
Kleiderschrank, der, ⸚e  12/4a
Kleingeld, das (Sg.)  12/10a
**klicken** (auf + A.)  7/11a ÜB
Klinikaufenthalt, der, -e  8/5b
**Knödel**, der, -  8/1a
**kommen** (auf + A.), er kommt, kam, ist gekommen *(Ich komme gerade nicht auf die Lösung.)*  8/10a
**kommerziell**  7/11b
komponieren  7/11b
Komponist, der, -en  7/11b
Komponistin, die, -nen  7/11b
**Konfitüre**, die, -n  10/3c ÜB
**Konflikt**, der, -e  7/2b
Konfliktgespräch, das, -e  7/k&k
Konfliktsituation, die, -en  7/6a
Konnektor, der, -en  8/7a
Konsument, der, -en  12/7a
Konsumentin, die, -nen  12/7a
**konsumieren**  9/1b
Kontoauszug, der, ⸚e  12/3a
Kontodaten, die (Pl.)  12/5a
Kontoeröffnung, die, -en  12/5c
Kontoführungsgebühr, die, -en  12/3c
Kontoübersicht, die, -en  12/5a
Kontrastakzent, der, -e  10/9a
Kontrastwort, das, ⸚er  10/9a
Konzentration, die (Sg.)  7/11c
konzentriert  11/6b
Konzeption, die, -en  12/11b
Konzertreise, die, -n  7/11c
**Kopf**, der, ⸚e *(Was geht dir durch den Kopf?)*  8/8
Kopie, die, -n  12/5c
Korb, der, ⸚e  11/6b
**körperlich**  10/1c ÜB
**Kostüm**, das, -e  9/7a ÜB
**kräftig**  7/2b
kraftlos  7/12b
Krankenbesuch, der, -e  8/5c
**Krankenkasse**, die, -n  7/1a ÜB
**Krankenwagen**, der, -  8/2a ÜB
Krankenzimmer, das, -  8/2b
**krank|schreiben**, er schreibt krank, schrieb krank, hat krankgeschrieben  8/2a ÜB
**Krieg**, der, -e *(Krieg führen)*  10/10b
Kriegswaffe, die, -n  10/11a
Krimireihe, die, -n  7/11c
**Kritik**, die, -en  7/8a
**Krokodil**, das, -e  7/12 ÜB
Küchenteam, das, -s  8/5b
kühlen  8/1a
**Kuli**, der, -s  9/8a
Kulturfest, das, -e  11/4b
Kunstblog, der, -s  9/1b
Kunsthistoriker, der, -  9/3b
Kunsthistorikerin, die, -nen  9/3b
künstlerisch  9/7b
Kunstobjekt, das, -e  9/2b
Kunstsammler, der, -  9/11a
Kunstsammlerin, die, -nen  9/11a
Kunststück, das, -e  9/1a
Kunstsupermarkt, der, ⸚e  9/3b

Kunstwerk, das, -e  9/1b
Kursabschluss, der, ⸚e  9/7a ÜB
Kursstunde, die, -n  8/10a
**laden**, er lädt, lud, hat geladen *(Die Bäckerin lädt Körbe mit Brot ins Auto.)*  11/6b
Lagerfeuer, das, -  7/1a ÜB
Landmensch, der, -en  11/4b
Lebensweisheit, die, -en  7/12b
**leiden** (an + D.), er leidet, litt, hat gelitten  8/6b
leidenschaftlich  7/11b
Lerncoach, der, -s  8/11a
Lernplakat, das, -e  9/7c
Lerntipp, der, -s  8/11b
Lerntyp, der, -en  8/11b
Lernzeit, die, -en  8/11b
Liebesszene, die, -n  8/6b
**Lieferung**, die, -en  10/8b
**loben**  7/12c
Log-in, der, -s  12/5a
**lügen**, er lügt, log, hat gelogen  7/12b
Luxemburg  10/11a
Magazinbericht, der, -e  11/6b
**Mahnung**, die, -en  7/1a ÜB
**Margarine**, die, -n  10/3c ÜB
Markierung, die, -en  7/13b
**Mauer**, die, -n  9/13b
**Medizin**, die (Sg.) *(Musik kann wie Medizin wirken.)*  8/6b
**Mehrheit**, die, -en  7/11a ÜB
Meinungsfreiheit, die (Sg.)  10/2a
**Meister**, der, -  9/12b
**Meisterin**, die, -nen  9/12b
**Menü**, das, -s *(Klicken Sie im Menü „Start" an.)*  12/5a
**merken** *(Er merkt nach dem Einkaufen, dass die Milch nicht berechnet wurde.)*  12/10d
Metal (Sg.) (ohne Artikel) *(Ich höre gern Metal.)*  8/6b
**Migrant**, der, -en  10/1c ÜB
**Migrantin**, die, -nen  10/1c ÜB
Milchprodukt, das, -e  10/3c ÜB
**Minderheit**, die, -en  10/1c ÜB
**Minister**, der, -  10/1c ÜB
**Ministerin**, die, -nen  10/1c ÜB
Missgeschick, das, -e  9/3b
**Missverständnis**, das, -se  9/11a
Mitgliedsstaat, der, -en  10/11a
mithilfe (von + D.)  8/6b
mit|organisieren  10/7c
**Mittelpunkt**, der, -e *(im Mittelpunkt stehen)*  11/12b
mittendrin  11/12b
Modalpartikel, die, -  7/10a
**Mode**, die, -n *(aus der Mode kommen)*  9/12b
**Moderator**, der, -en  8/11c
**Moderatorin**, die, -nen  8/11c
Moll, das (Sg.)  8/6b
**monatlich**  12/3b ÜB
Moral, die (Sg.)  7/12a
Motivation, die (Sg.)  8/11a
motiviert  8/11c
Motto-Party, die, -s  9/8d
**Mücke**, die, -n  7/12 ÜB
**Mühe**, die, -n  10/3b
**Münze**, die, -n  12/3b ÜB
Musikgeschichte, die (Sg.)  7/11b
Musikgeschmack, der (Sg.)  8/6b
Musikinteressierte, der/die, -n  8/13a

Musikstudium, das, -studien  8/6b
musizieren  9/12b
Nachbarschaft, die (Sg.)  9/12b
**nachdem**  7/2b
**Nachfrage**, die, -n  8/9a
nach|geben, er gibt nach, gab nach, hat nachgegeben  7/8a
**Nachhilfe**, die (Sg.) *(Nachhilfe geben)*  10/3b
nach|prüfen  12/10a
Nachtdienst, der, -e  11/6c
Nachthemd, das, -en  8/5b
**nächtlich**  9/13b
Nachttisch, der, -e  8/5b
Nachtwächter, der, -  12/11b
Nachtwächterin, die, -nen  12/11b
Nachtzeit, die, -en  10/3b
national  10/10b
**Neffe**, der, -n  9/12b
**Netzwerk**, das, -e  7/4c
**nicht …, sondern …**  9/3b
**nicht nur …, sondern auch …**  8/6b
**Niederlande**, die (Pl.)  10/11a
**nirgendwo**  12/12b
nominal  9/7c
Normalfall, der, ⸚e  10/10b
**Not**, die, ⸚e  10/3b
**Notaufnahme**, die, -n  8/2a ÜB
Notausgang, der, ⸚e  8/5b
**Notruf**, der, -e  8/2a ÜB
**nützen** *(Die Globalisierung nützt allen.)*  12/7a
Obdachlose, der/die, -n  11/6b
**obere**  8/5b
Ölfarbe, die, -n  9/7b
Online-Banking, das (Sg.)  12/3d
Online-Redaktion, die, -en  10/7b
Open-Air-Arena, die, -Arenen  11/10
**Orange**, die, -n  10/3c ÜB
**Organisation**, die, -en  10/3b
Organisator, der, Organisatoren  10/7c
Organisatorin, die, -nen  10/7c
**original**  9/3b
**Original**, das, -e  9/3b
Originalzustand, der, ⸚e  12/11b
Palette, die, -n  9/7b
Parade-Rolle, die, -n  7/11c
parkieren *(Schweizerdeutsch)*  11/12b
Partikel, die, -  10/7d
Passiv, das (Sg.)  10/4a
Passivform, die, -en  10/4b
Passivsatz, der, ⸚e  10/4a
Pate, der, -n  10/3b
Patenschaft, die (Sg.)  10/3b
Patin, die, -nen  10/3b
pauschal  12/7a
Pfad, der, -e  8/13a
**Pfannkuchen**, der, -  8/1a
**Pflaume**, die, -n  10/3c ÜB
**Pfleger**, der, -  8/3a
**Pflegerin**, die, -nen  8/3a
**Pflicht**, die, -en  7/1a ÜB
Pianist, der, -en  7/11b
Pianistin, die, -nen  7/11b
**Pinguin**, der, -e  7/12 ÜB
Pluspunkt, der, -e  12/7a
Plusquamperfekt, das (Sg.)  7/3a
Präpositionalergänzung, die, -en  9/4a
Präsident, der, -en  7/1a ÜB
Präsidentin, die, -nen  7/1a ÜB

## W — alphabetische Wortliste

Preiskategorie, die, -n 9/3b
Presse, die (Sg.) 7/11a ÜB
prinzipiell 8/5b
pro (Sind Sie pro oder contra Globalisierung?) 12/7a
problematisch 12/7a
Produktangebot, das, -e 12/7a
Prof, der, -s (= Professor/in) 7/1a ÜB
profitieren (von + D.) 12/7a
Programmankündigung, die, -en 8/11a
Promi, der/die, -s 7/11a ÜB
Pudding, der, -e/-s 10/3c ÜB
Puls, der (Sg.) 8/6b
Pulver, das, - 8/2a ÜB
Putzfirma, die, -firmen 9/4b
Putzfrau, die, -en 9/3a
Putzmann, der, ¨er 9/3a
Qualifikation, die, -en 9/7a ÜB
qualitativ 10/3b
Quark, der (Sg.) 10/3c ÜB
Rabe, der, -n 7/12c
Radiobericht, der, -e 11/8d
Radioumfrage, die, -n 9/2a
Rand, der, ¨er 11/10
Ranking, das, -s 11/9a
Rate, die, -n 12/3a
raten (zu + D.), er rät, riet, hat geraten (Ich rate dir, auf deine Gesundheit zu achten.) 8/1a
Rätsel, das, - 8/1a
rauf|fahren, er fährt rauf, fuhr rauf, ist raufgefahren 11/12b
räuspern (sich) 12/10c
Recht, das, -e 10/1c ÜB
recht geben 11/10
rechtlich 11/8b
Rede, die, -n 7/13a
Referat, das, -e 9/10a
regeln 10/11a
regieren 12/1a
Regierung, die, -en 10/1c ÜB
Reinigungsfahrzeug, das, -e 11/6b
Reinigungsfirma, die, -firmen 9/3b
Reinigungspersonal, das (Sg.) 9/3b
Reklame, die, -n 8/6b
relativieren 9/k&k
rennen, er rennt, rannte, ist gerannt 9/7a ÜB
Renovierung, die, -en 11/10
Respekt, der (Sg.) 10/1a
Rest, der, -e 8/2a ÜB
Riesen- (Ole und Valerie wohnen in einem Riesenhaus.) 8/13a
roh 8/1a
rollen 11/12b
Rose, die, -n 9/10d
Rücksicht, die (Sg.) (Bitte nehmen Sie bei Partys Rücksicht auf Ihre Nachbarn.) 8/5b
rum|fahren, er fährt rum, fuhr rum, ist rumgefahren 11/12b
rum|liegen, er liegt rum, lag rum, hat/ist rumgelegen 9/8a
rund (Ein Ball ist rund.) 9/1b
Rundfahrt, die, -en 11/12b ÜB
Salsa (Sg.) (ohne Artikel) 8/6b
Sammlung, die, -en 7/11d
Satzteil, der, -e 7/13a
Satzverneinung, die, -en 9/4a
scharf, schärfer, am schärfsten (Vorsicht, das Messer ist scharf.) 7/12b

Schatten, der, - 8/1a
Schatz, der, ¨e (Hallo, mein Schatz!) 7/1a ÜB
schätzen (1) (Ich schätze, so tolle Nachbarn findet man selten.) 7/1a ÜB
schätzen (2) (an + D.) (An meinem Chef schätze ich vor allem seine Ruhe und Freundlichkeit.) 7/2a
Schaufenster, das, - 11/1b
Schauspielkarriere, die, -n 7/11b
Scheidung, die, -en 7/11a ÜB
Schein, der, -e 12/3b ÜB
scheinbar 9/3b
Schicht, die, -en 11/6b
Schildkröte, die, -n 7/12 ÜB
Schlafanzug, der, ¨e 8/5b
Schlagsahne, die (Sg.) 10/3c ÜB
Schlagzeile, die, -n 7/11a ÜB
schließen (1), er schließt, schloss, hat geschlossen (Freundschaft schließen) 9/12b
schließen (2), er schließt, schloss, hat geschlossen (einen Vertrag schließen) 10/11a
Schließfach, das, ¨er 8/5b
schmal 11/12b
Schmerzmittel, das, - 8/2a ÜB
schminken (sich) 9/7a ÜB
Schmutz, der (Sg.) 11/1b
Schnabel, der, ¨ 7/12c
Schönheit, die, -en 8/13a
Schranke, die, -n 9/13b
schreien, er schreit, schrie, hat geschrien 9/7a ÜB
Schulchor, der, ¨e 9/12b
Schuld, die (Sg.) (Sie ist ohne Schuld in Not geraten.) 12/11b
Schulden, die (Pl.) (Er hat hohe Schulden bei der Bank.) 12/3b ÜB
Schülerjob, der, -s 7/6d
Schulter, die, -n 8/2a ÜB
schweigen, er schweigt, schwieg, hat geschwiegen 7/8a
Schweinebraten, der, - 8/1a
schweizerdeutsch 11/12b
schwer (Auf der Autobahn gab es einen schweren Unfall.) 11/6b
Schwerpunkt, der, -e 9/7b
schwindelig/schwindlig 8/3c
seit (Seit ich dich kenne, bin ich glücklich.) 7/6c
seitdem (Seitdem du den Job gewechselt hast, bist du immer gestresst.) 7/6c
Seite, die, -n (Geh mal zur Seite.) 8/9a
selbe (Inga und ich wohnen im selben Haus.) 7/2b
Selbsthilfe, die (Sg.) 12/11b
Semmel, die, -n (Süddeutsch) 10/7b
Shampoo, das, -s 8/5b
sichern 10/2c
Sicht, die (Sg.) (Aus meiner Sicht ist der heutige Konsum echter Irrsinn.) 12/7a
sichtbar 8/5b
Siedlung, die, -en 12/11b
Signal, das, -e 8/1b
Singularform, die, -en 11/5
sinken, er sinkt, sank, ist gesunken 8/6b
Sitz, der, -e (Die politische Vertretung hat ihren Sitz im Rathaus.) 10/7b
Skeptiker, der, - 10/10b

Skeptikerin, die, -nen 10/10b
Snack, der, -s 9/7a ÜB
Solidarität, die (Sg.) 10/11a
Sommerprojekt, das, -e 10/7b
Soße, die, -n 10/3c ÜB
sowie 11/8b
sowohl … als auch … 8/6b
Sozialarbeiter, der, - 11/6d
Sozialarbeiterin, die, -nen 11/6d
Sozialsiedlung, die, -en 12/11b
Spätschicht, die, -en 7/1a ÜB
spenden 10/3b
Spiegel, der, - 9/10d
Spielstadt, die, ¨e 10/7b
Spieß, der, -e 9/1b
Sporthalle, die, -n 11/10
Sportsachen, die (Pl.) 11/4d
Sportteam, das, -s 9/8d
springen, er springt, sprang, ist gesprungen 11/12b ÜB
spüren 8/1a
Stadtbummel, der, - 11/12b ÜB
Stadtinformation, die, -en 10/7a
städtisch 11/6b
Stadtmauer, die, -n 12/11b
Stadtmensch, der, -en 11/4a
Stadtrat, der, ¨e 11/10
Stadträtin, die, -nen 11/10
Stadtteil, der, -e 9/1b
stammen (aus + D.) 12/11b
Standardübersicht, die, -en 12/5a
stärken 8/1a
Statue, die, -n 9/1b
Staub, der (Sg.) 12/10a
Steak, das, -s 8/1a
stecken (in + D.) 7/12b
stehlen, er stiehlt, stahl, hat gestohlen 7/12c
steigen, er steigt, stieg, ist gestiegen 11/12b
steil 9/1b
Stellung, die, -en 9/4a
Stiftungsvermögen, das, - 12/11b
Straßenlampe, die, -n 10/8b
streiken 7/1a ÜB
Streit, der, -e 7/8a
Streitgespräch, das, -e 7/9a
Stück, das, -e (Ich spiele ein Stück von Mozart am Klavier.) 8/6b
Studienplatz, der, ¨e 7/2b
Studiogast, der, ¨e 8/11a
Stufe, die, -n 9/10d
symbolisch 12/11b
talentiert 9/12b
Teilnahme, die (Sg.) 7/1a ÜB
Teilnehmende, der/die, -n 9/7d
teilweise 12/7a
Tempo, das, Tempi 11/1b
Temporalsatz, der, ¨e 7/k&k
Tempus, das, Tempora 7/k&k
Theaterabenteuer, das, - 9/7a ÜB
Theatermacher, der, - 9/7b
Theatermacherin, die, -nen 9/7b
Theaterstück, das, -e 9/8c
tierisch 9/3a
Tod, der 7/11c
Toleranz, die (Sg.) 10/11a
tolerieren 12/10c
Ton, der, ¨e 8/6b
Tonart, die, -en 8/6b

einhundertdreiundsiebzig **173**

# W alphabetische Wortliste

**Topf**, der, ¨e 9/10d
**Tourismus**, der (Sg.) 11/13a
touristisch 12/11b
**Tradition**, die, -en 9/12b
**traditionell** 9/12b
tragisch 8/6b
**Trainingsanzug**, der, ¨e 8/5b
traumhaft 8/13a
**Treffen**, das, - 9/12b
**Trendviertel**, das, - 11/12b
**Treppenhaus**, das, ¨er 9/10d
überfragt sein 8/10a
**Übergabe**, die, -n 11/6b
überleben 12/7a
**überprüfen** 8/12a
**übertreiben**, er übertreibt, übertrieb, hat übertrieben 7/9a
überzeugend 12/7a
überziehen, er überzieht, überzog, hat überzogen (Ich hoffe, ich muss mein Konto nie überziehen.) 12/3a
**übrig** 10/3b
**um** (+ A.) (die Gegend um Leipzig) 7/11c
um … herum (+ A.) 11/7
**Umbau**, der, -ten 11/10
**Umgang**, der (Sg.) 10/11a
umgehend 12/5c
**Umleitung**, die, -en 9/10d
um|setzen 9/7b
**Umweltproblem**, das, -e 12/7a
unbequem 8/3c
**uncool** 9/12b
**undiplomatisch** 7/9a
**ungewöhnlich** 8/12a
**Uniform**, die, -en 9/7a ÜB
Union, die, -en (die Europäische Union) 10/10a
unmöglich 12/10c
unruhig 11/6b
**Unsicherheit**, die, -en 8/9a
**unterbrechen**, er unterbricht, unterbrach, hat unterbrochen 11/10
**untersagt sein** 8/5b
unterzeichnen 10/11a
**Upcycling**, das (Sg.) 9/7b
**Urgroßvater**, der, ¨ 12/11b
**Vase**, die, -n 9/7b
**Velo**, das, -s (Schweizerdeutsch) 11/12b
veranstalten 9/8d
**verantwortlich** (für + A.) 10/7a
verarbeiten 8/6b
**Verbraucher**, der, - 12/7a
**Verbraucherin**, die, -nen 12/7a
verbreiten 10/5a
**Verbteil**, der, -e 9/4a
**Vereinsmitglied**, das, -er 10/3b
**vergeblich** 9/13b
**verhindern** 7/11b
Verkaufsraum, der, ¨e 9/3b
**verlassen**, er verlässt, verließ, hat verlassen 10/1c ÜB
verlegen (die Produktion ins Ausland verlegen) 12/7a
**verlieren**, er verliert, verlor, hat verloren (aus den Augen verlieren) 7/2b
**Verlust**, der, -e 12/5c
vermitteln (1) (Es ist wichtig, in den Schulen auch Lerntechniken zu vermitteln.) 8/11a
vermitteln (2) (Die Diskussion ist sehr emotional. Der Moderator sollte vermitteln.) 11/10

vermutlich 8/6b
verneinen 9/4a
**Versammlung**, die, -en 7/1a ÜB
**versäumen** 12/3b ÜB
**verschreiben**, er verschreibt, verschrieb, hat verschrieben 8/2a ÜB
**Versichertenkarte**, die, -n 8/2a ÜB
**verspäten** (sich) 7/1a ÜB
Versprechen, das, - 12/9a
**Verständnis**, das (Sg.) (Verständnis haben für + A.) 7/1a ÜB
**verstehen** (sich) (mit + D.), er versteht, verstand, hat verstanden (Ich verstehe mich nicht so gut mit meinem Mitbewohner.) 7/2b
**Vertretung**, die, -en 10/7b
Villa, die, Villen 8/13a
Virus, das, Viren 9/12b
visuell 8/13a
Volkslied, das, -er 9/12b
**Vollmilch**, die (Sg.) 10/3c ÜB
vollständig 10/1c ÜB
vorbeifliegen, er fliegt vorbei, flog vorbei, ist vorbeigeflogen 9/13b
**Vordergrund**, der (Sg.) (im Vordergrund stehen) 11/8b
vorgeschrieben sein 11/8b
Vorhaben, das, - 10/7b
**Vorschrift**, die, -en 10/10b
vor|singen, er singt vor, sang vor, hat vorgesungen 7/12c
**Vorstellung** (1), die, -en (Kommst du zur Vorstellung der neuen Präsidentin?) 7/1a ÜB
**Vorstellung** (2), die, -en (Das Theater gibt nächste Woche drei Vorstellungen.) 9/10f
**Vortrag**, der, ¨e 10/11b
**Vorurteil**, das, -e 10/1c ÜB
**Vorvergangenheit**, die (Sg.) 7/3a
**Vorwurf**, der, ¨e (Niemand kann mir einen Vorwurf machen, oder?) 12/10a
**während** (Ich putze, während ich telefoniere.) 7/6c
Wahrzeichen, das, - 11/12b
**warnen** (vor + D.) 8/2c
**Wasserflasche**, die, -n 8/1a
Weblog, der, -s 10/7b
**weder … noch …** 8/6b
**Weg** (1), der, -e (Meiner besten Freundin bin ich zufällig über den Weg gelaufen.) 7/2b
**Weg** (2), der, -e (Es ist schon spät. Wir sollten uns auf den Weg machen.) 11/6b
weich 9/1b
weiter|entwickeln 9/1b
weiter|verschenken 12/10a
**Weltkrieg**, der, -e 10/10b
**Weltmarkt**, der (Sg.) 12/7a
**werden**, er wird, wurde, ist worden (Er wird in Erster Hilfe ausgebildet.) 10/3b
**Wert**, der, -e (Welche Werte sind in einer Gesellschaft wichtig?) 10/1a
werten 11/9a
Wertsachen, die (Pl.) 8/5a
**Wirkung**, die, -en 8/6b
wirtschaftlich 10/10b
**Wirtschaftsbeziehung**, die, -en 10/11a
**Wissenschaft**, die, -en 12/7a
**Wohlstand**, der (Sg.) 12/7a
wohltätig 12/11e
**Wohnbau**, der (Sg.) 11/10
woran 8/10a

Work-Life-Balance, die (Sg.) 11/8b
**Wort** (1), das, ¨er (Leg doch nicht jedes Wort auf die Goldwaage!) 7/8a
**Wort** (2), das, -e (etwas mit einfachen Worten erklären) 8/6d
**Wort** (3), das, -e (Lass doch auch die anderen zu Wort kommen!) 12/10c
Wortakzent, der, -e 12/9a
Wortstamm, der, ¨e 12/9a
**wundern** (sich) (über + A.) 8/13a
wundervoll 7/11a ÜB
**wünschenswert** 12/7a
Würde, die (Sg.) 10/11a
würzen 10/3c ÜB
würzig 8/6b
**Zahlung**, die, -en 12/3b ÜB
**Zahnbürste**, die, -n 8/5b
**Zahnpasta**, die, -pasten 8/5b
zeitlos 9/12b
Zeitungskasten, der, ¨ 12/10a
Zeitungstext, der, -e 9/3a
zerreißen, er zerreißt, zerriss, hat zerrissen 9/13b
Zimmernachbar, der, -n 8/5b
Zimmernachbarin, die, -nen 8/5b
Zins, der, -en 12/3a
Zivilcourage, die (Sg.) 10/1a
Zone, die, -n 10/7b
Zoodirektor, der, -en 9/3b
Zoodirektorin, die, -nen 9/3b
**zu** (Danke, aber du brauchst mir nicht zu helfen.) 8/2c
zu Ende sein 7/8a
zudem 12/5c
**Zugang**, der, ¨e 11/8b
zu|lassen, er lässt zu, ließ zu, hat zugelassen 10/7b
zunächst 10/10b
Zunge, die, -n (Wie heißt das Wort noch mal? Mir liegt es auf der Zunge.) 8/10a
zur Verfügung stehen 8/5b
zurück|brüllen 7/12b
Zusammenleben, das (Sg.) 10/7b
**zusammen|stoßen**, er stößt zusammen, stieß zusammen, ist zusammengestoßen 7/2b
zusammen|wohnen 7/2b
zusammen|zählen 8/1b
zusätzlich 12/11b
zu|sehen, er sieht zu, sah zu, hat zugesehen 9/12b
**Zustand**, der, ¨e (eine Wohnung im Originalzustand) 12/11b
**zuständig** (für + A.) 8/5b
zuverlässig 10/7b
**zwar …, aber …** 8/6b
zweiteilig 8/7a
**Zwetschge/Zwetschke**, die, -n 10/3c ÜB
**zwingen**, er zwingt, zwang, hat gezwungen 7/11b
zwischendurch 8/1a
Zwischenmahlzeit, die, -en 8/5b
zwischenmenschlich 7/1a

# Quellenverzeichnis

**Cover** Dieter Mayr, München; **4.1**; **8.1** Shutterstock (Jacob Lund), New York; **4.2**; **16.4** Shutterstock (moreimages), New York; **4.3**; **26.3** HNRX (HNRX), Inzing; **5.1**; **43.4** Shutterstock (Prostock-studio), New York; **5.2**; **53.3** Robin Kunz Fotografie (Robin Kunz Fotografie), Chemnitz; **5.3**; **63.1** Shutterstock (Lukas Gojda), New York; **8.2** Shutterstock (XiXinXing), New York; **8.3** Shutterstock (goodluz), New York; **10.1** Dieter Mayr, München; **10.2** Dieter Mayr, München; **10.3** Dieter Mayr, München; **12.1** picture-alliance (Photo12/Ann Ronan Picture Librar), Frankfurt; **12.2** Julian Baumann; © VG Bild-Kunst, Bonn 2021. Alle Werke Rosa Loy: Galerie Kleindienst, Leipzig / Kohn Gallery, Los Angeles / Gallery Baton Seoul, Korea; **12.3** picture-alliance (Eventpress | Eventpress Fuhr (Deutsche Filmakademie e.V.)), Frankfurt; **16.1** Shutterstock (staras), New York; **16.2** Shutterstock (Kleber Cordeiro), New York; **16.3** Shutterstock (Krakenimages.com), New York; **16.5** Shutterstock (Studio Dagdagaz), New York; **16.6** Shutterstock (Jacek Chabraszewski), New York; **16.7** Shutterstock (PosiNote), New York; **16.8** Shutterstock (Cesarz), New York; **17.1** Shutterstock (Gorodenkoff), New York; **17.2** Shutterstock (Explode), New York; **17.3** Shutterstock (tadamichi), New York; **17.4** Shutterstock (Alex from the Rock), New York; **19.1** Shutterstock (Vlad Neshte), New York; **20.1** Shutterstock (Master1305), New York; **22.1** Shutterstock (gualtiero boffi), New York; **22.2** Shutterstock (antoniodiaz), New York; **22.3** Shutterstock (Studio Romantic), New York; **23.1** VILLA sinnenreich; **23.2** Quelle: Erlebnis Akademie AG/Baumwipfelpfad Bayerischer Wald; **23.3** Stairplay (c) HdM, Foto: ZONE Media; **26-27.1** Shutterstock (koosen), New York; **26.1** © Innsbruck Tourismus / Moser; **26.2** Paul Rusch, Innsbruck; **27.1** Paul Rusch, Innsbruck; **27.2** Thomas Medicus (Thomas Medicus), Innsbruck; **28.1** © artwork: Estate of Martin Kippenberger, Galerie Gisela Capitain, Cologne / Ausstellungsansicht Modell Martin Kippenberger, Kunsthaus Graz, 2007, Foto: UMJ; **28.2** Heinz Hachel | affenbrut.de; **28.3** Sven Moschitz; **29.1** Galerie van de Loo, München/VG Bild-Kunst, Bonn 2021; **30.1**; **31.1** Shutterstock (sreewing), New York; **30.2** Shutterstock (Pixel-Shot), New York; **30.3** Shutterstock (LightField Studios), New York; **30.4** Shutterstock (Bildagentur Zoonar GmbH), New York; **31.2**; **33.2**; **33.4**; **58.5-6**; **78.1**; **78.3**;**78.5**; **90.4-5**; **108.1** Shutterstock (pixelliebe), New York; **32.1**; **109.1** Volker Derlath; **32.2** Shutterstock (CEPTAP), New York; **32.3** Shutterstock (Alex Linch), New York; **32.4** Shutterstock (Ysbrand Cosijn), New York; **32.5** Shutterstock (Tiger Images), New York; **32.6** Shutterstock (Sachiczko), New York; **32.7** Shutterstock (socrates471), New York; **32.8** Shutterstock (nnattalli), New York; **32.9** Shutterstock (irin-k), New York; **32.10** Shutterstock (Konstantin Stepanenko), New York; **32.11** Shutterstock (FabrikaSimf), New York; **32.12** Shutterstock (Ljupco Smokovski), New York; **32.13** Shutterstock (Ben Bullard), New York; **33.1** Shutterstock (kraftwerk), New York; **33.3** Shutterstock (My Portfolio), New York; **33.5** Shutterstock (Ksenya Savva), New York; **37.1** Shutterstock (Gorodenkoff), New York; **37.2** Shutterstock (Sabine Schoenfeld), New York; **37.3** Shutterstock (New Africa), New York; **37.4** Shutterstock (Alexander Raths), New York; **37.5** Shutterstock (Vectorry), New York; **37.6**; **132.1-6** Shutterstock (Anna Frajtova), New York; **37.7** Shutterstock (Cookie Studio), New York; **38.1** Shutterstock (View Apart), New York; **38.2** Shutterstock (Zoriana Zaitseva), New York; **38.3** Shutterstock (YAKOBCHUK VIACHESLAV), New York; **38.4** Shutterstock (Andrey_Popov), New York; **38.5** Shutterstock (Roman Samborskyi), New York; **38.6** Shutterstock (alexandre zveiger), New York; **42.1** Shutterstock (Alexandru Nika), New York; **42.2** Shutterstock (Zolnierek), New York; **42.3** Shutterstock (Andrey_Popov), New York; **43.1** Shutterstock (Lady_Luck), New York; **43.2** Shutterstock (Monkey Business Images), New York; **43.3** Shutterstock (Bogdan Sonjachnyj), New York; **44.1** Shutterstock (Kzenon), New York; **44.2** Monique Wüstenhagen/Cottbusser Tafel; **44.3** Klett-Archiv (Angela Kilimann), Stuttgart; **46.1** Kultur & Spielraum e.V. (Albert Kapfhammer), München; **46.2** Kultur & Spielraum e.V. (Albert Kapfhammer), München; **48.1** Shutterstock (Peter Hermes Furian), New York; **48.2** Shutterstock (symbiot), New York; **48.3** Shutterstock (Gena96), New York; **48.4** Shutterstock (Alexandros Michailidis), New York; **48.5** Shutterstock (photo.ua), New York; **48.6** Shutterstock (sunakri), New York; **48.7** Shutterstock (Roman Borodaev), New York; **48.8** Shutterstock (Belish), New York; **52.1** Shutterstock (Gaid Kornsilapa), New York; **52.2** Shutterstock (Martina Schikore), New York; **52.3** KULTURFABRIK LEIPZIG (Falk Johnke), Leipzig; **53.1** Shutterstock (2199_de), New York; **53.2** Shutterstock (Evgenia Kibke73), New York; **55.1** Shutterstock (Minerva Studio), New York; **55.2** Shutterstock (Kzenon), New York; **55.3** Shutterstock (Anatolii kostyk), New York; **56.1** Shutterstock (Framalicious), New York; **56.2** Shutterstock (canadastock), New York; **58.1** Copyright Halter/Swiss Prime Site; **58.2** Shutterstock (S-F), New York; **58.3** Shutterstock (marako85), New York; **58.4** Shutterstock (Roman Babakin), New York; **59.1**; **73.2** Getty Images (JaCZhou), München; **60.1** picture alliance / Heritage-Images | © Fine Art Images/Heritage; **60.3** Shutterstock (Ben Molyneux), New York; **60.4** Shutterstock (Lukasz Pajor), New York; **62.1** Shutterstock (Sokor Space), New York; **62.2** Shutterstock (RossHelen), New York; **62.3** Shutterstock (Drazen Zigic), New York; **63.2** Shutterstock (Twinsterphoto), New York; **63.3** Shutterstock (Photographee.eu), New York; **63.4** Shutterstock (Monkey Business Images), New York; **64.1** Shutterstock (Artem Samokhvalov), New York; **65.1** Shutterstock (logomills), New York; **65.2** Shutterstock (Rawpixel.com), New York; **66.1** Shutterstock (Koldunov), New York; **66.2** Shutterstock (Krakenimages.com), New York; **69.1** Bridgeman Images (Luisa Ricciarini), Berlin; **69.2** Fürstlich und Gräflich Fuggersche Stiftungen; **69.3**; **73.1** Fürstlich und Gräflich Fuggersche Stiftungen; **70.3** Shutterstock (arturnichiporenko), New York; **70.5** Shutterstock (Sanit Ratsameephot), New York; **70.7** Shutterstock (Karramba Production), New York; **72.1** Shutterstock (Photographee.eu), New York; **74.1** Shutterstock (Miro Tartan), New York; **75.1** Shutterstock (Andrey_Popov), New York; **76.1** akg-images, Berlin; **77.1** Rowohlt Verlag GmbH (Rowohlt Verlag GmbH), Hamburg; **78.2** Shutterstock (WorldWide), New York; **78.4** Shutterstock (Dmytro Sheremeta), New York; **79.1** Shutterstock (MilanMarkovic78), New York; **79.2** Shutterstock (Makistock), New York; **79.3** Shutterstock (Dmitry Molchanov), New York; **79.4** Shutterstock (wavebreakmedia), New York; **80.1** Shutterstock (Flamingo Images), New York; **81.1** Shutterstock (Jacob Lund), New York; **82.1** Dieter Mayr, München; **82.2** Dieter Mayr, München; **85.1** Shutterstock (sirtravelalot), New York; **90.1** Shutterstock (fizkes), New York; **90.2** Shutterstock (Thomas Andreas), New York; **90.3** Shutterstock (Zoran Zeremski), New York; **90.6** Shutterstock (Rido), New York; **91.1** Shutterstock (Michal Sanca), New York; **92.1** Shutterstock (Africa Studio), New York; **92.2** Shutterstock (stockfour), New York; **92.3** Shutterstock (takasu), New York; **92.4** Shutterstock (narikan), New York; **92.5** Shutterstock (Ralf Liebhold), New York; **94.1** Shutterstock (Roman Samborskyi), New York; **96.1** Shutterstock (Artem Varnitsin), New York; **97.1** Shutterstock (insta_photos), New York; **97.2** Shutterstock (goodluz), New York; **97.3** Shutterstock (Stokkete), New York; **102.1** Alamy (travelstock44.de / Juergen Held), Abingdon, UK; **103.1** Shutterstock (AJR_photo), New York; **103.2** Shutterstock (Tom Wang), New York; **103.3** Shutterstock (Olena Yakobchuk), New York; **104.1** Shutterstock (Pixel-Shot), New York; **105.1** Shutterstock (Iisima), New York; **108.2** Shutterstock (ESB Professional), New York; **114.1** 123RF.com (Jozef Polc), Nidderau; **115.1** Shutterstock (Pixel-Shot), New York; **116.1** Shutterstock (Martin Kucera), New York; **116.2** Shutterstock (Artem Kutsenko), New York; **116.3** Shutterstock (Vasil Plugchiev), New York; **116.4** Shutterstock (VITTO-STUDIO), New York; **116.5** Shutterstock (MaraZe), New York; **116.6** Shutterstock (Pixel-Shot), New York; **116.7** Shutterstock (Andrey Starostin), New York; **116.8** 123RF.com (rybak), Nidderau; **116.9** Shutterstock (spline_x), New York; **116.10** Shutterstock (Andrey Burstein), New York; **116.11** Shutterstock (Alinute Silzeviciute), New York; **116.12** Shutterstock (Thaiview), New York; **116.13** Shutterstock (Robert Kneschke), New York; **116.14** Shutterstock (Iakov Filimonov), New York; **118.1** Shutterstock (Anna Nahabed), New York; **126.1** Shutterstock (Jack Krier), New York; **126.2** Shutterstock (NadyGinzburg), New York; **126.3** Shutterstock (Michaelpuche), New York; **126.4** Shutterstock (Bjoern Wylezich), New York; **126.5** Shutterstock (VOJTa Herout), New York; **127.1** Shutterstock (Sina Ettmer Photography), New York; **128.1** Shutterstock (Tatyana Andreyeva), New York; **131.1** Shutterstock (Antonio Guillem), New York; **133.1** Shutterstock (engel.ac), New York; **138.1** Shutterstock (Rawpixel.com), New York; **139.1** Shutterstock (ekaterinapoplavska), New York; **141.1** Shutterstock (www_logo_expert), New York; **142.1** Shutterstock (Rido), New York; **142.2** Shutterstock (My Agency), New York; **142.3** Shutterstock (Grigvovan), New York; **143.1** Shutterstock (Natalia Deriabina), New York; **143.2** Shutterstock (AJR_photo), New York; **149.1** Shutterstock (MVelishchuk), New York; **149.2** Shutterstock (Carina-Foto), New York

# Quellenverzeichnis

**S. 60** Aus der Ode „Der Nekar" von Friedrich Hölderlin. Gedichte 1800–1804.; **S. 76** und Kursbuch **Track 2.48** „Der Radwechsel", aus: Bertolt Brecht, Werke. Große kommentierte Berliner und Frankfurter Ausgabe, Band 12: Gedichte 2. © Bertolt-Brecht-Erben / Suhrkamp Verlag 1988.; **S. 77** und Kursbuch **Track 2.49** Gedicht von Mascha Kaléko aus „In meinen Träumen läutet es Sturm", herausgegeben von Gisela Zoch-Westphal, Originalausgabe 1977, 27. durchgesehene Auflage 2007, 35. Auflage 2017 © dtv Verlagsgesellschaft mbH & Co. KG, München

### Audios
Aufnahme und Postproduktion: Plan 1, Christoph Tampe, München
Sprecherinnen und Sprecher: Tobias Baum, Berenike Beschle, Julia Cortis, Kerstin Dietrich, Lukas Gröbl, Louis Kübel, Sofia Lainović, Felice Lembeck, Florian Schwarz, Hans-Jürgen Stockerl, Anja Straubhaar, Helge Sturmfels, Peter Veit, Julian Wenzel, Ulrike Arnold, Angelika Fink, Vanessa Jeker, Crock Krumbiegel, Detlef Kügow, Johanna Liebeneiner, Saskia Mallison, Kelvyn Marte, Verena Rendtorff, Jakob Riedl, Leon Romano, Louis Thiele, Martin Walch, Judith Wiesinger, Andreas Wolf, Laura Worsch
Kursbuch Track 2.25: Interpretation: Chicas Kikas, Aufnahme und Postproduktion: Augusto Aguilar

### Videos
*Kapitel 7*
Dank an die Mitglieder der WG 50 plus Kloster Allerheiligenberg
Idee, Kamera, Schnitt: Martin Höcker www.nahfilm.de
Assistenz: Annette Pulch
Sprecher: Andreas Gerlach
*Kapitel 8*
Dank an DanceAbility Trier e.V., Ensemble BewegGrund Trier e.V., Tufa Tanz, Steve Strasser, Prof. Dr. Dr. Werner Schüßler
Protagonisten: Maja Hehlen, Anne Chérel, Gudrun Paulsen, Stefan Normann, Riana Schüßler, Thomas Stoll, Nadine Kirchen, Gisa Harig, Hans-Peter Jungbluth, Marina Idaczyk, Lisa Grosse-Baumann, Alba Grosse-Baumann
Idee, Kamera & Schnitt: Elena Lehmann
Kameraassistenz: Richard Tomkins
Musik: Udo Bohn, Toby Beard, Belvedere Castle – Million Eyes, Airae – To Clarity
*Kapitel 9*
Dank an Theo Grieger vom Stocherkahnteam Viaverde, Tübingen
Idee, Kamera, Schnitt: Rainer Schwarz (bildbureau)
Sprecher: Michael Stiller
Musik: All or nothing – audiohub GmbH
*Kapitel 10*
Protagonisten: Zainab Lüscher-El-Rai, Güneren Aksoy, Dr. Peter Flubacher, Melinda Hänni, Antke Klasen, Familie Hamadi
Mit freundlicher Unterstützung von inter-pret Schweiz
Idee, Kamera, Schnitt: Elena Lehmann
Sprecher: Jan Lehmann
Musik: Headlund – These Waves, Mike Franklyn – How about forever
*Kapitel 11*
Dank an Florian Etti, Guido Schneits und Bernhard Leykauf, Staatstheater Stuttgart
Idee, Kamera, Schnitt: Rainer Schwarz (bildbureau)
Musik: Incognito – audiohub GmbH
*Kapitel 12*
Dank an die Mitglieder des Mainzer Tauschrings
Idee, Kamera, Schnitt: Martin Höcker www.nahfilm.de
Assistenz: Christian Offermann
Sprecher: Andreas Gerlach

### Redemittel-Clips
Drehbuch: Stefanie Dengler, Paul Rusch, Helen Schmitz, Tanja Sieber
Darsteller: Emelie Pesch, Adrian Kraege, Shirin Abd El Latif
Produktion: Sebastian Berres, Köln
Musik: toy symphony by nir-maimon

### Grammatik-Clips
Drehbuch: Annette Kretschmer
Produktion: media & more, Reutlingen
Geschäftsführer: Alexander Karl Müller
Aufnahmeleitung: Sigrid Kulik

### Phonetik-Clips
Drehbuch und Umsetzung: Ulrike Trebesius-Bensch, Halle/Saale
Produktion: Sebastian Berres, Köln

Titelmusik zu allen Filmen: Inspiring von PR_MusicProductions, Envato Market (www.audiojungle.net)

### Auswertung Kapitel 8, Aufgabe 1b
Zählen Sie Ihre Punkte zusammen:
1. A: 2 Punkte   B: 0 Punkte   C: 1 Punkt
2. A: 0 Punkte   B: 2 Punkte   C: 1 Punkt
3. A: 1 Punkt    B: 0 Punkte   C: 2 Punkte
4. A: 2 Punkte   B: 0 Punkte   C: 1 Punkt
5. A: 1 Punkt    B: 0 Punkte   C: 2 Punkte
6. A: 2 Punkte   B: 0 Punkte   C: 0 Punkte
7. A: 0 Punkte   B: 1 Punkt    C: 2 Punkte
8. A: 0 Punkte   B: 2 Punkte   C: 1 Punkt

14–16 Punkte: Herzlichen Glückwunsch, Sie sind ein Profi! Sie wissen wirklich, wie man gesund lebt! Sie ernähren sich gesund, hören auf die Signale Ihres Körpers und wissen, was gut für Sie ist. Machen Sie weiter so!

9–13 Punkte: Nicht schlecht. Sie leben einigermaßen gesund. Aber Sie könnten noch mehr für Ihre Gesundheit tun. Fangen Sie am besten gleich heute damit an und achten Sie auf ausreichend Bewegung und eine gesunde Ernährung. Und gehen Sie ab heute früher ins Bett.

0–8 Punkte: Bisher haben Sie sich nicht viel mit Ihrer Gesundheit beschäftigt. Damit sollten Sie unbedingt beginnen. Schon kleine Dinge können einen Unterschied machen: Gehen Sie öfter zu Fuß, fahren Sie mit dem Fahrrad und essen Sie jeden Tag etwas Obst und viel Gemüse. Versuchen Sie, jede Woche ein bisschen mehr für Ihre Gesundheit zu tun.